MBA/MPA/MPAcc
MTA/MEM/MAud/MLIS

管理类专业学位联考

名师联盟辅导系列

全国高校会计专硕（MPAcc）复试攻略及专业理论考点梳理

慧学慧考MPAcc复试教研中心 编著

东北财经大学出版社
Dongbei University of Finance & Economics Press
大连

图书在版编目（CIP）数据

全国高校会计专硕（MPAcc）复试攻略及专业理论考点梳理/慧学慧考MPAcc复试教研中心编著．—大连：东北财经大学出版社，2018.3

（管理类专业学位联考名师联盟辅导系列）

ISBN 978-7-5654-3106-7

Ⅰ．全…　Ⅱ．慧…　Ⅲ．会计学-研究生-入学考试-自学参考资料　Ⅳ．F230

中国版本图书馆CIP数据核字（2018）第038393号

东北财经大学出版社出版

（大连市黑石礁尖山街217号　邮政编码　116025）

网　　址：http：//www.dufep.cn

读者信箱：dufep@dufe.edu.cn

大连美跃彩色印刷有限公司印刷　东北财经大学出版社发行

幅面尺寸：170mm×240mm　　字数：242千字　　印张：17.75

2018年3月第1版　　2018年3月第1次印刷

责任编辑：石真珍　周　晗　　责任校对：孙冰洁

封面设计：冀贵收　　版式设计：钟福建

定价：49.00元

教学支持　售后服务　　联系电话：（0411）84710309

如有印装质量问题，请联系营销部：（0411）84710711

丛书序言

东北财经大学出版社出版的管理类专业学位联考名师联盟辅导系列（简称东财版）是众多名师集体合作的精华之作。

所有的主编老师都是管理类联考培训界久负盛名的当之无愧的高学历、有资历的业界名师，并且大家此次精诚合作，组成名师联盟，为管理类联考培训界的一大盛事。不同的科目与书籍，老师具体分工如下：

1.《慧读真题　不用背单词·英语（二）》（第2版）：张党珠老师负责主要编著工作，汪海洋、何勇军老师提供了一些修改建议。本书被称为词汇界的一个重大创新，拯救无数考生于背单词的苦海之中，在亚马逊等网上书店引起广大学员普遍认可。

2.《2019MBA MPA MPAcc英语（二）高分技巧攻略与真题解析》（第2版）：汪海洋老师负责撰写高分应试技巧攻略部分的英语知识运用与写作B节大作文、阅读理解新题型部分的两篇模拟题，以及2011—2018年真题写作B节大作文的解析；张党珠老师负责撰写必备基本功部分的核心词汇速记、黄金句法速成与八大长难句分析技巧，高分应试技巧攻略部分的阅读理解A节与B节、英语翻译、英语写作A节小作文，以及2011—2018年真题英语知识运用、阅读理解A节与B节、英语翻译、英语写作A节小作文的解析。

3.《2019MBA MPA MPAcc数学+逻辑+写作高分技巧攻略与真题解析》（第2版）：数学部分，以汪学能老师为主，并负责提供真题解析，肖满红老师负责撰写高分技巧攻略与基本功训练；逻辑部分，以潘杰老师为主，并负责撰写高分技巧攻略、基本功训练与真题解析；中文写作部分，以靳连冬老师为主，并负责撰写高分技巧攻略与真题解析，王晶老师提供一些参考建议。

4.《2019MBA MPA MPAcc英语（二）+综合全真模拟8套卷》（第2版）：英语（二）部分由汪海洋、张党珠两位老师负责；数学部分由汪学能与肖满红两位老师负责；逻辑部分由潘杰老师负责；中文写作部分由靳连冬、潘杰两位老师负责，王晶老师提供一些参考建议。

5.《2019MBA MPA MEM提前面试·复试10大高分策略》：《2018MBA提前面试·复试10大高分策略》的升级版，由张党珠、何勇军两位老师负责撰写主要内容，李国平、王晶两位老师提供修改建议。张党珠、何勇军两位老师多年来在高校内兼任考官，特别熟悉面试打分原则，给出的备考建议有助于学员快速提高面试水平。

6.《全国高校会计专硕（MPAcc）复试攻略及专业理论考点梳理》：由慧学慧考发起，组织各大财经类院校考官编写，包括名校MPAcc复试攻略、MPAcc复试的四大专业理论考点梳理、各大高校MPAcc复试真题等内容。

本丛书的编写过程，是各位名师互相之间信任的一个见证，也是我们与出版社交往过程中互相理解的一个见证。要特别感谢东北财经大学出版社的各位编辑老师，没有他们的辛苦工作，本丛书是无法顺利出版的。

当然，由于时间与精力有限，本丛书难免有不足之处，欢迎各位同行指正及考生反馈，我们的交流电话是189 2001 7753（微信同号）。同时，本丛书配有相关免费复习录音等资料，全国学友也可以加上述微信号，申请获取。

管理类专业学位联考名师联盟发起人

张党珠　汪学能

2018年1月

前言

面试考官给考生的三大建议

1.复试的重要性

随着MPAcc考生逐年增多，竞争趋于白热化，初试高分落榜的现象颇为常见，以南开大学2017年MPAcc复录情况为例：参加复试的人数中，全日制为176人（含1名退役大学生计划），非全日制为134人，而录取人数中，全日制为30人（不含推荐免试生），非全日制为87人。其中，260分以上，6人，录取5人；250~259分，33人，录取16人。250分以上的高分考生在复试中被刷下，真的是很容易啊，所以复试的重要性不言而喻，广大考生千万不能忽视复试，除了复习专业理论外，还要掌握面试技巧与思路，必要时可接受专业指导。

2.复试的潜力

有的考生对复试不够重视，当然也有的考生对复试极为重视，初试一结束，就开始参加课程学习，得到考官专业指导。以天津商业大学2017年的考生杨同学为例：他考了223分，跨专业以最低分进入复试，经过认真准备并得到专业指导后，他把每个复试环节做到极致，最终被成功录取。所以，即使考分低，即使是跨专业的考生，只要认真对待复试，仍然有希望。

3.复试的亮点设置

很多考生把复试的重点放在自己的大学成绩以及专业课上，其实对于研究生复试，考官更在乎的还有考生的科研能力、学习状态、团队协作能力，以及人格是否健全等。对此，我们会给每个考生量身定制一套自己的复试亮点，很多考生获益良多，并顺利通过复试。

其他具体建议，比如如何做好自我介绍等，考生可以阅读本书具体章节，以及参加我们的复试学习课程。

预祝各位考生复试顺利，金榜题名！

慧学慧考MPAcc复试教研中心

2018年1月

全国考生免费服务

为了更好地帮助全国的MPAcc考生在复试中取得好成绩，凡购买本书的学友均可获得MPAcc复试专家（全国高校师资）的免费指导服务，具体流程如下：

学友致电或加微信189 2001 7753，告知学友姓名、MPAcc申请院校、个人联系电话或微信（用于反馈专家指导建议），随后，我们的指导老师就会发送“1分钟MPAcc复试背景评估及备考建议”表，并根据填写内容免费提供980元复试资料，以及院校复试流程、申请策略、复试规划等相关指导。

慧学慧考MPAcc复试教研中心

2018年1月

目录

上篇　MPAcc复试攻略

上篇　MPAcc复试攻略

1 面试礼仪与形象设计

礼仪是在人际交往中以一定的约定俗成的程序、方式表现的律己敬人的过程。良好的礼仪有助于提高人与人之间的沟通效率，增强信任，改善沟通效果。本书讲的礼仪围绕面试礼仪展开，主要体现在个人在面试过程中的着装、形象、表达、沟通、礼节等方面。从个人修养的角度来看，礼仪是一个人内在修养和素质的外在表现。从交际的角度来说，礼仪是人际交往中适用的一种艺术、一种交际方式或交际方法，是人际交往中约定俗成的示人以尊重、友好的习惯做法。从传播的角度来看，礼仪是在人际交往中相互沟通的技巧。

在各类面试中，应试者要在较短的时间内非常真实地表现出个人的综合素质，恰当的礼仪不仅能给考官留下深刻的正面印象，更能体现出应试者个人对职务、项目的胜任能力。

1.1 职业化的着装及配饰

鉴于MPAcc面试是一对多的面试方式，面试学员大部分是大学生，所以学员在着装及配饰方面应**尽量选择商务正装**，可以凸显自己**对面试的重视以及与众不同**。无论男女，请遵循以下着装原则：**着装整洁，与个人身份、职业、年龄相符，与面试现场相符。**

无论男士女士，最好在面试当天清洗头发，一是可以保持头发清洁、有型，二是让人感觉精神焕发。男士最好留短发，尽量不留胡须，保持干练状态。女士最好保持自然的发色，如果染发，也要避免选择夸张的颜色，尽量不要披着头发，把头发扎起来会让面试官感觉你办事利落。女士最好化淡妆，可以适当打个粉底，涂抹一些清淡香水，切忌浓妆艳抹。尽量不要做假指甲，也不要上色，如实在喜欢涂色，可以涂透明色，切忌指甲过于复杂，艳丽夸张。

男士最好着西装、衬衣并打领带，不可戴帽子、围巾。在西装的颜色方面可选择深蓝、深灰、黑灰等深色，这些颜色不仅端庄儒雅，而且能将面色衬托得更有光泽。穿西装的基本要求为：商标要拆除；衣服熨烫平整，系好纽扣，不卷不挽；慎穿毛衣，不与T恤衫搭配；口袋里少装东西；西裤不得有褶，要有裤线；裤长以裤脚接触脚背最为合适；裤扣要扣好，拉链要拉严。

女士外装的搭配最好比男性更具个性一些，可以着西装、工作装，亦可着套裙，合体、合意的服饰将为女士增添自信心。颜色方面以冷色调为主，无图案或格子、圆点、条纹等，也不宜有过多的点缀，这既能体现出个人气质，突出典雅、端庄、稳重之美，又能体现出职业素养。

男士在衬衣的选择上要注意：整洁无褶皱；单一颜色，最好是白色或其他浅色；无图案；长袖，无胸袋；大小合身，衣领和胸围要松紧适度；领型的选择兼顾本人脸形、脖长及领带结的大小。女士的衬衣颜色要求雅致而端庄，且不失女性的妩媚；衬衫的色彩与套裙的色彩协调，内深外浅或内浅外深，形成深浅对比，最好无图案。女士穿衬衫的注意事项：衬衫下摆掖入裤腰或裙腰里，纽扣一一系好，不可在外人面前脱下上衣，直接以衬衫面对对方。

男士在领带的选择上，要注意：外形美观、平整，衬里不变形；面料以真丝、羊毛为佳；颜色不要浅于衬衣颜色，蓝色、灰色、棕色、黑色、紫红色等单色领带是首选；最好无图案，或以条纹、圆点、方格等规则的几何图形为主；领带的宽窄要与本人的胸围和西装上衣的衣领协调。

在西装、衬衫、领带的搭配上，西装的颜色越深、衬衫的颜色越明快，越容易形成反差，最合适的搭配为：深色西装配浅色衬衫；西装与领带的色调可以对比，也可以互补，但在颜色深浅上要有变化；西装和领带的花纹不能重复。搭配举例：深蓝色西装+白色或明亮的蓝色衬衫+蓝色/灰色/黄色领带；黑色西装+白衬衫+灰色/蓝色/绿色领带；灰色西装+白衬衫+灰色/绿色/黄色领带。

再说一下鞋子和袜子。男士只宜穿黑色或深咖啡色皮鞋。黑色的皮鞋可以跟黑色、灰色、深蓝色西装搭配，咖啡色的皮鞋可以与咖啡色西装相配。白色和灰色的皮鞋，只适宜娱乐时穿，不适合正式场合。皮鞋的款式非常多，但正规的商务款式只有一种：颜色是黑色的，质地是真皮的，需要系带的（最好是三节头系带的），鞋面是亮光或是磨砂的。袜子的颜色以单色为好。白领男性挑袜子时，可以选择黑色、棕色或深蓝色，保证袜子颜色与长裤相配或相近。

女士的鞋袜搭配异常重要：鞋以高跟、半高跟黑色皮鞋为宜，也可选择与套装色彩一致的皮鞋；穿裙子应当配长筒袜或连裤袜（忌光腿），颜色以肉色、黑色最为常用，尤其要注意的是，袜口不能露在裙摆或裤脚外边（忌三截腿）；鞋袜要大小相宜、完好无损。

最后说一下相关配饰，如皮带、手表、戒指等。男士的皮带颜色与裤子颜色可以是同一色、类似色和对比色。一般来说，黑色皮带可以配任何服装。选择一条质量上乘、款式大方、新颖别致的皮带，可以提升男人的风度和气质。俗话说“男看表，女看包”，男士一般不戴电子表、潜水表或卡通表去参加正式活动。

女士的配饰相对较多，但不建议在面试时佩戴过多，特别是耳环、项链、戒指、手镯、手链、胸针等。佩戴配饰时以少为佳，做到同质同色、风格划一。要注意，有碍于工作的首饰不戴，炫耀财力的首饰不戴，突出个人性别特征的首饰不戴。

1.2 良好的精神状态

前文详尽地介绍了着装与配饰，接下来我们要聊聊如何拥有良好的精神状态。众所周知，影响面试第一印象的除了服饰之外，还有应试者的精神状态，这是考官对你快速形成第一印象的重要判断点之一。著名的心理学家鲁钦斯研究发现，在整个交往中，个体只要在最初的4秒给对方留下深刻且良好的刺激，就一定会吸引对方的注意力，把握沟通方向。或者说，在前面4秒时间里，你个人的表现，一个微笑，一个点头，一举一动就已经给对方留下印象，也会下意识地为接下来的沟通定下方向。所以，进入考场后前几秒的精神状态将会在一定程度上影响面试的成败。

那么，如何才能给考官留下良好的第一印象呢？首先要做的是尽量保持面部清洁、干爽。根据社会学家的研究，在没有深入了解一个人之前，面部干净整洁的男士肯定比满脸油光尘土的男士更受欢迎。所以，特别是属于油性皮肤的男士，强烈建议使用一些洁面膏类的面部清洁产品。女生简单打个粉底，化个淡妆即可。面部整洁会让我们心情放松，更有自信。

接下来是**情绪**。作为面试官，我们经常可以看到应试者一进入考场就非常紧张，加上在面试环节中还有压力测试，他们一下就彻底慌了，说话结结巴巴不算，连冷汗也出来了。作为过来人，作为面试官，我们告诉你，完全没有必要，对于考官来说，让你紧张那是他的策略之一，所以千万别“上当”，一定要尽全力保持放松、自信、平静的心态。这种心态不仅能让人发现自己、他人与世界的光明面，还能让自己保持一种积极、乐观、进取的精神状态。一旦拥有了这种态度，不管考官怎么难为你，你都能坦然自若地表现出自己的所有优势，理性且轻松地绕过考官有意无意设下的陷阱。应试者只有保持稳定的情绪，才能在面试中高度集中注意力，始终保持敏锐的判断力、充沛的精力、缜密的逻辑性，应付自如。

总之，在整个面试过程中，保持良好的精神状态，有助于给考官留下良好的第一印象，权威机构的调查表明，良好的第一印象可使面试的成功率提高70%~80%。另外，精神状态不仅能反映一个人的内心世界，也能有效体现其综合素质和外部反应能力。

注意：

（1）越是最困难的时候，越要放松，要暗示自己：这事只有放松了才能干得漂亮。

（2）人生的任何一个场合都是一个考场，你只有把它当成考场，才能进步。如果任何事情都随便去应付的话，那你一定不会成为一个优秀的人。人生处处是考场，抓住每个细节，尽量将最好的自己展现在别人面前。

（3）适当紧张是表现对此事比较认真的状态，过度紧张是心理素质不好的表现。也不能太松懈，那是不尊重的表现。大家不仅要在面试的时候这么做，在日常生活中跟人打交道的时候也应如此。

1.3　得体的坐姿与举止

这一点似乎非常简单，不就是个坐姿嘛，有什么大不了的。同学，你可别不当回事，坐姿不好不仅会让你容易紧张，也会直接影响你的举止和表达。我们既不能坐在那里像个官老爷似的，也不能坐在那里让人感觉你很不自在。总之，坐有坐相，站有站相，说话时使用得体的肢体语言能让彼此降低紧张感，有效接收信息。

那什么是坐有坐相呢？首先，坐之前最好征求老师意见，或老师直接让你坐下时，你轻松回复一句“谢谢”就坐下。在坐下的过程中，臀部不可以将椅子坐满，一般留1/3的空，后背也不要完全倚靠在座椅背上。男生不要跷二郎腿，两腿自然分开，膝盖向前，两手分别放在两腿上或者双手十字交叉放在左侧或右侧大腿上。放在左侧时，左臂可轻靠扶椅；放在右侧时，右臂可轻靠扶椅。身子略微向前倾，两眼略向上仰视面试官。女生两腿一定要并拢，膝盖向右倾斜，两手合在一起，放在左腿上，显得庄重、优雅。总之，手不需要太拘束，双臂不可交叉环抱自己，如果面前有桌子，应该将双手放松，放于桌面上。

注意：这些小细节是要表现出来的。

1.4　入场、退场等礼仪

在正式进入考场前，你可能在集体候考室等候，也可能就在考场外等候。不管在哪里等候，进考场前一定要轻轻敲门，哪怕门敞开着。在你正式进入考场前，所有考官都在紧张地计算上一个考生的综合面试分数，在每一张表格上填写个人评语及签字，此时，考官们可能不会抬头看你。在敲门得到老师许可后，推门进入，并要轻轻把门关上。

如果需要递交相关表格或文件，请一次性递交给主考官，主考官一般坐在其他两位考官中间。

坐下后，面试即开始。在这个过程中，你的面试题一般分为几个部分：简短的自我介绍；自由对话、提问；观点论述；英语面试。

在回答过程中，一定要保持口齿清晰，语调、语速适中，不紧不慢，不要抢，等面试官讲完，听清楚了，略作沉思，停顿两三秒后再回答，这样显得你办事稳重，会给面试官留下较好的印象。回答问题不可用反问句，这会让人反感，可以巧妙地使用幽默，但要注意尺度，不然会起到相反的效果。

在抽签答题环节，尽量把题目及题号清楚念出，在回答过程中，纸条要自然地拿在手中，不要下意识地揉搓。如果你回答完一个问题，老师还让你回答另外一个，也一定要回答。

在面试过程中，可能会有工作人员和老师进出考场，不要受到影响，保持思路连贯。

最后，主考官会宣布你的面试结束。这时要起身站到椅子旁边，向考官们真诚地鞠一躬，表示对老师的感谢，用非常真诚的礼仪来打动老师，以弥补刚才可能表达不到位的地方。鞠躬的角度为二三十度即可，把颈部弯下去一点点就可以，千万不要变成点头。这些都是细节，要养成习惯。在离场时，要注意走路姿势，轻轻把门打开，再轻轻把门带上。出门后，不要马上放松下来。不论别人问你什么，不论题目如何，都不要立刻发表评论。

注意：

（1）我们应该把入场礼仪当作待人接物的礼仪，这种礼仪可以快速打通人和人之间的信任桥梁，能够让彼此快速建立情感。

（2）成绩一般分为四个等级：优秀、良、及格和差。大家一定要注意细节，光题目答得好还不够，细节会让你的分数从良变为优秀，如果不注意细节，即使题目答得再好，考官也会觉得你不符合要求。

这些细节也是考核的一部分。

(3) 面试官可能会追加提问，如果面试官是财务专业的，遇到财务方面的问题时，一般会深问；如果面试官的专业和你所学的专业正好一样，他一定会为难一下你。这种问题一般较难回答，因为他们是专业的，理论他们都懂而你不一定懂。所以，对于这类面试，日常的积累很重要，圈子也很重要，不能只会某一项，别的都不会，而是多多少少都要懂一点。

最美英语　01

Cleverness is a gift, while kindness is a choice.

聪明是一种天赋，而善良是一种选择。

——亚马逊创始人杰夫·贝佐斯

张党珠随笔：

亚马逊开董事会的时候，都要放一把空椅子，是留给正义坐的。当董事会成员议而不决的时候，就让正义投票。我喜欢这样的公司，所以我愿意在这样的公司购买图书，我也希望做一家这样的公司！

2 个人简历与自我陈述技巧

2.1 设计个人简历的五大原则

个人简历是很多学校要求的书面递交材料，是考官判断考生的主要依据之一，所以需要考生精心打磨，有些原则务必遵守，不能逾越。总的来说，有五条原则。

第一原则：重点突出原则，即通过教育经历表、语言能力表、奖励与荣誉表、特长表等表格，表现出最强技能、最精通的知识领域、最优秀的性格特点、最擅长的事、最重要的成就。

第二原则：独特原则，即保留自己独特的经历。独特经历的标准是一般人没有的积极正面的经历。比如，2017 年我们现场辅导过一位考天津商业大学 MPAcc 的考生，他是先工作了几年再考研的，经过我们的精心设计，他的工作经历成为他面试中独特的亮点，最终使他顺利通过复试。

第三原则：近期原则，即学习经历、工作经历以近期为主。有不少考生学习经历比较丰富，所以很难对自己的经历做出取舍。比较简单的处理方式是以自己的近期经历为主。

第四原则：相关原则，即尽量与会计、商业、管理相关。有的考生缺少会计学习与工作相关经历，从事的行业跟专业不相关，所以写出来的简历会让人感觉不适合读MPAcc，因此务必要对这些经历进行润色、调整。

第五原则：完整原则。简历包括的教育背景、社会活动、语言能力、奖励与荣誉、特长等板块都尽量完整。有的考生有工作背景的话，也可以写进去。

2.2 自我陈述的三个版本

自我陈述是口头版的个人简历，所以内容要与个人简历相符，不能互相矛盾，也不能把个人简历的内容一字不差地背下来，给考官留下呆板的印象，要做一些艺术性的处理。

不同的学校对个人陈述的要求不一样，大致可以分为三类：

1）一分钟版本自我陈述

陈述内容包括：教育背景，如学校、专业、荣誉、兼职等体验；社会活动背景、特长介绍等。

教育背景一般建议最多说三个点，比如学校、专业、毕业时间一个点，奖学金及其他荣誉一个点，是否为学生会干部、是否入党、兼职情况一个点。

陈述社会活动背景时，不用详细地列举自己的每一个社会活动，重点放在核心经历上，要特别注意设计核心经历发生变化的起承转合。要多说自己的特长，比如科研软件的熟练程度，理论素养，科研基础等。

2）两分钟版本自我陈述：一分钟版本自我陈述+学习研究规划

学习研究规划是MPAcc面试的一个必考题型，所有考生必须提前准备好，并且要掌握好相关陈述技巧，具体包括：

（1）内容相关。不要谈一些跟学习研究规划无关的信息，重点放在学习与研究上，比如学习的具体规划，包括重点学习哪些课程与掌握哪些核心技能；具体的研究计划，包括自己已有的研究功底，计划的研究对象，以及相关论文发表计划等。

（2）时间节点。不要笼统地谈学习与研究规划，要以时间为节点，分成三个阶段来谈，比如1年、2年、3年，这样谈条理清晰，便于考官理解。

（3）精炼目标。每个时间节点后面都要有精炼的学习与研究目标，最好不超过15个字，比如“熟练使用SPSS科研软件”。

（4）具体措施。每个目标后面要有具体的实现措施，不能只是简单地说“加强学习”，要列举具体的学习途径、学习技能以及学习方法，让考官感到真实。

（5）前后呼应。整个学习与研究规划的内容要具有内部一致性，不能前后矛盾，应以时间为顺序，前后递进，呼应起来。

3）三分钟版本自我陈述：两分钟版本自我陈述+独特经历或业余爱好+攻读MPAcc的原因

在时间允许的情况下，独特经历或业余爱好也可以提前准备好。比如，2016年我们辅导过一位体育运动爱好者，他爱好体育的原因是10多年前他患有脚骨坏死，被医生诊断为绝症，终身无法行走，后来他靠自己的意志坚持锻炼，居然完全康复了。将这样励志的故事巧妙地予以陈述，为他加了分。

“攻读MPAcc的理由”或“攻读MPAcc能给你带来什么”，也是MPAcc面试的一个必考题型，一般回应的万能套路包含三个点：

第一句总述，“我选择读MPAcc主要是从以下几方面综合考虑的”：

第一点，接受更广博、更系统的MPAcc知识培训，提升自己的能力，为以后就业或创业储备专业知识与专业技能；

第二点，建立更广泛的人际关系网络，通过发挥自己的价值，获取一定的人脉资源，实现共赢；

第三点，通过两到三年的学习，聆听教授的课程，拓宽自己的视野，提升自己的思维境界，并以此期待能有更广阔的职业生涯发展空间。

下面，我们来分享我们在线辅导过的一位上海考生的自我陈述。她在材料被拒的情况下，用慧学慧考设计好的自我陈述模板，在复旦大学的复活面试中表现优异，成功复活。她的这一份自我陈述，总体不错，供大家参考。

自我陈述成功案例

各位老师，大家辛苦了，下午好。首先谢谢各位老师给我这样一个机会，这是我莫大的殊荣。

首先，我说一下我的基本情况。我是YY，毕业于天津XX大学，由于我性格外向，可又不失沉稳，因此在校期间积极参加各项活动并且成绩优异，连续两年获得学校三等奖学金及优秀团员。我在大学期间就对会计产生了兴趣，在学校曾旁听会计培训的课程，具备了一些会计基础。毕业后聘入一家国有企业，在天津XX公司工作担任项目技术员，由于拥有会计的基础知识，也兼做会计助理工作。会计对于一个企业的经济决策和盈利能力至关重要，虽然在做辅助会计时我将所学的会计基础知识全部运用，可是仍然远远不足。身在职场，我才深知知识与实践的差异，切实体会到学习的有用性。因此我下定决心，辞掉这份来之不易的工作，决定考研，并得到了公司领导和家人的支持。

我对自己感到不满意的地方，就是缺乏一个系统的学习会计的机会，缺乏一次生命重生的机会。我希望老师们可以给我这个机会，完成这一次生命的重生。谢谢。

为此，我制订了一个学习与研究规划，下面我具体来谈一下我的规划：

第一，我已经搜索本科生的课表，并在中国知网上搜索一些关于MPAcc的核心期刊，由于我没有工作，因此可以很快进入学习状态，对MPAcc的相关教科书进行系统的学习，弥补我以前知识的不足。而且，我已在网易云课堂订好了相关的课程进行学习。第二，在读研期间，我会向不同的教授请教，学习不同研究领域的独到之处，研习不同领域的课程，来扩充自己的知识面。我想把专业课理论的学习落实到实践中，积极协助老师做相关科研工作，做课题的文秘助理，并走进企业去实习。第三，毕业后，我有读博士的打算，在会计领域继续深造。

感谢各位老师，也期待老师给我继续深造的机会。

最美英语 02

Before you are a leader, success is all about growing yourself. When you become a leader, success is all about growing others.

你不是领导，成功就是自我成长；你成为领导，成功就是帮助他人成长。

——杰克·韦尔奇

张党珠随笔：

据说，有一种竹子用4年时间只长3cm，但是从第5年开始，每天可以长30cm，6周就可以长15m。因为在前面的4年，竹子的根在土壤里不断延伸。深扎根，广积缘，缓称王。

3 个人面试流程及万能应对套路

3.1 个人面试流程

各个学校的个人面试流程都稍有差异，不过总的来说，整个流程可以分为十个环节。

1）敲门

从敲门声音的大小能判断出一个人的内心状况。有的人，轻轻地敲，声音很小，他可能胆小、忐忑、紧张。有的人，间断性地敲，不规律，这也是紧张的表现。还有的人，敲门的声音太大，甚至还有不敲门的，这都是不合规矩的。正确的敲门方式一般是敲三下，间隔均匀，音量适中。

2）问候

敲完门后问“老师我进来了，可以吗”，一定记住，“我进来了”是主动的表现，“可以吗”表示你对对方的认可和尊敬。如果考官没有点头，你就慢一点进去，考官可能在写东西，没时间理你；如果考官点头了，一般会说“进来，请坐，准备一分钟自我介绍”。

3）落座

进门后快速坐下，坐在离考官一米到两米之间的地方都可以，这样双方说话的声音都可以听清。考官会关注很多细节，时常会看你一眼，然后再看打分标准。细节能够显示你平常在商务礼仪中是不是训练有素。

4）规则告知

主动问一下考官怎么递交材料。在一般情况下，材料是交给记录员的，然后领一个答题卡，拿着答题卡念完题号、题目，马上进入答题状态。

5）自我介绍

自我介绍可以用中文或英文，一般是中文，详情请看2.2“自我陈述的三个版本”。

6）简历、材料提问

根据简历、材料内容，考官会询问、核查相关内容，因此在撰写简历与材料时，要充分考虑到被提问的可能，要有一定的设计思维，具体方法可参考第2章，或咨询我们的面试导师，一对一地给出指导建议。（咨询电话及微信：189 2001 7753）

7）标准提问

标准提问包括：常规的会计专业提问，比如人民币升值对有外币业务的企业的资产负债表和利润表的影响；素质提问，比如如何整理参考文献格式；英语提问，比如南开大学的一位考生回忆自己被问到的英语问题是“解释你对审计风险的理解”，考生要用英语来回答；政治提问，比如你怎么理解“一带一路”倡议、什么是“营改增”等。

8）随机追问

根据材料内容，以及现场的面试情况，考官会对考生的个人问题进行深挖，对难点进行追问，这些就是压力面试问题。比如，2017年我们辅导过一名报考天津商业大学的考生，根据他的材料，我们预测他可能会被问到“你为什么先工作再来读研”这类问题。在面试中，他果然被问到了。根据我们的模拟设计回答建议，他回应得非常到位，顺利通过复试。

9）结束与告别

面试结束时，考官会给出提示，有的考官甚至会开玩笑地说“欢迎来我们学校”，当然这是一个好消息。告别时，考生说一句“感谢各位老师的提问，谢谢”即可，这是一条万能套路。

10）出门

告别后，尽量不要转过身背对着考官出门，因为这时候考官还在给你打分，这个细节也许会给你增添礼仪分，所以建议考生尽量倒退着走出去。尽管有些老师不太在意这一举动，但是从商务角度来说，因为这个小动作你可能会获得一个订单，所以应该重视。

3.2 个人面试三大黄金原则

我们做面试辅导尤其在慧学慧考做面试培训以来，特别重视方法论的培养，总结了获得面试高分的十二字箴言，即三大黄金原则——方向正确、逻辑清晰、观点新颖。

黄金原则一：方向正确

方向正确，就是在价值观的判断上不能出错。比如，2015年我们培训的一位考生是从事医药行业的，在模拟面试时，我们就预测他会被问到医疗贿赂问题，结果面试时真的被问到“对GSK贿赂的看法”，我们给他设计的回应套路是：

首先，主动承认事实：“这件事情反映了医药行业商业贿赂的普遍性，也恰恰反映了两个问题。”

然后，尽快表明观点：“第一个问题，医药系统与医药销售代表之间存在一种利益交换，当然这种利益交换是不道德的；第二个问题，一些医药公司和医院在逐利性和行业伦理之间存在冲突。”

接着，说自己的独特思路：“不过我个人认为，简单地谴责任何医药公司、医院或医生都是苍白无力的，问题不是靠道德谴责就能解决的。问题的核心是，要建立一种新型的利益分配机制，要杜绝医药代表、医生靠这个牟利。”

最后，举个例子证明自己的思路：“据我所知，现在广东某些医院（如香港大学深圳医院）采用提高挂号费、要求医生开平价药并接受全员监督的方法，实施新的利益分配机制，这样就不会再刺激医生们铤而走险，为了一个小利放弃大利和稳定的、安全的、合法的利。”

这位考生面试后向我们反馈，他回答完这个问题，从考官的面部表情可以看出，他们很认可他的回答。面试结果出来后，他确实获得了优秀的成绩。

黄金原则二：逻辑清晰

方向正确之后，后续的回应就必须逻辑清晰。回应问题的核心逻辑包括：结论先行，即先说结论，不要让考官等答案；分类清楚，各个问题的类型不要混淆，要找到分类标准，如可以按照时间、方位、数字、重要性等标准分类；逻辑排序，排序的时候要注意上下对应，按照因果、从属等关系排序。

下面以我们在培训中用的一道难题为例：

题目：上司剽窃你的idea：先批评你的建议，事后却向其上级推荐了该建议，但并未说明是你的原创。你该如何处理呢？

回答：

首先，结论先行：“我的处理办法是改变心态，主动提出创意，为领导服务，提升自己。”

然后，分类清晰，逻辑排序：“首先，原创的核心——大脑——无法copy，这是一个提升自己的机会；其次，我认为帮助领导提升，是自己的一种特殊能力；最后，领导提升了，自己上升的空间才够大。”

最后，结尾留有余地：“万一这个方法行不通，我考虑要么换领导，要么自己做领导，但绝对不纠结。”

黄金原则三：观点新颖

要想获得面试高分，观点新颖是关键。我们在培训过程中发现，要做到这一点是最难的。我们以陈春花老师所著的《管理的常识》里面的几个观点为例。

例1：你怎么评价“我虽然没有功劳，但是我也有苦劳”？

一般观点：认可。

新颖观点：只有功劳才会产生绩效，苦劳不产生绩效，所以这句话员工不能说，否则可能成为员工无能的托词；老板可以适当地对员工说，以示老板的关怀。

例2：你觉得能力与态度哪个更重要？

一般观点：态度比能力重要，或者态度与能力都重要。

新颖观点：能力最重要，只有能力才会产生绩效，态度必须转化为能力才会产生绩效，因为绩效是衡量公司管理的最重要的指标。

例3：你怎么看待德才兼备？

一般观点：德才兼备最好，或者德比才重要。

新颖观点：才干产生绩效，品德要转化为才干才会产生绩效。人都会犯错，所以我们不能够在品德上下赌注，管理所要做的就是让人没机会犯错。

观点新颖，是为了凸显自己的独特思维，给考官留下独特印象，观点不必尽善尽美，能自圆其说即可。

3.3 个人面试万能应对套路

为了使考生遇到问题时不发怵，我们研发了两个面试万能应对套路。从培训的反馈情况来看，这两个套路都非常有用。

万能应对套路1：正反合（或阴阳合）

笔者在南开大学读博士期间，专攻“国学与管理哲学”方向，深刻地体会到了中国文化阴阳合或正反合的独特魅力。以一个段子为例：

想到“好”的时候，能不能同时想到“坏”？想到“上”的时候，有没有“下”的意识？想到“自己”时能不能同时想到“他人”？想到“挣钱”时是否同时想到“怎么花钱”？“人在吃”的时候有没有同时想到“秤在看”？

古希腊哲学家赫拉克利特认为：“相反的东西结合在一起，不同的音调造成最美的和谐。”菲茨杰拉德在伟大的小说《了不起的盖茨比》里也写道：“同时保有全然相反的两种观念，还能正常行事，是第一流智慧的标志。”所以，练习正反合的思维套路，也是在升级考生的思维程序，使自己终身受益。

下面以我们辅导过的一位面试成绩优秀者的压力面试题目为例，详细解读正反合的逻辑。

题目：你最大的缺点是什么？

正：我最大的缺点应该是普通话不太标准，跟别人交流起来特别费劲。

反：但是我做业务以后发现我的普通话不标准并没有影响我做业务。后来我问了我的客户，他们说，刚开始跟我说话的时候他们都听不懂，打一段交道后，我的普通话也慢慢地好起来了，所以我认为我以前最大的缺点是普通话不标准，但实际上这不是我最大的缺点。

合：我最大的缺点是怕自己意识不到自己的缺点，没有去改正，只要意识到了我就不断去改正。老师您现在听我说普通话是不太标准的，但是您可以想象到十年前我的普通话比现在差很多。

正反合应对套路，适合回应思辨类问题。非思辨类问题，适合用“一二三”套路。

万能应对套路2：“一二三”

所有问题都可以按照时间、方位、数字、重要性等标准，设计成为“首先、其次、最后”这个“一二三”套路。比如，自我介绍就可以设计成：“首先，我来介绍一下我的教育背景。……其次，我来介绍一下我的工作背景。……最后，我来介绍一下我读MPAcc……”再比如，对学习研究规划类问题的回答也可以设计成：“首先，我研一的学习与研究目标是……；其次，我研二的学习与研究目标是……；最后，我研三的学习与研究目标是……”

具体的应对套路，需要根据每位考生的特点量身定制，设计好思路。我们在慧学慧考给考生的培训解决方案是现场或在线一对一模拟，在辅导考生通过面试的同时，升级考生的思维程序。

3.4 名校历年真题列举

根据我们辅导过的考生的反馈、我们担任面试官的经验，以及获取的一些内部资料等资源，我们整理了一些名校的复试笔试真题以及历年个人面试真题，列举如下。考生可以结合本章前面三节的面试技巧加以练习。

1）南开大学MPAcc（2017）笔试真题

笔试会计学综合，包括财务会计、管理会计、审计和财务管理四部分。总分100分，其中，单选40题共40分，大题60分。大题的题型和分值如下：

财务会计（20分）

（一）业务题（17分）

1.卖出货物，被退货，并未收到货款。(2分)

卖出货物，次年2月被退货，并未收到货款。(4分)

2.贷款买入机器设备，安装时有劳务费。(4分)

3.自用房地产转出租，后出售。(4分)

4.长期股权投资48%，再投资至52%。(3分)

（二）会计政策变更和会计估计变更的区别（3分）

管理会计（15分）

1.成本无差别点法。

2.销售利润率，经营资产，资产周转率。

3.投资回收期。

审计（15分）

应收账款的审计目标是否恰当，对可能存在的问题如何实行审计程序。

1.两笔应收账款可能不存在。

2.确认的坏账，客户说实际已经归还。

3.应收账款可能是下期发生的。

4.应收账款坏账提取比例可能过高。

财务管理（10分）

1.两种方案比较。计算综合资本成本率。

2. 固定资产被卖出对现金流量的影响。

3. 两只股票，如何组合？（报酬率为12%）

2）名校MPAcc个人面试历年真题列举

（1）证券市场对企业发展的作用。

（2）公司要拆除旧建筑重建，但旧建筑还有未折旧的成本，这部分成本是计入重建的成本中还是作为当期的清理费用？

（3）甲公司购买一台专用设备，其附带成本包括运费、调装费等，公司认为应将附带成本计入当期费用，并给出以下两点理由：①其附带成本在处置时不能产生现金流量；②计入当期费用可以抵税。评价这两个理由，说明自己的看法。

（4）作业成本法与传统成本法的异同点。

（5）利润度量方法有哪两种？你认为哪种更合理？为什么？

（6）甲公司一办公楼，原估计使用20年，实际使用10年后不堪使用，于是建造一栋新的办公楼。原办公楼未折旧完的部分是应该加入新建成本还是作为旧资产清理？为什么？

（7）甲公司购进一专用设备，另支付运杂、安装等费用5万元，公司将这5万元作为期间费用处理，理由如下：①这部分费用不能为公司带来现金流；②作为期间费用可以减少所得税额。你认为以上理由是否有效？

（8）甲公司购进专用设备，并另外购买配套的专用软件一套，成本不菲，这部分费用是应计入设备成本还是单独作为无形资产？为什么？

（9）内部控制和控制测试的区别。

（10）分析程序在审计不同程序中的作用。

全国MPAcc院校的面试真题，限于篇幅，本书就不再一一列举。考其他学校的考生可以模拟练习以上面试真题。另外，这些题目的具体回答套路，可以参考本章3.3节讲解的应对套路，或者咨询我们的面试导师，也欢迎全国的学友把自己面试遇到的真题发给我们，我们的联系方式及微信是：189 2001 7753。

最美英语　03

Failure is simply the opportunity to begin again, this time more intelligently.

失败只是重新开始的机会，而这次你会更加明智。

——亨利·福特

张党珠随笔：

2001年，我和几位朋友每天早晨都去黄花岗烈士公园朗读英语。后来得知孙中山先生发起革命十余次，几乎全失败了，最后辛亥革命一次成功，就奠定了他“国父”的地位。十几年来，我见过考研时间最长的一位考生是考了四年，最后他成功考上了，其他大部分考生都是第一年就考上了！考研，坚持就是胜利，剩者为王！

4 小组面试流程及万能应对套路

小组面试也称“组面”、“群面”或“无领导小组讨论”。它是评价中心技术中经常使用的一种测评技术，采用情景模拟的方式对考生进行集体面试。它由一组应试者组成一个临时工作小组，讨论给定的问题，并做出决策。由于这个小组是临时组建的，并不指定谁是负责人，目的就在于考查应试者的表现，尤其是看谁会从中脱颖而出，成为自发的领导者。在无领导小组讨论中，或者不给应试者指定特别的角色（不定角色的无领导小组讨论），或者只是给每个应试者指定一个彼此平等的角色（定角色的无领导小组讨论），但这两种类型都不指定谁是领导，也并不指定每个应试者应该坐在哪个位置，而是让所有应试者自行安排、组织，评价者只是通过安排给应试者的讨论题目观察每个应试者的表现，给应试者的各个要素评分，从而对应试者的能力、素质水平做出判断。

小组面试，有的院校没有，有的院校有，比如同济大学2017MPAcc复试就规定：小组面试，内容为无领导的管理/财经案例讨论，时间为20~30分钟，满分100分。

4.1 小组面试流程

小组面试流程大体包括分组、进入、告知规则、阅读题目（案例、辩题)、组员个人发言、讨论、总结、结束与离开等步骤。

小组面试的时间是30分钟左右，具体操作流程大致如下：第一步，小组成员一起阅读案例，并进行简单交流，确定领导者，明确分工，时间为5分钟；第二步，面对考官，简要复述案例；第三步，小组组员轮流发言，时间为10分钟；第四步，考官提问，小组回答，时间为12分钟；第五步，汇报，时间为3分钟。

小组分工与角色扮演包括：leader（领导），其职责是引导组员发言，注意预防组员的一些突发情况；member（成员），其职责是提供自己的建议，注意不要发生激烈争执、抢领导的风头；reporter（总结陈述者），其职责是整理好大家的发言观点，并且融会贯通、清晰陈述。

4.2 小组面试判分标准

小组面试时，每组6名成员左右，一般占复试总成绩的30%，主要考核考生在模拟商务事件的竞合环境和群体背景下的综合能力与管理潜质。大体来说，考核如下方面：

（1）语言方面：包括发言主动性、组织协调能力、口头表达能力、辩论说服能力、论点的正确性等。不同的能力要素根据职位的不同赋予不同的权重。在实施过程中，考官将根据具体情况确定测评的要素和各要素的权重，以和具体的岗位、职位相对应。

（2）非语言方面：包括面部表情、身体姿势、语调、语速和手势等。

（3）个性特点：包括自信程度、进取心、责任心、情绪稳定性、反应灵活性等测评要素。

小组面试具体的判分能力指标包括：

（1）沟通能力：语言表达顺畅、清楚；表达过程中正确运用语言、语调、目光和手势等；敢于主动打破僵局；能够倾听他人的合理建议；遇到冲突保持冷静，并能够迅速提出解决办法。

（2）分析能力：理解问题的本质；解决问题的思路清晰、角度新颖；能够综合不同的信息，深化自己的认识。

（3）应变能力：遇到压力和矛盾时能够积极寻求解决方法；情景发生变化时能够调整自己的思考、行为方式；遇到挫折时能积极面对。

（4）团队合作能力：能迅速融入小组讨论中；在整个面试过程中能为小组的整体利益着想；有独立的意见，但必要时会妥协；能为小组其他成员主动提供帮助；尊重他人，善于倾听别人的意见。

（5）人际影响力及自信心：提出的观点能得到小组其他成员的认同；小组成员愿意按照其建议行事；不依靠命令的方式压制小组其他成员；善于把小组成员之间的意见引向一致；发言积极，而且敢于发表不同的意见。

小组面试五大个人加分项：仔细倾听别人的意见；贡献新的观点；团队陷入迷茫混乱时，理清主要脉络；纠正团队的常识性错误；具备优秀的局面把控能力。

小组面试十大个人减分项：不善于倾听，理解片面；打断、驳斥别人；毫无时间观念，啰唆，爱表现；句句不离理论；与别人争当leader；发言时中英文混用；直接分配角色；沉默不语；与组员争吵；离开时缺乏礼仪，如不摆好椅子、不告别。

为了便于操作，我们总结了小组面试的具体注意事项：

（1）战略上突出个人，战术上尊重考友。

（2）注意发型，衣着整洁。

（3）在个人介绍中，许多人会谈及自己考MPAcc的原因是"管理或专业方面的能力比较欠缺"，这是很忌讳的。

（4）自信而不傲慢。

（5）恰到好处地抬高别人，这样也会提高自己的地位。

（6）不要抢着发言或打断别人的话。如果某人的话过长，即使你不打断，面试官也会打断。

（7）对事不对人，不要直接攻击其他考生，但可以委婉地说明，既体现团队精神，又显露才华。

（8）要对别人和自己的发言要点进行记录，因为面试官可能随时插入话题，或打乱原计划。

（9）事先约定的总结人可能没有机会做总结，因此要随时做好总结的准备。

（10）发言时间不能太长，尤其是自我介绍，否则可能引起反感。

（11）发言不能太少，会被认为没有见解。

（12）不要怕别人把观点都说完。事实上，在开始时陈述主要观点，在后期发掘一些亮点，效果更好。

（13）考完后不要在考场附近喧哗或吸烟，以免事后扣分。

（14）在小组其他成员偏离中心议题时，及时纠偏会十分有利。

（15）在小组的成员发生争执时，进行协调是必要的，否则会使得小组的成绩整体偏低。

（16）思维不能完全被案例束缚，但提出的新颖观点不能离题过远。

（17）观点不能消极，要体现积极进取和务实的精神。

（18）以一个有价值的参谋人员的身份出现，往往比以领导的身份出现更容易获得考官的好感。

（19）考官可能突然打断，询问某一个人的私人情况，要有思想准备。主要是考查这个人的应变能力和个人材料与实际的吻合情况。在这个间隙，其他人正好可以分析材料。

（20）看材料的时候最好对要点做笔记，主要为三部分：存在的问题、对原因的分析及功能性解决方案。

（21）小组进场前先沟通一下，有助于协调观点。但是，大部分学校倾向于避免让考生事先进行沟通。

（22）小组面试的考官一般分为两类：一类由外聘的人力资源经理主导；另一类由大学的教授主导。他们的兴趣和侧重点可能不同：前者可能喜欢提一些私人问题，后者更可能提管理学方面的问题。

（23）要有防备某个考生的“自杀性攻击”的意识，必要时可以代表小组进行解释性或防御性陈述。

4.3 小组面试万能应对套路

小组面试中的案例讨论类型有三种：

（1）案例分析型：以小组为单位讨论实际的商业问题。案例分析可以很好地测试应试者的分析能力、推理能力、自信心、商业知识以及沟通能力。

（2）问题解决型：以小组为单位共同解决一个虚拟的难题。如：北京现在有多少个汽车轮胎？这类题的特点是：极具挑战性，需要组员密切配合，精力高度集中。

（3）技能考查型：往往是在小组的参与下考查单个考生的演讲能力、分析能力和逻辑推理能力。如考官要求应试者在有限的时间内就某个陌生的主题准备短时间的演讲和辩论，以考查该考生在众目睽睽之下的表现。

不管是哪一种案例讨论，小组面试都可以按照以下套路开展：事件确认—问题实质—决策标准—备选方案—选择方案—概括强调关键点和思路。下面本书以一个真题为例，详细解读。

案例：

某啤酒企业要在S市新建一工厂，你是项目负责人，该工程下周举行奠基仪式，给市领导和媒体的邀请函已发出。这时，一位从德国进修回来的工程师对项目提出了严重质疑，作为项目负责人，你将怎么办？

回答：

简要复述题目。假设我是一位啤酒厂的项目经理，下周就要举行奠基仪式，邀请函已经发出，一位从德国进修回来的工程师提出严重质疑，我是项目负责人，我将怎么办？

事件确认。首先，召集技术负责人和专家认真倾听该工程师的质疑，初步判断其质疑是否成立和影响大小。

由事件抽象出问题实质。这表面上是一个技术人员对项目提出质疑的问题，实质上是一个该项目在技术上运作是否已经比较成熟的问题，是一个追踪决策的问题。

系统分析问题。第一步，回溯分析，讨论在技术上成功运行该项目的主要条件和关键指标。第二步，以关键指标和主要条件为基础，衡量项目现状，找出差距（如果项目已经成熟就没有必要做大的调整了)。第三步，根据目标、成本、环境限制等确定决策标准。第四步，责成德国回来的工程师和其他专家，找出尽可能多的解决方案。第五步，以决策标准为基础，衡量各种方案，并选出最满意的方案。

由于有的学校已经取消小组面试，因此我们就不再详细列举各大名校小组面试历年真题，只选择2016、2017年我们辅导过的考生反馈回来的几个MPAcc组面题目，供考生练习：

(1) 关于啤酒行业的生产成本问题，讨论如何平衡成本与质量之间的矛盾以及解决方案。

(2) 吉利并购沃尔沃对资产负债率的影响。

最美英语 04

The most important thing is character. Financial speculation requires too much of a risk, and immoral people are reluctant to take risks. Such people are not suitable for risky venture.

最重要的是人品。金融投机需要冒很大的风险，而不道德的人不愿承担风险。这样的人不适宜从事高风险的投机事业。

——乔治·索罗斯

张党珠随笔：

索罗斯是哲学专业毕业的，他思考问题一向以永恒、产期为导向，所以投资理念与众不同。好投资需要好人品，学习也是一项人生的好投资，也需要你的好人品来滋养！

5 英语口语速成及面试万能套路

5.1 英语口语速成的七个技巧

技巧1：轻重有度

在英语句子中，实词一般都要重读，非实词都要轻读。掌握了轻重有度的技巧，英语口语马上就有所不同。

（1）You only live once. Make it **count.**（黑体表示要重读）

你只活一次。使它有意义。——史蒂夫·乔布斯

（2）A man can be **destroyed but not defeated.**（黑体表示要重读）

人可以被消灭，但不能被击败。——海明威《老人与海》

（3）It's not the **strongest** of the **species** that **survive**，nor the most **intelligent**，but the **one** most **responsive** to **changes.**（黑体表示要重读）

最后存活下来的物种既不是最强大的，也不是最聪明的，而是最能适应变化的。——达尔文《物种起源》

技巧2：停顿有节

在英语句子中，一个意群与另外一个意群之间需要停顿，而在一个意群之内不需要停顿，这种节奏感能凸显英语口语的美感。

（1）I'm ready to travel，/ and you're my ticket.（斜杠表示要停顿）

我已经准备好出发，而你就是我的旅票。——《唐顿庄园》

（2） Keep your friends close / and your enemies closer.（斜杠表示要停顿）

跟朋友保持亲密，跟敌人更亲密。——《教父》

（3） A realization / that only comes with time / is that knowing which friends are real / is much more important than / having a lot of them.（斜杠表示要停顿）

随着时间推移，我们体会到，重要的不是你交了多少朋友，而是明白哪些朋友才是真的。——《三傻大闹宝莱坞》

技巧3：连读有序

英语连读技巧很多，最重要的是：在同一个意群中，辅音结尾的单词后面跟着元音开头的单词，辅音与元音要连在一起读。

（1） With the whole world crumbling，we **pick up** this time to **fall in** love.（pick up、fall in需要连读）

整个世界快倒下来了，我们却挑上这个时候来恋爱。——《卡萨布兰卡》

（2） All happy families resemble **one another**，but **each unhappy** family **is unhappy in its own** way.（one another、each unhappy、is unhappy、in its own四个地方需要连读）

幸福的家庭家家相似，不幸的家庭各有不同。——托尔斯泰

（3） It is **not our** abilities that show what we truly are. **It is our** choices.（not our、It is our需要连读）

决定我们是什么样的人的，不是我们的能力，而是我们的选择。——《哈利·波特》

技巧4：省略稍停

发音省略的技巧也比较多，最关键的是：如果以辅音结尾的单词，后面跟的单词以辅音开头，尤其是/p/和/b/、/t/和/d/、/k/和/g/这三组辅音，则两个辅音中前面的辅音不读，稍微停顿一下即可。

（1） I don't **want to** consider if I'll be able to succeed. Since I've **decided to** go to a **distant place**，I'll try my best to make the trip.（want to、decided to、distant place、best to四个地方需要省略辅音的发音）

我不去想是否能够成功。既然选择了远方，便只顾风雨兼程。——汪国真

（2）We take a **minute to** know someone，one hour to **like someone**，and one day to love someone，but the whole life to **forget someone**.（minute to、like someone、forget someone 三个地方需要省略辅音的发音）

认识一个人只要一分钟，喜欢上一个人只要一小时，爱上一个人也不过一天时间，但是忘记一个人却需要一生。——《廊桥遗梦》

（3）**It doesn't matter what we** want，once we get it，then **we want something** else.（It doesn't matter、what we、want something 三个地方需要省略辅音的发音）

不管我们想要的是什么，一旦到手，我们便又会想要其他的。——乔治·马丁《权力的游戏》

技巧5：语调正常

句型不同，语调也不一样。

（1）陈述句，降调。

①There is but one rule：hunt or be hunted.

只有一条规矩：成为狩猎者，或者成为猎物。——《纸牌屋》

②Smart is the new sexy.

聪明即是性感。——《生活大爆炸》

③Cleverness is a gift，while kindness is a choice.

聪明是一种天赋，而善良是一种选择。——贝佐斯

（2）一般疑问句，升调。

①Do you like pop music?

你喜欢流行音乐吗?

②Is that so?

是这样吗?

③Do you mean it?

你是认真的吗?

（3）特殊疑问句，降调。

①Where are you from?

你来自哪里?

②What kind of music do you like?

你喜欢什么音乐?

③Why do you like it?

你为什么喜欢它?

(4) 选择疑问句，前升后降。

①Would you like coffee or tea?

你喜欢咖啡还是茶?

②Shall we walk or go by bike?

我们走路去还是骑自行车去?

③Is your car blue，green or red?

你的车是蓝色、绿色还是红色的?

(5) 反义疑问句，升降调皆可。

①You will go to the cinema，won't you?

Yes，I will. / No，I won't.

你会去看电影，不是吗?

是的，我会去。/不，我不会去。

②He is from China，isn't he?

他来自中国，不是吗?

技巧6：跟读模仿

口语速成的捷径是，了解前面的5个技巧之后，加强跟读模仿，即可快速提高英语口语水平。跟读模仿需要注意3点：

(1) 选材标准。

选择自己最喜欢的素材，比如肯尼迪总统或希拉里的演讲；选择对自己最有用的素材，比如面试、工作、旅游、生活中最常用的句子；选择对自己而言难度最适合的素材，对初学者我一般推荐跟读模仿VOA (Voice of America) 的慢速英语 (Special English)。

(2) 事先处理。

在跟读模仿之前，用前面的5个技巧事先标注好不会读的单词的音标，需要重读的单词，需要停顿/连读/省略的地方，以及语调。

I don't know how I'm gonna live with myself if I don't stay true with what I believe.

如果我不坚持自己的信仰，我不知道该如何活下去。——《血战钢锯岭》

标注重读单词：live、stay、true、believe。

标注停顿：I don't know how / I'm gonna live with myself / if I don't stay true with / what I believe。

标注连读：if I，what I。

标注省略：don't know、don't stay。

标注语调：降调。

（3）技术手段。

我们早年都是用复读机录下自己的跟读声音，并与磁带中的原声对比，发现自己的差距，再调整。现在可以用手机APP跟读软件来实现这一点，比如“英语流利说”，或者其他一些类似软件。

跟读模仿的关键步骤是：模仿—对比—调整—接近原声。

技巧7：实操方案

练习口语有很多方式，如参加英语角或微信群，找同学互练，请外教或找外教网友，以及自己练习。不管怎么练习，首先要突破心理障碍，要有自信。自信有3条原则：第一，主动打招呼；第二，主动介绍自己，并且务必用英语；第三，坚持前面两条原则！

心理障碍突破之后，还要解决生理上的问题。英语发音的舌位、嘴型与汉语是有差异的，简单的突破方法就是练习英语绕口令。

（1）Canners can can what they can can，but can not can things can't be canned.

（2）Mike likes to write by the nice bright light at night.

（3）Good cookies could be cooked by a good cook，if a good cook could cook good cookies.

（4） There are thirty three thousand three hundred and thirty three feathers on that thrush's throat.

（5） Peter Piper picked a peck of pickled pepper and put them in a big paper plate.

（6） Bill's big brother is building a beautiful building between two big brick blocks.

掌握了前面属于物理层面的6个口语技巧，突破了自己的心理障碍，改造了自己发音的生理结构，生理、物理、心理三“理”合一，就构成了慧学慧考英语口语教学方法论。在此基础上，若有专业的教师一对一或一对多地给予纠正、指导，英语口语速成的效果必定更佳。为了弥补我们不能亲自一一指导大家提高英语口语能力的遗憾，我们特地把本节中的英语句子录制成一份MP3格式的音频文件，读者可以加微信（hxhkxq）申请语音资料。

5.2 英语面试必备问题及参考答案

我们培训参加提前面试、复试的考生时发现，大多数人对英语口语非常畏惧。为此，我们特地把考官最喜欢问的英语问题及回答套路全部罗列出来，考生只需要根据套路，把自己的信息填进去，然后熟悉内容，就可以轻松应对英语面试口语难题。由于MPAcc考生包括在职与非在职两类考生，因此英语题目也包括一些工作类问题。

下文中的Q表示question（问题），A表示answer（答案）。

（1） Q：What's your name?

May I have your name，please?

May I ask your name?

Would you give your name?

Please give me your name.

Your name，please.

What's your full name?

A：Good morning，madam/sir.

My name is ________.

I am ________.

（2）Q：What's your surname（姓）?

What's your family name?

A：My surname （family name） is ________.

（3）Q：Are you Mr. / Miss ________?

I believe you are Mr. / Miss ________.

How do you do，and you are Mr. / Miss ________?

Mr. / Miss________，I presume.

A：Yes，I am ________.

（4）Q：Where are you from?

A：I am from Shenzhen，a ________ city in Guangdong Province.

（5）Q：What's your major?

What subject did you major in at university?

What's your specialty?

A：My major / specialty is accounting at university.

（6）Q：What are your major and minor subjects?

A：My major / subject is accounting / finance / biology，and my minor subject is ________.

（7）Q：Where did you graduate?

Which university / college did you graduate from?

A：I graduate from ________，which is one of the most ________ in China.

（8）Q：When did you graduate from university?

A：I graduate from ________ University in ________. It was ________ years ago.

（9）Q：What course did you like best?

A：I liked finance / economics best. I took great interest in this course and actually，it is quite useful for my present work.

（10）Q：How did you get on with your course studies in college?

A：Oh，I did quite well. I was one of the top / creative / originative students in my class.

（11）Q：Do you feel that you have received a good general training?

A：Yes，I have been learning English since I graduate from university. And once I took part in a people skill course at a training school.

（12）Q：Have you ever received any degree?

What degrees do you have?

A：Yes，first，I received my bachelor of arts / science degree in ______ and then a master's degree in ________.

（13）Q：What's your educational background?

How about your education?

Now tell me something about your professional education.

A：Five years ago，I graduate from ________ University. I received a ________ degree there. My major is ________ and English is my foreign language.

（14）Q：How many languages can you speak?

A：Two. I can speak English fluently and a little Japanese.

（15）Q：Can you speak，write and read English fluently?

A：Yes，I can speak，write and read English fluently. And what's more，I often use English in my present work.

（16）Q：How is your English proficiency?

A：I can speak，write and read English fluently. And what's more，I often use English in my present work.

（17）Q：Please tell me your present job.

What do you do?

What kind of jobs are you doing?

A：At present，I am a ________ at ________ company，a famous company / one of the most famous company in the field.

（18）Q：Please tell me about your working experience.

Where have you worked in the past?

What kind of jobs have you had?

A: ________ years ago, I worked in ________ company as a ______. And then, I served as a ________ in ____________ company. Now I am a ________ in ________.

(19) Q: What kind of work did you do at your previous employer's?

A: I was in charge of sales department. It was mainly about promoting our products.

(20) Q: How long did you work there?

A: I have been working there for ________ years.

(21) Q: Your resume says you had had some experience working in ________. Why did you leave?

A: I have worked in ________ for ________ years. However, I left there ________ years ago because the work they gave me was dull. I found another job, which is more interesting.

(22) Q: What did your work consist of exactly?

What work were you responsible for at your previous employer's?

What were your responsibilities?

A: My responsibilities were mainly about establishing team / recruiting new employees, making arrangements and checking the results.

(23) Q: What did you most like about your previous job?

A: The team spirit and the harmony relationship with every member.

(24) Q: What did you most dislike about your previous job?

A: Lack of competition and challenge. So I come to study MPAcc in your school.

(25) Q: What have you learned from the jobs you have had?

A: I have learned a lot about business / skills / tactics and what's more, I learned how to respect my colleagues and how to win their respect.

(26) Q: Can you tell me something about your achievements?

A: I have been ________ for ________ company for ________ .

During this time，the sales have increased 11% than before. I have created / saved 30 million RMB for the company.

（27）Q：What is your career objective?

A：I want to apply my knowledge and experience to a position / a company founded by myself in sales in a joint venture.

（28）Q：Where do you want to be five years from now?

A：In five years，I want to be my own boss.

（29）Q：What is important to you in a job?

A：For instance，challenge，the sense of achievement and harmonious circumstances are important to me.

（30）Q：What do you think a job is?

A：As for me，a job is the most important element in my life and I am the actor. Nothing is more important than it.

（31）Q：What basic principles do you apply to your work?

A：Do my utmost and never give up.

Work is my life，and life is my work.

（32）Q：What type of people do you like to work with?

A：I'd like to work with humorous and aggressive people.

（33）Q：What type of people don't you like to work with?

A：I don't like to work with narrow-minded and shortsighted persons.

（34）Q：Are you more a follower or a leader?

A：Frankly，I am a leader. But I will respect every colleague of mine.

（35）Q：What's your major weak point?

What is your greatest weakness?

A：I am too crazy about my work to rest myself.

（36）Q：What qualifications do you have that make you feel you will be successful in your field?

What is your greatest strength?

A：First，I think I am honest，so I have many friends. Second，I am modest，so I know how to learn from others at any time.

(37) Q: Would you like to tell me your weak points and strong points?

A: My weak point is that ...

And my strong point is ...（结合第35、36题的答案）

(38) Q: What kind of personalities do you think you have?

What kind of person are you?

Would you like to describe yourself as what kind of person you are?

A: I am dynamic, positive thinking and results-oriented.

(39) Q: Do you think you are introverted or extroverted?

A: I think I am extroverted, and I like to make friends with others.

(40) Q: Do you have any special interests other than your jobs?

What other interests do you have?

What do you like to do in your spare time?

What do you do when you are not working?

What are your hobbies?

How do you spend your free time?

How do you entertain yourself after work?

A: I like reading, especially reading some books on business.

I often read books in my free time.

(41) Q: What kind of recreations do you most enjoy?

A: I enjoy sports/dancing/fishing/travelling.

(42) Q: What do you think is the most important thing for you to be happy?

A: The sense of achievement is the most important thing for me.

(43) Q: What attitude do you take towards life?

A: My attitude towards life is active and optimistic.

(44) Q: Why should we accept you?

A: Because firstly I've received very good academic training; secondly, I've obtained good job skills, and finally I'm very enthusiastic about my MPAcc study.

(45) Q: What do you think is more important in getting a job, education background or experience?

A: According to common sense, experience is needed or preferred, that is to say, those with experience are more likely to be hired.

(46) Q: What qualities are you needed to get a promotion in a company?

A: If any employee is hard working and loyal, creative and team-spirited, he is likely to be promoted.

(47) Q: What qualities are the basic requirements for leading positions at all levels in a company?

A: In my opinion, a business should be open-minded, aggressive and what's more, can build up appropriate and effective interpersonal relationship with his or her employees and clients.

(48) Q: Why do some honest and loyal employees remain unpromoted after many years of hard work?

A: The promotion asks for more than honesty, loyalty and industry. So we need something else, such as ...

5.3 英语口语评分标准

英语口语面试的打分标准是根据问题设定回答套路，并且有具体的打分点，类似四六级口语考试。举例如下：

(1) Tell me about a leader that you appreciate.

You should say:

- When, where and what you did work together.
- Why you appreciate him or her.
- What he or she looks like.
- Something about his or her personality.
- Something about his or her current information.

(2) Tell me about your value to family.

You should say:

- What your value to family is.
- What influenced you to have the current value.
- If you have ever changed your family value， why.
- Appraise your current value to it.

（3） Tell me about your philosophy to your work and life.

You should say:

- What your philosophy to your work and life is.
- What influenced you to have the current value.
- If you have ever changed your philosophy to your work and life， why.
- Appraise your current value to it.

（4） Tell me about the current MPAcc program in China you know.

You should say:

- Why you take the MPAcc examination.
- How you think about the current MPAcc program.
- How the people around you think of MPAcc.
- What you can get from the MPAcc program.

（5） Tell me about your daily job currently.

You should say:

- How many jobs you have done.
- What you have achieved in your job.
- Why you change your job（if not， why you haven't changed your job）.
- What accomplishment sense in your job is.

（6） Tell me about a great achievement you have made.

You should say:

- What the achievement is （was）.
- Why it is （was） a great achievement.
- How it was accomplished and over what period.
- How you view this as achievement today.

（7） Tell me about an ambition you have in life.

You should say:

- What the ambition is.
- Whether you really believe you will ever achieve it.
- What you most probably do in order to reach the achievement.
- Whether you will need any help.

(8) Tell me about a management book.

You should say:

- Which book it was and when you read it.
- What the main idea is.
- What you have learned from this book.
- How you use it in your management.
- What feelings you had while reading it.

(9) Tell me about your experience of learning English.

You should say:

- When you started learning English and why.
- How you have learnt English and with which people.
- How it has changed your life so far.
- Why you think it will be useful to you in the future.

(10) Tell me about how you could make yourself a better person.

You should say:

- What the change or improvement would be.
- Why you have not made the change or improvement yet.
- If you would need the help of other people.
- How your life would be better as a result.

(11) Tell me about a person who has greatly influenced you.

You should say:

- Who the person is.
- How you came into contact with this person.
- How they have influenced you and why.
- Whether this person has also influenced other people.

(12) Tell me about a person you would like to spend a day with.

You should say:

- Who the person is.
- What you would do together.
- What questions you would ask this person.
- Why you would choose to spend a day with them in particular.

（13） Tell me about a problem that you have met in your work.

You should say:

- What the problem was.
- How you solved the problem.
- If you needed anyone to help you with it.
- What you thought of the problem.
- Explain what you feel about the problem now.

（14） Tell me about a TV program that you watch regularly.

You should say:

- What the program is and when it is shown.
- What kind of people watches this program.
- How it is set out and who presents it.
- How you feel when you watch this program.

（15） Tell me about you could improve the way you work or study.

You should say:

- What the improvement would be.
- If it would be easy to make.
- If you would need other people to help you.
- Why this would improve the way you work or study.

5.4 英语自我介绍万能套路

自我介绍可以准备几个不同长度的版本，可以是1分钟的、1分半钟的、2分钟的或3分钟的。内容包括姓名、职业、技能、自我形象塑造等。按照不同的时间长度，写下文字稿并标注，然后反复练习，直到可以熟练表达，而非机械地背诵，并根据现场情况灵活应用，即可得高分。

自我介绍是英语口语面试中必须要准备的内容，因此我们把英语的自我介绍做成一个模板，考生只需将自己的信息填进去，多加练习，再听我们为大家录制的MP3朗读音频（加微信“hxhkxq”申请），就可以迅速地掌握。

第一段，开场白

Respected Professors, good morning / afternoon! I am greatly honored to meet you here. Now allow me to give you a brief introduction. I am 姓名, 年龄 years old, and born in 家乡.

第二段，教育背景

In 年份, I entered 大学 University, majoring in 专业. During those 3 / 4 years, I studied hard and I was always passionate in various activities, so I gained a lot from my study.

第三段，能力特长

I have several specialties. Firstly, I am good at 特长1, and I have accumulated a lot accounting literatures.

第四段，其他介绍

Generally speaking, I'm honest, upright, independent and responsible. In my spare time, I like climbing, travelling and reading accounting journals.

第五段，结束并感谢

This is my introduction, and thank you for your listening.

我们在培训过程中还会一对一地帮助有需要的考生修改其自我介绍，并为其自我介绍录音，给予其个性化的指导，考生的学习效果明显提高。

此外，有的学校还会考英语听力，大部分都是采用六级英语听力的内容，但是听力成绩不计入总分，过及格线即可。

最美英语 05

That which does not kill us makes us stronger.

但凡不能杀死你的，最终都会使你更强大。

——弗里德里希·威廉·尼采

张党珠随笔：

尼采，伟大的尼采，伟大的尼采哲学，人类因为有了尼采而更伟大！可惜的是，我们有多少人读过尼采？第一次世界大战期间，德国士兵几乎人人一本《查拉图斯特拉如是说》。开始读尼采，从本句开始！

6 政治复试高分策略

6.1 政治复试简述

1）政治复试的目的

政治复试的目的是考查考生思想政治是否过关，是否坚持党的领导，认可党的纲领、路线、方针、政策等，而非区分考生政治素养高低优劣、评判考生综合能力等，更不是征求治国理政的建议。因此，备考的目标是对政治理论有最基本的了解，保证政治思想正确，不需要求全求深。

2）政治复试成绩

以往的政治复试的成绩只分“合格”与“不合格”，没有具体分数，也不计入面试与笔试的总分。从2017年以来，政治复试也越来越重要，需要广大考生重视起来。以中央财经大学2017年MPAcc复试政策为例，复试内容具体包括政治理论加试、专业课笔试及心理测试、专业课面试、外语听说测试。综合成绩评定：复试总分100分，其中专业课笔试占50%，专业课面试占40%，外语听说能力测试占10%。总分计算公式：总分=初试总分×40%+复试总分×280%。政治复试成绩不算入复试总成绩，只分合格与不合格。

有的院校开始将政治复试成绩计入总分，比如上海国家会计学院

2017年MPAcc复试内容包括：

- 专业课笔试（财务会计、微观经济学），共180分钟，满分160分。
- 英语听力笔试，听力材料播完后答题时间为5分钟，满分20分。
- 思想政治理论，60分钟，满分40分。
- 综合面试（专业素质、逻辑分析、综合能力和英语口语），每位考生不超过15分钟，满分80分。

综合成绩评定：

- 复试成绩等于复试阶段的笔试成绩与面试成绩之和，满分300分。
- 总成绩=初试成绩+复试成绩。

3）政治复试应对思路

在内容上，做到紧跟时事热点，例如社会主义核心价值观、“两学一做”、反对“圈子文化”、“四个意识”、十九大等；在深度上，不强调深度领会，可以“不求甚解”，不用下大功夫弄懂热点问题；在立场上，做到四个“自信”，即道路自信、理论自信、制度自信、文化自信，坚持党的领导。

6.2 政治复试类型

1）试卷型

类似于初试，提前约定考试日期，考生按时进场完成试卷。题型一般包括填空、选择、简答、论述等。各学校网站上一般会给出考试范围，按照范围认真复习即可。如果没有给出考试范围，可以打电话给学校的招生办询问。能问出来最好，问不出来就需要自己更加努力了。比如，浙江大学2017年MPAcc政治复试规定：政治理论，半开卷（可携带A4复习纸一张）。而对外经济贸易大学2017年MPAcc政治复试规定：政治理论笔试（闭卷）。

考试特点：考生受限程度较大；时间有限；题型多样，考查面广；要求对政治常识有一定的了解。

比如，深圳大学2017年MPAcc政治复试规定：政治20分，命题学院为经济学院；不提供参考书目（采取笔试形式，测试考生综合运用知识的写作能力、分析问题与解决问题的能力。主要考查内容为当前时事政治热点问题，给定材料，根据要求进行分析，写一篇论文，要求1 000字左右）。

2）论文型

要求考生提前准备一篇政治论文（可能限定题目或话题，也可能不做任何限定），在提前面试或复试当天提交给学校。

考试特点：考生可以任意发挥，不受任何限制；时间极为充裕；考查面窄；对个人能力几乎没有任何要求。

例如，华南理工大学2017年MPAcc政治复试的要求是：政治理论（论文形式），满分100分，围绕院校考试中心给的题目、要求来写，专业课笔试完提交。

论文写作注意事项：如果是开卷笔试，智能手机、充电宝一定要带，可以尽情使用；观点、态度、立场正确，字迹工整，需要凑字时可以摘抄会议公报；遵守考场纪律，合理分配时间；结尾加上参考文献，规范格式。

3）面试型

面试型政治复试，是在复试的过程中，口头面试政治问题，考生现场解答。

考试特点：考生受限程度最大；时间最紧；考查面窄，但准备面广；对考生思维能力、分析能力、语言表达能力均有较高要求。比如，南开大学MPAcc复试的做法是，在每年考前的招考会上给一个有50道题的题库，复试时从里面抽选。

以西南财经大学2017年MPAcc复试为例：

复试内容：

- 综合面试（专业水平、研究能力、综合素质、外语听说能力、思想政治理论）。

综合成绩评定：

- 综合成绩=（初试成绩÷3）×50%+（思想政治理论测试×10%+

复试专业笔试成绩×30%+复试专业面试成绩×40%+复试外语测试成绩×20%）×50%+加分项目成绩。

面试型政治复试注意事项：参加面试需注意的所有问题；敢于表达，要进行论述，而不是简答。

具体的政治论文写作技巧，大家可以电话咨询189 2001 7753（同微信），每年慧学慧考都会安排全国公益课程，各地考生可以通过加微信申请获取视频资料。

6.3 政治复试热点列举

（1）数字经济：指一个经济系统，在这个系统中，数字技术被广泛使用并由此带来了整个经济环境和经济活动的根本变化。

数字家庭：指以计算机技术和网络技术为基础，各种家电通过不同的互联方式进行通信及数据交换，实现家用电器之间的“互联互通”，使人们足不出户就可以更加方便快捷地获取信息，从而极大提高人类居住的舒适性和娱乐性。

（2）营改增：营业税改增值税（简称营改增）是指以前缴纳营业税的应税项目改成缴纳增值税，增值税只对产品或者服务的增值部分纳税，减少了重复纳税的环节。

（3）海绵城市：指通过控制雨水径流，恢复原始的水文生态特征，使其地表径流尽可能达到开发前的自然状态，从而实现恢复水生态、改善水环境、涵养水资源、提高水安全、复兴水文化的城市建设目标。

（4）证照分离：指只要到工商部门领取一个营业执照，就可以从事一般性的生产经营活动，如果需要从事需要许可的生产经营活动，再到相关审批部门办理许可手续。

（5）一带一路：指“丝绸之路经济带”和“21世纪海上丝绸之路”。

（6）工匠精神：指工匠对自己的产品精雕细琢，精益求精、追求完美的精神理念。

（7）双创：指大众创业、万众创新。

（8）智能制造： 指一种由智能机器和人类专家共同组成的人机一体化智能系统，它在制造过程中能进行智能活动，诸如分析、推理、判断、构思和决策等。

（9）互联网+： 通俗来说，“互联网+”就是“互联网+各个传统行业”，但这并不是简单的两者相加，而是利用信息通信技术以及互联网平台，让互联网与传统行业进行深度融合，创造新的发展生态。

（10）供给侧结构性改革： 就是从提高供给质量出发，用改革的办法推进结构调整，矫正要素配置扭曲，扩大有效供给，提高供给结构对需求变化的适应性和灵活性，提高全要素生产率，更好地满足广大人民群众的需要，促进经济社会持续健康发展。供给侧结构性改革的根本目的是提高社会生产力水平，落实好以人民为中心的发展思想。

最美英语 06

Get busy living or get busy dying.

要么忙着生存，要么赶着去死。

——《肖申克的救赎》

张党珠随笔：

《肖申克的救赎》是我最喜欢的一部电影，看了好多遍。2006年的时候，我看到这句话，感觉时间过得太快，自己要尽快做点什么。后来与朋友交流，我们就一起考研。2009年，硕士毕业后，我们继续读博士。我个人很感谢读硕读博的这段经历，让我重新开启了一种生活模式。

下篇　MPAcc专业理论考点梳理

专业理论是MPAcc复试的重点之一，包括笔试与面试两块，我们分别列举几个院校复试政策如下：

中央财经大学2017MPAcc复试内容：

- 政治理论加试
- 专业课笔试及心理测试、专业课面试、外语听说测试
- 综合成绩评定
- 复试总分100分，其中专业课笔试占50%，专业课面试占40%，外语听说能力测试占10%，总分计算公式=初试总分×40%+复试总分×280%

上海财经大学2017MPAcc复试内容：

- 政治理论笔试（10分）
- 专业综合笔试（140分）
- 英语口语面试（30分）
- 会计专业知识面试（50分）
- 思维反应能力（50分）
- 背景考核（20分）——工龄、职称、会计相关或同类的资格证书
- 综合成绩评定
- 总成绩的计算方式为：初试成绩满分为300分，复试成绩满分为300分，两者各占总成绩的50%，即总成绩=初试成绩÷3×0.5+复试成绩÷3×0.5

天津财经大学2017MPAcc复试内容：

- 外语听力：满分30分，考试时间约20分钟
- 专业综合课笔试：满分150分，考试时间150分钟
- 综合素质面试：满分90分。专业素质及能力（50分），综合素质及能力（40分）
- 外语口语水平测试：满分30分
- 综合成绩评定
- 复试成绩=专业综合课成绩+外语听力成绩+外语口语成绩+综合面试成绩

• 总成绩（满分600分）=初试成绩（满分300分）+复试成绩（满分300分）

广东财经大学2017MPAcc复试内容：

考试科目：会计学综合（含中级财务会计、财务管理、审计）。其中，中级财务会计必考（占60%），财务管理和审计任选一科（占40%）。另有专业综合能力面试。

总的来看，MPAcc复试内容具体包括财务会计、财务管理、成本管理会计、审计四大板块，各个学校各有侧重，在本书第7、8、9、10四章详细阐述其重要考点。当然有的院校还要额外考一些CPA内容，比如南开大学，本书限于篇幅，暂时不涉及。

7 财务会计考点

7.1 总论

【考点1】财务会计的目标

有两种典型观点：决策有用观VS受托责任观。

决策有用观的代表性提法：财务报表的目标是提供有助于一系列信息使用者获取关于财务状况、经营业绩和财务状况变化的信息（FASB，SFAC No.1，1978；IASC，1989）。

受托责任观的代表性提法：财务报表的目标应有助于一系列使用者特别是最主要使用者评估主体管理当局履行资源受托责任的情况并据以进行重大的经营方针和人事任免与奖惩决策（ASB，1999）。两权分离、委托代理关系的存在是受托责任观的基石，受托方承担如实向委托方说明履行受托资源的过程及其结果的义务。

我国（受托责任观与决策有用观相结合）：**财务报告的目标是向财务报告使用者（包括投资者、债权人、政府及有关部门和社会公众等）提供与企业财务状况、经营成果和现金流量等有关的会计信息，反映企业管理层受托责任履行情况，有助于财务会计报告使用者做出经济决策。**

【考点2】财务会计的基本前提

财务会计的基本前提，也称为财务会计的基本假设或会计假设，它是指组织财务会计工作必须具备的前提条件，离开了这些条件，就不能有效地开展会计工作。

财务会计的基本前提应包括哪些内容，人们在认识上还不完全一致。根据我国《企业会计准则——基本准则》的规定，可以概括为会计主体、持续经营、会计分期、货币计量四项。

1）会计主体

会计主体是指会计确认、计量和报告的空间范围，也是指会计为之服务的特定单位，会计主体从空间上限定了会计工作的具体范围。只有规定了会计主体，才使会计核算有明确的范围，在这一基础上资产、负债、所有者权益、收入、费用、利润等会计要素才有空间的归属，才能使一个企业的财务状况和经营成果独立地反映出来。

2）持续经营

持续经营假设是指会计核算应以持续、正常的生产经营活动为前提，而不考虑企业是否将面临破产清算。它明确了会计工作的时间范围。

如果缺乏这项前提，会计核算的许多原则如权责发生制、划分收益性支出与资本性支出原则等将不能应用。例如，只有在持续经营的前提下，企业的资产才按历史成本计价，而固定资产才可以按其使用年限计提折旧，收入和费用才有必要划分本期或以后各期。如果企业不具备持续经营的前提条件，而是已经或即将停止营业、进行清算，则需要处理其全部资产，清理其全部债权债务。在这种情况下，会计处理要采用清算基础。

3）会计分期

所谓会计分期，就是对主体持续不断的经营活动，人为地分割成一个个等距离的“间隔”，以便于核算和报告主体的财务状况和经营成果。

会计分期假设实际上是持续经营假设的补充。持续经营假设把主体经营活动看成延续不断的“长河”，会计分期则把这些“长河”人为地隔断，以测定其某一期间内的流量。

企业一般以一年作为划分会计期间的标准，称为会计年度，可以是日历年度，也可以是任意一个等长的年度。一个会计年度内，还可以分季、分月结算和报告（中期）。例如，有的国家以本年的7月1日至下年的6月30日为一会计年度，有的国家以本年的4月1日至下年的3月31日为一会计年度。我国《企业会计准则——基本准则》规定，会计期间分为年度和中期。中期是指短于一个完整的会计年度的报告期间，如季度和月份。

会计期间的划分是正确计算收入、费用和损益的前提，有了会计分期，才产生了本期与非本期的区别，有了本期和非本期的区别，才产生了权责发生制和收付实现制，才能把收入和费用在各个会计期间进行合理分配。

4）货币计量

货币计量是对会计计量尺度的规定，在会计核算中以货币作为计量单位，综合反映会计主体的经营成果和财务状况。

把经济活动、财务状况、经营成果转化为价值来反映，统一度量，以无差别的价值计量尺度衡量企业的资产、负债、收入、费用等，这样会使会计核算所提供的信息具有可比性，满足信息使用者的需要。

货币计量假设包括两个层次：一个是货币计量单位，即发生的业务存在两种货币时，应确定某一种货币作为记账本位币，我国企业会计准则规定，人民币为记账本位币，如果业务收支主要是外币，则可以选用某种外币为记账本位币，但会计报表应折算为人民币金额。另一个是假定货币的币值稳定。会计核算以币值稳定为前提，即假定货币本身的价值稳定不变，或者变化幅度不大时，忽略不计。这大大简化了核算。然而，由于世界性的通货膨胀给经济发展带来很大的影响，对于财务会计报告如何反映通货膨胀的影响这种客观要求有逐渐增长的趋势，并因此产生了通货膨胀会计。

【考点3】权责发生制

我国《企业会计准则——基本准则》规定，企业的会计确认、计量和报告应当以权责发生制为基础。权责发生制也称为应计制，它要求对会计主体在一定期间内发生的各项业务，**凡符合收入确认标准的本期收入，不论其款项是否收到，均应作为本期收入处理；凡符合费用确认标准的本期费用，不论其款项是否付出，均应作为本期费用处理**。反之，凡不符合收入确认标准的款项，即使在本期收到，也不能作为本期收入处理；凡不符合费用确认标准的款项，即使在本期付出，也不能作为本期费用处理。显然，权责发生制所反映的经营成果与现金的收付是不一致的。在真实地反映企业的财务状况和经营成果方面，权责发生制较之收付实现制具有较大的优越性。

【考点4】会计要素

1）什么是会计要素

会计要素是会计对象的具体化，是对千变万化的资金运动的最初分类。

各国对会计要素的划分存在不同的看法，如美国FASB（SFAC NO.3）列出的企业财务会计要素有10个之多，包括资产、负债、所有者权益、收入、费用、利得、损失、业主提款、业主投资、全面收益；我国的会计要素则为6个，资产、负债、所有者权益、收入、费用和利润。

财务会计信息系统设置的要素数目应当恰当，以便既涵盖所有经济业务活动的各个方面，同时又不至于重复，即统计学中分类所要求的“不重不漏”。

我国六大会计要素还可以进一步归纳为静态和动态两大类要素。

静态要素：也叫财务状况要素，指反映企业某一时点经营资金的来源和分布情况的各项要素，包括：资产、负债、所有者权益。

动态要素：也叫经营成果要素，指企业在一定时期内生产经营活动的结果，即收入与耗费相比较的差额，包括收入、费用、利润。

2）资产

资产是指过去的交易或事项形成的并由企业拥有或者控制的，预期会给企业带来经济利益的资源。

(1) 资产的特征

①资产的本质特征是未来的经济利益：资产必须具有交换价值或使用价值，若没有交换价值或使用价值，不能给企业带来未来经济利益，就不能作为资产予以确认。

未来经济利益的本质特征成为计提资产减值准备的依据。如存货发生跌价，由于其跌价部分已经不能给企业带来未来的经济利益，故期末应通过"跌价准备"的形式进行备抵，使资产负债表上反映的存货账面价值更为"真实"。

②资产必须能够为企业拥有或控制。

拥有：法律术语，指资产的法定所有权归本企业所有，它代表的是一种具有排他性的产权。

控制：虽然资产的法定财产所有权不属于本企业，但企业可以按照合同规定在一定期限内掌握该资产的使用权，并能够因使用该资产而获益，如融资租入固定资产。

③资产必须是企业由于过去的交易或事项而形成。

该特征意味着资产必须是现时的资产，而不能是预期的资产。对于企业和其他会计主体订立合同，约定在某一时间购入的产品，目前并不为企业所拥有或控制，也并非现时，所以不能确认为资产。

思考：资产的定义涉及三种时态：过去、现在和未来：过去的交易或事项形成，现在拥有或控制，能够带来未来经济利益。

④资产必须能够以货币计量（似乎已经是公理，不言自明）：许多项目如人力资源等能够带来未来的经济利益，也是企业所拥有或控制的资源，基本上符合资产要义，但由于无法用货币计量，故一直没有作为资产予以确认。

(2) 资产的分类

任何企业要进行正常的经营活动，都必须拥有一定数量和结构的资产。为了正确反映企业的财务状况，通常将企业的全部资产按其流动性划分为流动资产与非流动资产两大类。

流动资产是指那些可以合理地预期将在一年内转换为现金或被销售、耗用的资产，主要包括货币资金、应收票据、应收账款和存货等。

非流动资产（一般）是指不符合流动资产定义的资产，或者是超过一年变现、耗用的资产，通常包括长期投资、固定资产、在建工程、无形资产和其他财产。长期投资是指不准备在一年内变现的投资。固定资产是指使用年限在一年以上，单位价值在规定标准以上，并在使用过程中保持原来物质形态的资产，包括房屋、建筑物、机器设备、运输设备、工具器具等。无形资产是指企业为生产商品或者提供劳务、出租给他人，或为管理目的而持有的、没有实物形态的可辨认的非货币性长期资产，包括专利权、商标权、著作权等。

3）负债

（1）定义

负债是指过去的交易、事项形成的、预期会导致经济利益流出企业的现时义务。

（2）特征

①负债的产生是由于过去的交易和过去的事项，即过去的经济业务所引起的；

②负债是一种承诺的义务，将来是需要兑现的，并有明确的兑现日期和收款人；

③负债代表未来经济利益的流出；

④负债是可以用货币计量的。

（3）分类

负债分为流动负债和非流动负债。

流动负债是指将在一年或者超过一年的一个营业周期内偿还的债务，包括短期借款、应付票据、应付账款、应付职工薪酬、应交税费、应付利润、预提费用等。非流动负债是指偿还期在一年或者超过一年的一个营业周期以上的债务，包括长期借款、应付债券等。

4）所有者权益

所有者权益是指所有者在企业资产中享有的经济利益，是企业资产扣除负债后，由所有者享有的剩余权益，公司的所有者权益又称为股东权益。

(1) 所有者权益的来源

①企业投资人投入的资本，即投资者实际投入企业经营活动的各种财产物资；

②企业经营中形成的盈余——经营中积累的资本增值额。

③直接计入所有者权益的利得和损失。

利得，是指由企业非日常活动所形成的、会导致所有者权益增加的、与所有者投入资本无关的经济利益的流入。

损失，是指由企业非日常活动所发生的、会导致所有者权益减少的、与向所有者分配利润无关的经济利益的流出。

所有者权益的确认应遵循：首先，所有者仅对企业的净资产享有所有权，净资产是资产减去负债后的余额。其次，所有者权益不是一个独立的要素，其非独立性表现在所有者权益金额的确认、计量需要依赖于资产和负债。

广义的权益分为负债（债权人的权益）和所有者权益。狭义的权益，是指“资产或资产股权超过一切债务的净值”，这里的权益特指所有权净值即所有者权益。负债与所有者权益虽然都是资产的来源，却是两个不同的概念。负债是一项债务责任，只有通过偿还才能取消，或者用新的负债来代替旧的负债。负债反映的是企业作为债务人与债权人之间的关系，形成企业的债务资本。所有者权益反映的则是产权关系，即企业净资产归谁所有，形成的是永久性资本。

(2) 所有者权益的分类

①投入资本：实收资本或股本。

②资本积累：盈余公积、资本公积、未分配利润。

5）收入

(1) 收入的定义与范围

收入是指企业在日常活动中形成的、会导致所有者权益增加的、与所有者投入资本无关的经济利益的总流入。

(2) 收入的特征

①收入是补偿费用、取得盈利的源泉，是经营活动的经营成果。

②收入形成经济利益的流入，即日常活动能形成企业实实在在的

经济利益。首先，收入是指企业在日常活动中产生的经济利益流入，偶然活动产生的经济利益流入只能形成利得，不是这里所讲的收入。其次，形成经济利益的流入，也就是说日常活动能够形成企业实实在在的经济利益，如果形成的只是名义上的经济利益，就不能确认为收入。

③收入的形成伴随着资产的增加或负债的减少。收入的形成会导致所有者权益增加，但这里的所有者权益增加不是由投资者的投资形成，而是由利润形成的。

④经济利益的流入额能够可靠计量时才能予以确认。

⑤符合收入定义和收入确认条件的项目，应当列入利润表。

（3）收入的分类

按经营业务的主次分类：

①主营业务收入：企业为完成其经营目标而从事的日常活动所产生的收入，一般占企业收入的比重较大。

②其他业务收入：是指基本业务以外的其他日常活动所产生的收入，一般占企业收入的比重较小。

6）费用

（1）定义

费用是指企业在日常活动中发生的、会导致所有者权益减少的、与向所有者分配利润无关的经济利益的总流出。

（2）特征

①费用是为取得收入付出的代价。

②费用与收入配比进行利润确认。

③费用是经济利益的流出。

④费用伴随资产减少或负债增加。

⑤能确认的费用计入利润表。

（3）分类

①主营业务成本，指所销售商品付出的成本代价，包括直接材料、直接人工、制造费用。

②其他业务支出，是指基本业务以外的其他日常活动所产生的费

用，一般占企业费用的比重较小。

③期间费用，指企业发生的不能计入产品生产而直接计入当期损益的费用，包括销售费用、管理费用、财务费用。

7）利润

（1）定义

利润是指企业一定会计期间的经营成果。利润包括收入减去费用后的净额及直接计入当期利润的利得和损失等。

（2）特征

①不是独立的会计要素；

②会增加或减少所有者权益；

③利润项目应当列入利润表。

利润是企业在一定会计期间的经营成果。企业以获取利润为基本目的，但对利润却有着不同的认识。从理论上说，利润可以定义为企业经营活动所引起的净资产（所有者权益）的增加。所以，严格来说，要正确计算企业经营所获得的利润，需要等到企业停止经营时，清算其全部资产与负债，确定企业从开业到停业的全部经营期间内，由于经营活动所增加的净资产数额。然而，这种方法并不适用。由于企业的存续期间难以预计，无论是从企业内部管理还是从企业外部的需求来看，都不能等到企业停业时才计算盈亏。总之，在企业持续经营的前提下，要适当划分会计期间，按期确定盈亏。

8）六大会计要素之间的关系

资产=权益

如前所述，广义的权益包括了债权人权益和所有者权益，故：

资产=债权人权益+所有者权益

或

资产=负债+所有者权益

“资产=负债+所有者权益”等式又称会计恒等式，它概括地将会计对象公式化。学习会计学，掌握会计恒等式很重要，它是复式记账的基础，也是资产负债表结构的理论基础。

企业实现的收入总是要扣除费用计算利润，因此，收入、费用、利润三个要素之间的关系式为：

收入-费用=利润

期末计算出的利润进行分配后，剩余的利润仍归所有者享有，并转入所有者权益。因此，可以将以上要素用公式表示为：

资产=负债+所有者权益+（收入-费用）

以上我们对资产、负债、所有者权益、收入、费用、利润六个会计要素做了简要说明。会计六要素之间有着十分密切的联系，收入抵减费用后的结果是利润，利润可以增加所有者权益及资产，如果抵减后的结果是亏损，则发生相反方向的影响。

【考点5】会计信息质量要求

为了实现财务会计报告的目标，保证会计信息的质量，必须明确会计信息的质量要求。会计信息的质量要求是财务会计报告所提供信息应达到的基本标准和要求，是使会计信息对其使用者决策有用所应具备的基本特征。我国《企业会计准则——基本准则》规定，会计信息质量要求包括可靠性、相关性、可理解性、可比性、实质重于形式、重要性、谨慎性和及时性等。

1）可靠性

可靠性要求企业应当以实际发生的交易或事项为依据进行会计确认、计量、报告，如实反映符合会计确认和计量要求的会计信息及其他相关信息，保证会计信息真实可靠、内容完整。具体包括以下要求：

①企业应当以实际发生的交易或事项为依据进行会计处理，不能以虚构的交易或事项为依据进行会计处理。

②企业应当如实反映其应反映的交易或事项，将符合会计要素定义及其确认条件的会计要素等如实反映在报表中，刻画企业生产经营活动的真实面貌。

③企业应当在符合重要性和成本效益原则的前提下，保证会计信息的完整性，其中包括编制的报表和附注的完整性，不能随意减少应予以披露的信息。

2）相关性

相关性要求企业提供的会计信息应当与会计信息使用者的经济决

策需要相关，有助于会计信息使用者对企业过去、现在或未来的情况做出评价或预测。

会计信息要有相关性，则应当满足具有预测价值、反馈价值和及时性的三个质量子特征。

会计信息的价值在于对会计信息使用者的决策有用，有助于其提高决策的水平。相关的会计信息应当有助于会计信息使用者评价企业过去的决策，证实或修正过去有关的预测，因而具有反馈价值。相关的会计信息还应当具有预测价值，有助于会计信息使用者根据会计信息所提供的会计信息预测企业未来的财务状况、经营成果和现金流量。为了满足相关性的要求，企业应在会计处理中充分考虑使用者的决策模式和信息需要。

3）可理解性

可理解性要求企业提供的会计信息应当清晰明了，便于会计信息使用者理解和使用。企业提供会计信息的目的在于使用，而要使会计信息使用者有效地使用会计信息，必须让其了解会计信息的内涵和具体内容，因此要求会计信息应当清晰明了，易于理解。

4）可比性

可比性要求企业提供的会计信息应当能够进行纵向或横向的比较分析，具体包括以下内容：

①同一企业不同时期发生的相同或相似的交易或事项，应当采用一致的会计政策；（纵向可比）

②不同企业发生的相同或者相似的交易或者事项，应当采用规定的会计政策，确保会计信息口径一致、相互可比。（横向可比）

5）实质重于形式

实质重于形式，要求企业应当按照交易或者事项的经济实质进行会计确认、计量和报告，不应仅以交易或者事项的法律形式为依据。实质是指交易或事项的经济实质，形式是指会计核算依据的法律形式。会计核算时应按照交易或事项的经济实质进行核算，而不能按照其法律形式进行核算，如果企业仅以交易或事项的法律形式进行会计处理，容易导致会计信息失真。

6）重要性

重要性要求企业提供的会计信息应当反映与企业财务状况、经营成果和现金流量有关的所有重要交易或事项。若企业会计信息的省略或错报会影响会计信息使用者据此做出正确决策，该信息就具有重要性。重要性没有统一的标准，需要根据会计人员的职业判断来确定。确定的标准通常有两个方面：在质的方面，如果提供的某种交易或事项的会计信息对决策者的决策有影响，说明该信息具有重要性，会计上应单独披露；在量的方面，如果某一交易或事项的金额占该类交易或事项的金额达到一定比例，就具有重要性。

7）谨慎性

谨慎性要求企业在对交易或事项进行会计处理时应当保持应有的谨慎，尽可能不高估资产或者收益，不低估负债和费用。谨慎性又称为保守原则、稳健性原则，财务会计上采用它的目的是使得企业所提供的会计信息宁可尽量保守一些，也不进行任何形式的夸大，以便减少会计信息使用者的预测及决策风险。在企业会计准则中要求采用谨慎性原则的主要原因是经济活动的不确定性的增加。

8）及时性

及时性要求企业对于已经发生的交易或事项，应当及时进行会计处理，不得提前或延后。

由于会计分期的存在，企业如果不能及时提供会计信息，即使是可靠的、相关的会计信息，也可能会失去时效性，从而降低会计信息的相关性。为了保证及时提供会计信息，企业应及时地收集、处理各种原始凭证，及时按照规定对发生的交易或事项进行会计处理，及时传递会计信息。

7.2 会计要素的确认和计量

一个完整的会计过程包含财务报表的生成过程和财务信息的披露两个部分；而财务报表的生成过程则需要经历确认、计量、记录和报告四个程序。

【考点1】会计确认

会计确认是会计系统中的重要环节，它决定了何时将具体的经济业务记录为何种要素，从而达到向企业外部利益相关人提供符合要求的会计信息的目的。会计确认要回答“要不要记”、“什么时间记”以及“记作什么”三个相关问题。

1）定义

会计确认是按照规定的标准和方法，辨认和确定经济信息是否作为会计信息进行正式记录并列入财务报表的过程。

2）会计要素确认的内容

（1）应否确认

发生的业务应不应该记入会计系统？例如，已经订立销售合同，能否就此确认单位的收入？FASB在应否确认的标准上，提出了四点要求：可定义性、可计量性、相关性以及可靠性，必须同时符合四个条件才可以确认：

①可定义性——质的规定性：是不是？是什么？

②可计量性——量的规定性：是多少？

③相关性——有用性：时间相关，主体相关。

④可靠性——客观性：是真是假？

（2）何时确认

什么时候将发生的经济业务记入会计系统？这里涉及确认的时间基础问题，即是否在当期进行确认，具体分为权责发生制和收付实现制两种记账基础。

（3）如何确认

会计核算技术问题（实际是记录和报告的技术问题），主要涉及如何将已经发生的经济业务，用适当的会计技术将其“记录”到会计系统中（初始确认阶段），以及最终将其纳入到财务报表（再确认阶段）的技术性问题，如单式记账、借贷记账、增减记账等。

【考点2】会计计量

会计计量是为了将符合确认条件的会计要素登记入账并列报于财务报表而确定其金额的过程。计量是以一种模式，由计量单位和计量属性两个要素构成。

1）计量单位

会计对象是资金运动，这就决定了计量单位必须是货币单位，而不是其他统计单位。

一般情况下，不同国家在进行会计计量时会选本国法定的名义货币作为计量单位，也有些国家允许除本国货币之外再选择其他货币作为计量单位。我国不允许进行双重货币记账。

2）计量属性

计量属性是指予以计量某一要素的特性方面，如桌子的长度、铁矿的重量、楼房的面积等。从会计角度，计量属性主要包括历史成本、重置成本、可变现净值、现值和公允价值等5种。

（1）历史成本

历史成本是经济业务形成时所付出的实际成本。优点：可靠、简便、容易采集；缺点：不反映物价变动。

历史成本计量属性适用于资产和负债。在历史成本计量下，资产按照购置时支付的现金或者现金等价物的金额，或者按照购置资产时所付出的对价的公允价值计量。负债按照因承担现时义务而实际收到的款项或者资产的金额，或者承担现时义务的合同金额，或者按照日常活动中偿还负债预期需要支付的现金或者现金等价物的金额计量。

（2）重置成本（现行成本）

重置成本是指按照当前市场条件，重新取得同样一项资产所需支付的现金或现金等价物金额。优点：符合现实环境；缺点：可操作性差。

重置成本计量属性适用于资产和负债。在重置成本计量下，资产按照现在购买相同或者相似资产所需支付的现金或者现金等价物的金额计量。负债按照现在重新承接相同债务所能收到的现金或者现金等价物的金额计量。

（3）可变现净值

可变现净值是出售资产时可能收回的金额（扣除可能发生的费

用)。优点：真实；缺点：计量困难。

可变现净值计量属性适用于资产，而且通常是对存货而言的。在可变现净值计量下，资产按照其正常对外销售所能收到现金或者现金等价物的金额扣减该资产至完工时估计将要发生的成本、估计的销售费用以及相关税费后的金额计量。具体应用请见后续“存货”章节相关内容。

(4) 现值

现值是未来现金流量的折现值。优点：反映资产或负债带来的经济利益的流入、流出；缺点：主观性较强。

现值计量属性适用于资产和负债。在现值计量下，资产按照预计从其持续使用和最终处置中所产生的未来净现金流入量的折现金额计量。负债按照预计期限内需要偿还的未来净现金流出量的折现金额计量。

(5) 公允价值

公允价值是公平交易价。优点：真实；缺点：要求高。

公允价值计量属性适用于资产和负债。公允价值是指计量日转让资产所收到的金额或转移一项负债所付出的金额，这里强调公允价值是一种脱手价格。

企业在对会计要素进行计量时，一般应当采用历史成本，采用重置成本、可变现净值、现值、公允价值计量的，应当保证所确定的会计要素金额能够取得并可靠计量。

7.3 应收款项和应收票据

【考点1】应收账款

1）应收账款的范围

应收账款是企业由于采用赊销方式销售商品或提供劳务应向客户收取款项的权利，其范围仅限于本企业与别的企业因为赊销交易产生的企业债权。一般地，应收账款属于应在1年内收回的短期债权。从实务来看，企业的应收账款应与企业经营活动密切相关，不包括应收职工欠款、应收债务人的利息（不是因为交易而产生的直接债权）以及采用商业汇票结算方式销售商品的债权等；不包括长期的债权，如购买的长期债券等；也不包括本企业付出的各类存出保证金，如投标保证金和租入包装物保证金等。

2）现金折扣的核算

现金折扣是指销货企业为了鼓励客户在一定期间内早日偿还货款，对销售价格所给予的一定比率的扣减。现金折扣一般用“2/10，1/20，n/30”等表示，其含义分别是：10天内付款给予2%的折扣、20天内付款给予1%的折扣、30天内付款无折扣。现金折扣使得企业应收账款的实收数额在规定的付款期限内，随着顾客付款时间的推延而增加，因而对会计核算会产生影响。

我国现金折扣的处理采用总价法。总价法是指企业销售时，销售收入和应收账款均按未扣除现金折扣的总价格入账，如果客户在折扣期内付款，才确认现金折扣，客户享受的现金折扣是理财费用，会计上应作为财务费用处理，记入“财务费用”借方。

3）应收账款的融通

应收账款的融通是指企业通过应收账款的抵借或让售等方式筹集资金的行为。应收账款的抵借和让售是应收账款融通的两种方式，两者的性质是截然不同的。抵借的应收账款，并不改变应收账款的所有权，只是一种抵押行为，不符合金融资产终止确认的条件，企业仍应对其计提坏账准备；应收账款的让售，改变了其所有权，使让售的应收账款已满足金融资产终止确认的条件。会计实务中，一般也不再对应收金融机构款和应收扣留款计提坏账准备。

（1）应收账款的抵借

应收账款的抵借就是企业将应收账款抵押给银行以取得借款额的行为。抵借时应在合同中确定借款限额和期限，借款限额以外的部分是为了应付销货折扣、销货退回与折让等，并用以支付借款利息。借款比率按抵押应收账款客户的信誉和财务状况确定，一般按抵借应收账款的30%～80%确定。企业以应收账款作抵押取得借款，可只将应收账款作抵押，也可在将应收账款作抵押的同时，以开具有关票据的方式做出还款承诺。无论哪种方式，**取得的借款只是以应收账款作担**

保。应收账款抵借后，并不改变应收账款的所有权，不需要通知赊购方，在会计上也不符合金融资产终止确认的条件，因此不需要冲减应收账款账户。待企业收到应收账款后，再将取得的借款归还，并支付一定的利息。具体会计处理如下：

取得借款时：

借：银行存款（借款额）

　贷：短期借款/应付票据

收到抵借的应收账款时：

借：银行存款

　贷：应收账款

归还本金与利息时：

借：短期借款/应付票据（归还信贷机构的借款本金）

　　财务费用（支付的利息）

　贷：银行存款（支付的本息合计金额）

【例 7-1】某企业对应收账款采用总价法核算，根据发生的有关应收账款抵借的经济业务，编制会计分录：

（1）以 20 000 元应收账款作抵押向某银行借入 80% 的 16 000 元款项，月利率 0.8%，期限 1 个月。

借：银行存款	16 000	
贷：短期借款		16 000

（2）如果上述应收账款到期时收回 17 660 元，其余 2 340 元发生销售退回（其中货款 2 000 元，税款 340 元）。

借：银行存款	17 660	
主营业务收入	2 000	
应交税费	340	
贷：应收账款		20 000

（3）归还银行借款 16 000 元，并支付利息。

借：短期借款	16 000	
财务费用	128	
贷：银行存款		16 128

（2）应收账款的让售

企业采用让售应收账款的方式取得资金时，应与金融机构签订应收账款让售合同，是无追索权让售。企业将应收账款让售后，应收账款的所有权发生改变，同时将应收账款可能带来的损失风险转给了金融机构。因此，应收账款让售后，应立即告知赊购方，并通知其将账款直接付给金融机构。在会计上，企业的该笔应收账款已满足金融资产终止确认的条件，应冲销应收账款账面金额。具体会计处理如下：

实际筹款时，按实际筹措现款额借记“银行存款”科目，按负担的利息借记“财务费用”科目，按实际使用的可筹款限额贷记“应收金融机构款”科目。发生销货折让、销货退回等业务时，借记“主营业务收入”等科目，贷记“应收扣留款”科目。收到信贷公司退还的未用扣留款时，借记“银行存款”科目，贷记“应收扣留款”科目。会计实务中，企业也可以将“应收金融机构款”和“应收扣留款”并入“其他应收款”科目核算。在资产负债表上，“应收金融机构款”和“应收扣留款”应作为流动资产项目（其他应收款）列示。

【例7-2】某企业根据发生的有关应收账款让售的经济业务，编制会计分录：

（1）5月20日赊销产品，发票总价10 000元（其中，售价8 547元，增值税1 453元），付款条件为：2/10，1/20，n/30。让售该笔应收账款给某商业银行，手续费费率为2%（按应收账款净额计算），扣留款比率为10%（按应收账款总额计算）。

扣除最大现金折扣的应收账款净额=10 000×（1-2%）=9 800（元）

让售手续费=9 800×2%=196（元）

扣留款=10 000×10%=1 000（元）

可筹款限额=9 800-196-1 000=8 604（元）

借：应收账款	10 000	
贷：主营业务收入		8 547
应交税费		1 453
借：财务费用——现金折扣	200	
——手续费	196	

借：其他应收款——扣留款　　1 000

——筹款　　8 604

贷：应收账款　　10 000

（2）6月13日筹措现款，现金折扣的最后日期为6月9日，估计筹款到期日为6月19日，筹款年利息率为10.8%。

筹款天数6天，筹款金额8 588.54元，筹款利息15.46元。

借：银行存款　　8 588.54

财务费用　　15.46

贷：其他应收款——筹款　　8 604

（3）6月19日，金融机构将扣减销货折让700元（其中，价款598.29元，增值税101.71元）后的余款300元转入企业的银行存款账户。

借：银行存款　　300

主营业务收入　　598.29

应交税费　　101.71

贷：其他应收款——扣留款　　1 000

【考点2】应收票据贴现

应收票据贴现是指持票人把未到期的商业汇票转让给银行，并贴付一定的利息，以向银行兑取现款的业务。将商业汇票贴现后，企业可以从银行取得贴现款。贴现款的计算方法如下：

贴现款=票据到期值-贴现息

贴现息=票据到期值×贴现率×贴现天数÷360

票据到期值=票据面值+利息

贴现天数是指自贴现日起至票据到期前一日止的实际天数，在贴现日和票据到期日这两天中，只计算其中的一天。如果2月10日将1月31日（当年2月份为28天）签发承兑的期限为30天、60天和90天（到期日分别为3月2日、4月1日、5月1日）的商业汇票贴现，其贴现天数分别为20天、50天和80天。在会计实务中，无论商业汇票的到期日按日表示还是按月表示，贴现期一般均按实际贴现天数计算。

在会计上，企业应根据贴现的商业汇票是否带有追索权分别采用不同的方法进行处理。

（1）不带追索权的应收票据贴现

将不带追索权的应收票据贴现，企业在转让票据所有权的同时也将票据到期不能收回票款的风险一并转给了贴现银行，企业对票据到期无法收回的票款不承担连带责任，即符合金融资产终止确认的条件，比如，企业将银行承兑汇票贴现。

因此，将不带追索权的商业汇票贴现时，企业应按实际收到的贴现款借记“银行存款”，按贴现票据的账面金额贷记“应收票据”，按贴现票据已经计提的利息，贷记“应收利息”，实际收到的贴现款与贴现的商业汇票的账面金额及已经计提应计利息金额的差额借记（贴现款小于应收票据账面金额及已计提的利息时）或贷记（贴现款大于应收票据账面金额及已计提的利息时）“财务费用”科目。

【例 7-3】某企业将甲公司 12 月 1 日签发的面值为 50 000 元、期限 60 天、利率为 6% 的银行承兑汇票于次年的 1 月 10 日向银行贴现，年贴现率为 8%。本企业采用年末和到期分期确认利息收入的处理方法。

票据到期值=50 000×（1+6%×60÷360）

=50 500（元）

贴现利息=50 500×8%×20÷360=224.44（元）

贴现所得额=50 500−224.44= 50 275.56（元）

年底已确认的利息=50 000×6%×30÷360=250（元）

借：银行存款	50 275.56	
贷：应收票据		50 250
财务费用		25.56

（2）带追索权的应收票据贴现

将带追索权的应收票据贴现，企业并未转嫁票据到期不能收回票据款的风险，贴现企业因背书而在法律上负有连带偿还责任。企业所承担的这种连带偿还责任是企业的一种或有负债，该债务直至贴现银行收到票据款后方可解除。因此，将带追索权的商业汇票贴现后，不符合金融资产终止确认的条件，不应冲销应收票据账户金额。在我国，企业将商业汇票贴现，是一种典型的带追索权的票据贴现业务。由于贴现时并未终止确认应收票据，即以应收票据为质押的借款，所以应按实际收到的贴现款净额确认一项短期借款。此时，贴现利息实际属于金融负债初始确认金额的组成部分（相当于折价），对该折价金额应当在后续的金融负债存续期内（即贴现日到票据原到期日期间）按实际利率法分摊，确认为各期的利息支出（由于影响金额较小，期限较短，实务中一般简化为直线法分摊），即将贴现息按月分摊计入各月份的财务费用。这种处理思路与折价发行债券的处理相似。贴现时：

借：银行存款（贴现净额）

　　短期借款——利息调整（贴现息）

　贷：短期借款——成本（到期值）

以后各期按直线法或实际利率法摊销贴现利息：

借：财务费用

　贷：短期借款——利息调整

票据到期时，付款人按时付款：

借：短期借款——成本（到期值）

　贷：应收票据（面值）

　　　财务费用

如果票据到期，付款人未付款，贴现企业则需偿还到期值：

借：短期借款——成本（到期值）

　贷：银行存款

同时：

借：应收账款

　贷：应收票据

　　　财务费用

【例 7-4】某企业 2016 年 10 月 1 日对外销售一批商品，销售货款 10 000 元，增值税 1 700 元，收到购货方签发并承兑的期限 5 个月、面值 11 700 元、利率 8% 的商业承兑汇票。因资金需要，该企业于次年 1 月 30 日到银行申请贴现，银行规定的月贴现率 0.6%。本企业采

用年末和到期分期确认利息收入的处理方法。（2017年2月为28天）

10月1日：

借：应收票据　　11 700

　贷：主营业务收入　　10 000

　　应交税费——应交增值税（销项税额）　　1 700

12月31日确认利息：

利息=11 700×8%×3÷12=234（元）

借：应收票据　　234

　贷：财务费用　　234

次年1月30日申请贴现：

到期值=11 700×（1+8%×5÷12）=12 090（元）

贴现利息=12 090×0.6%×30÷30=72.54（元）

贴现所得额=12 090−72.54=12 017.46（元）

借：银行存款　　12 017.46

　贷：短期借款　　12 017.46

到期银行收到票款：

借：短期借款　　12 017.46

　贷：应收票据　　11 934

　　财务费用　　83.46

如到期付款人账户资金不足，贴现银行遭退票，则本企业做如下处理：

借：应收账款　　12 090

　贷：应收票据　　11 934

　　财务费用　　156

同时：

借：短期借款　　12 017.46

　财务费用　　72.54

　贷：银行存款　　12 090

如到期付款人账户资金不足，贴现银行遭退票，本企业也无力偿还，则做如下处理：

借：应收账款　　12 090
　　贷：应收票据　　11 934
　　　　财务费用　　156

同时：

借：短期借款　　12 017.46
　　财务费用　　72.54
　　贷：短期借款　　12 090

企业应设置应收票据备查簿，逐笔记录每一应收票据的种类、号数和出票日期、票面金额、票面利率、交易合同和付款人、承兑人、背书人姓名或单位名称、到期日、背书转让日、贴现日期、贴现率和贴现净额、未计提的利息，以及收款日期和收回金额、退票情况等资料。应收票据到期结清票款或退票后，应在应收票据备查簿内逐笔注销。

7.4 存货

【考点1】存货的范围

《企业会计准则第1号——存货》规定，存货是指企业在日常活动中持有以备出售的产成品或商品、处在生产过程中的在产品，在生产过程或提供劳务过程中耗用的材料、物料等。存货包括企业为产品生产和商品销售而持有的原材料、在产品、产成品、商品、周转材料等。存货通常在1年或超过1年的一个营业周期内被消耗或经出售转换为现金、银行存款或应收账款等，具有明显的流动性，属于流动资产。

1）正常情况下存货的范围

在正常情况下，存货范围的确定以企业对货物是否具有法人财产权（或法定产权）为标准。凡是在盘存日，法定产权属于企业的物品，不论其存放于何处或处于何种状态，都应确认为企业的存货；反之，凡是法定产权不属于企业的物品，即使存放于企业，也不应确认为企业的存货。据此，存货的范围包括下列三类：①在正常经营过程中储存以备出售的存货；②为了最终出售正处于生产过程中的存货；

③为了生产供销售的商品或提供服务以备消耗的存货。

2）存货范围的特别说明

（1）已开出发票尚未提走的存货

凡是开出销售发票售出，所有权以及相应的风险和报酬已经转移的物品，即使暂时存放于本企业仓库，也不能将其作为本企业的存货。

（2）关于代销、代加工存货

凡是未转移所有权以及风险和报酬的发出物品，即使未存放于本企业，也应将其作为本企业的存货，如委托其他单位代销的存货、未出售的外出展销存货等。凡是不属于本企业所有以及相应的风险和报酬未转移到本企业的接受物品，即使存放于本企业仓库，也不能作为本企业的存货，如受托代销的存货、受托加工的存货等。

（3）关于在途物资

凡是所有权以及相应的风险和报酬已经归属于本企业的购入物品，即使未存放于本企业仓库，也应作为本企业的存货，如已经购入而尚未收到的运输途中的货物等。

【考点2】原材料按计划成本核算

1）基本原理与账户设置

（1）含义

原材料按计划成本核算是原材料收发凭证的填制、总账及明细账的登记均按计划成本进行，原材料实际成本与计划成本的差异，作为原材料成本差异单独进行核算，月末，通过原材料成本差异的分摊，将发出原材料和结存原材料的计划成本调整为实际成本的一种核算方法。

（2）原材料计划成本的制定

原材料计划成本制定后，应保持相对的稳定，除有特殊情况应随时调整外，在年度内一般不做变动。

（3）原材料成本差异的种类

原材料成本的差异一般分为超支差异与节约差异两种。超支差异是实际成本大于计划成本的差额，或称不利差异；节约差异是实际成本少于计划成本的差额，或称有利差异。

（4）发出和结存原材料应负担的成本差异的计算

$$\text{本月原材料成本差异率}=\frac{\text{月初结存原材料的成本差异}+\text{本期收入原材料的成本差异}}{\text{期初结存原材料的计划成本}+\text{本期收入原材料的计划成本}}\times 100\%$$

$$\text{月初原材料成本差异率}=\frac{\text{月初结存原材料的成本差异}}{\text{月初结存原材料的计划成本}}\times 100\%$$

本月发出原材料应负担的差异=本月发出原材料计划成本×本月原材料成本差异率

期末结存原材料应负担的差异=原材料成本总差异-本月发出原材料应负担的差异

（5）账户设置

原材料按计划成本核算时，原材料的收入、发出及结存都按其计划成本计价。会计核算上，一般应设置“材料采购”“原材料”“材料成本差异”等科目。“材料采购”账户属于资产类账户，借方登记已付款的材料的实际采购成本，贷方登记已验收入库材料的计划成本，并将实际成本与计划成本的差额转入“材料成本差异”账户。“材料采购”账户期末借方余额为已经收到发票账单付款，但材料尚未运到或尚未验收入库的在途材料。按计划成本核算所设置的“原材料”账户，其核算内容和结构与按实际成本核算所设置的“原材料”账户相同。“材料成本差异”账户总括反映企业各种材料的实际成本与计划成本的差异，该账户属于资产类账户（即“原材料”账户的抵减附加账户），该账户的借方登记采购材料的实际成本大于计划成本的超支差异，贷方登记采购材料的实际成本小于计划成本的节约差异及结转发出材料应负担的成本差异。（超支差异用蓝字转出，节约差异用红字转出）

（6）核算程序和方法

会计实务中，“原材料”科目按计划成本记录的情况下，原材料收发业务一般包括六个方面的内容。按下列程序和方法进行会计处理：

①采购材料时，按发生的属于材料成本的价款和运杂费等借记“材料采购”，按应予抵扣的进项税额借记“应交税费”，按实际付款

额贷记“银行存款”“库存现金”“其他货币资金”等。

②月份终了（或在材料入库时），根据已经办理结算的入库外购材料的计划成本，借记“原材料”，贷记“材料采购”。同时按入库材料的实际成本小于计划成本的差额，借记“材料采购”，贷记“材料成本差异”，或按入库材料的实际成本大于计划成本的差额，借记“材料成本差异”，贷记“材料采购”。

③月份终了，对于尚未收到发票账单的收料凭证，应抄列清单，并按计划成本暂估入账，借记“原材料”，贷记“应付账款”，下月初用红字冲回。

④发出材料时，根据领用的部门和具体用途，按发出原材料的计划成本，借记“生产成本”“制造费用”“管理费用”“销售费用”“委托加工物资”等科目，贷记“原材料”科目。

⑤月份终了，将材料成本差异总额在发出材料和期末库存材料之间分摊，按照发出原材料的计划成本分摊的成本差异额，借记“生产成本”“制造费用”“管理费用”“销售费用”“委托加工物资”等科目，贷记“材料成本差异”科目（其中，实际成本大于计划成本的超支差异用蓝字登记，实际成本小于计划成本的节约差异用红字登记）。

⑥会计期末，“材料采购”科目的借方余额反映已承担所购材料风险和报酬但尚未验收入库的在途物资的实际成本；“原材料”科目的借方余额反映入库后未发出的原材料的计划成本；“材料成本差异”科目的余额反映入库后未发出的原材料负担的材料成本差异。在编制资产负债表时，应将“材料采购”“原材料”科目的借方余额合计再加上“材料成本差异”科目的借方余额或减去“材料成本差异”科目的贷方余额后的数额作为原材料项目的组成内容予以反映。

2）对计划成本的评价

原材料采用计划成本法核算通过“材料采购”和“材料成本差异”账户的设置与运用，确定各类材料的实际成本与计划成本的差异，并据以分析和考核企业采购部门的工作业绩；在按计划成本核算时，排除了价格变动对发出材料成本的影响，有利于分析和考核各部门耗用材料的节约或浪费情况，并为考核各部门的经济效益提供依据，并简化材料明细账的核算工作。在计划成本法下，虽然简化了材料明细账的核算工作，但月末应将发出材料和库存材料的计划成本调整为实际成本，调整工作较为麻烦，并且材料成本差异由于不可能按照每种材料组织成本差异的核算，因而调整的结果也不可能完全与实际相吻合。

原材料的日常核算，既可以采用计划成本，也可以采用实际成本，还可以对不同的材料分别采用计划成本或实际成本。具体采用哪种方法，由企业根据具体情况自行决定。一般来说，材料品种繁多的企业，可以采用计划成本进行日常核算；但对于某些品种不多且占产品成本比重较大的原料或主要材料，也可以单独采用实际成本进行核算，以保证产品成本的真实、准确。对于企业规模较小、材料品种简单、采购业务不多的企业，一般采用实际成本进行原材料的日常收发核算。企业在选用材料核算方法后，一般不得随意变更，如需变更，应按变更会计政策的原则进行处理。

【考点3】存货的盘存制度

1）永续盘存制（以销计存）

永续盘存制又叫账面盘存制，它是平时对各项存货的增加数和减少数，都要根据会计凭证连续计入有关明细账簿，并随时结出账面结存数量和金额的一种管理制度。

永续盘存制是根据一定的方法先计算确定本期减少存货的成本，然后确定期末结存的成本。

其计算公式为：

$$\text{本期发出存货的成本}=\text{本期发出存货的数量}\times\text{确定的单价}$$

$$\text{本期期末结存存货成本}=\text{期初存货成本}+\text{本期增加存货成本}-\text{本期发出存货的成本}$$

2）实地盘存制（以存计销）

实地盘存制又叫定期盘存制，是指平时只根据会计凭证在有关账簿中登记存货的增加数，不登记存货的减少数，月末根据存货实地盘点的实存数，来倒挤出本期存货的减少数，并具体登记有关账簿的一种物资盘存管理制度。

实地盘存制是期末通过实地盘点确定期末结存存货数量，进而采用一定的计价方法估计一个单价，来确定期末结存存货的成本，然后计算确定本期减少存货的成本。

其计算公式为：

本期期末存货成本 = 盘存数量 × 估计单价

本期发出存货的成本 = 期初存货成本 + 本期增加存货成本 - 期末存货成本

3）两种方法的特点

（1）永续盘存制

①便于及时了解和掌握各项存货的增减变动和结存情况，加强存货管理；

②其核算手续比较复杂，具有严密性；

③广泛应用于主要存货的核算和管理。

（2）实地盘存制

①在平时简化了存货的记账工作；

②核算手续不复杂，反映的数字不够精确，既不利于加强对存货的管理，又影响成本计算的正确性；

③除了大堆材料（石子、沙子），以及商品赊购企业价值低、品种杂的商品外，一般不宜采用这种方法。

【考点4】存货期末计价

存货期末计价是指会计期末对存货价值的重新计量。根据我国企业会计准则的有关规定，资产负债表日，存货应当按照成本与可变现净值孰低计量。当存货成本低于可变现净值时，存货按成本计量；当存货成本高于可变现净值时，存货按可变现净值计量，同时按照成本高于可变现净值的差额计提存货跌价准备，计入当期损益。

1）基本概念

（1）成本与可变现净值孰低

成本与可变现净值孰低是指对期末存货按照成本与可变现净值两

者之中较低者进行计价的方法。

（2）成本

成本是指存货的历史成本，即以历史成本为基础的发出存货计价方法（如先进先出法等）计算的期末存货价值，或者是采用存货的简化核算方法（如计划成本法）调整为实际成本的期末存货价值。

（3）可变现净值

可变现净值是指在日常活动中，存货的估计售价减去至完工时估计将要发生的成本、估计的销售费用以及相关税费后的金额。可见，可变现净值实质上是指存货在正常生产经营环境下可获得的未来净现金流入，而不是存货的售价（市价或合同价）。也就是说，以存货预计取得的收入为基础，再扣除销售存货过程中可能发生的相关税费和销售费用，以及为达到预定可销售状态还可能发生的进一步加工成本等支出后的余额才是存货的可变现净值。

2）可变现净值的确定应考虑的主要因素

企业在确定存货的可变现净值时，应当以取得的可靠证据为基础，并且考虑持有存货的目的、资产负债表日后事项的影响等因素。

（1）可靠证据

可靠证据是指对确定存货的可变现净值有直接影响的确凿证明，如产品的市场销售价格、与企业产品相同或类似商品的市场销售价格、供货方提供的有关资料、销售方提供的有关资料、生产成本资料等。

（2）持有存货的目的

持有存货的目的是指持有存货是为了销售还是加工后销售等。由于企业持有存货的目的不同，确定存货可变现净值的计算方法也不同。

①持有以备出售的存货可变现净值的计算：

可变现净值=存货的估计售价-估计的销售费用-相关的税费

②持有将在生产过程或提供劳务过程中耗用的存货可变现净值的计算：

可变现净值＝存货的估计售价－至完工估计将要发生的成本－估计的销售费用－相关的税费

（3）资产负债表日后事项的影响

资产负债表日后事项的影响是指存货预计未来产品更新换代、消费者偏好变化等市场情况。

3）可变现净值中估计售价的确定

企业在确定存货的估计售价时，应当以资产负债表日为基准，但是如果当月存货价格变动较大时，则应当以当月该存货平均销售价格或资产负债表日最近一次销售价格的平均数，作为其估计售价的基础。此外，企业还应当按照以下原则确定存货的估计售价：

①为执行销售合同或者劳务合同而持有的存货，通常应以产成品或商品的合同价格作为其可变现净值的计量基础。

②如果企业持有存货的数量多于销售合同订购数量，超出部分的存货可变现净值应当以产成品或商品的一般销售价格作为计量基础。

③没有销售合同或劳务合同约定的存货，其可变现净值应当以产成品或商品一般销售价格或原材料的市场价格作为计量基础。

4）材料存货的期末计量

会计期末，在运用成本与可变现净值孰低原则对材料存货进行计量时，需要考虑材料的用途。

①对于用于出售的材料等，只需要将材料的成本与根据材料本身的估计售价确定的可变现净值相比即可。

②对于用于生产而持有的材料等，则应当将其与所生产的产成品的期末价值减损情况联系起来。具体来说，对于用于生产而持有的材料等，按以下原则处理：

第一，对于用于生产而持有的材料等，如果用其生产的产成品的可变现净值预计高于成本，则该材料应当按照成本计量。

第二，如果材料价格的下降表明以其生产的产成品的可变现净值低于成本，则该材料应当按可变现净值计量。

5）成本与可变现净值孰低的账务处理

（1）判断存货发生减值的主要迹象

会计实务中，一般根据下列迹象判断存货发生了减值，并计提存货跌价准备，确认存货减值损失：

①市价持续下跌，并且在可预见的未来无回升的希望；

②企业使用该项原材料生产的产品的成本大于产品的销售价格；

③企业因产品更新换代，原有库存原材料已不适应新产品的需要，而该原材料的市场价格又低于其账面成本；

④因企业所提供的商品或劳务过时或消费者偏好改变而使市场的需求发生变化，导致市场价格逐渐下跌；

⑤其他足以证明该项存货实质上已经发生减值的情形。

当存货存在以下一项或若干情况，应将存货账面价值（存货成本减存货计提的存货跌价准备后的余额）全部转入当期损益：

①已霉烂变质的存货；

②已过期且无转让价值的存货；

③生产中已不再需要，并且已无使用价值和转让价值的存货；

④其他足以证明已无使用价值和转让价值的存货。

根据我国企业会计准则的规定，企业通常应当按照单个存货项目计提存货跌价准备。对于数量繁多、单价较低的存货，可以按照存货类别计提存货跌价准备。与在同一地区生产和销售的产品系列相关、具有相同或类似最终用途或目的且难以与其他项目分开计量的存货，可以合并计提存货跌价准备。但资产负债表日同一项存货中一部分有合同约定价格，而另一部分不存在合同约定价格的，应分别确定其可变现净值，并与相应的存货成本进行比较，分别确定存货跌价准备，不得合并计量减值准备。

（2）存货跌价准备的计量

存货发生减值迹象时，应采用合理方法对存货成本与可变现净值进行比较。若存货可变现净值低于存货成本，应将该差额作为存货跌价准备，抵减存货成本，以反映存货的可变现净值。在存货跌价准备计量中，应注意以下问题：

①当存在以下一项或若干项情况时，表明存货价值为零，此时应将存货账面价值（存货成本减去该存货计提的存货跌价准备后的余额）全额计提跌价准备并计入当期损益。

②已计提跌价准备的存货转出时（如销售、消耗、换出、损失等），转出存货部分所计提的跌价准备也应一并转出，即转出存货以账面价值计量。

③为生产而持有的材料以及为继续加工生产而拥有的在产品、委托加工物资等，是否计提跌价准备，不能只考虑其自身的可变现净值与其成本的关系，而应以其完成生产过程后的成品可变现净值与成品的生产成本的关系为判断基础，即，如果用其生产的成品的可变现净值不低于成品的成本，无论其市场价格是否下降，这些材料、在产品仍以成本计量；如果用其生产的成品的可变现净值低于成品的成本，且其价格有明显下降时，这些材料、在产品应按可变现净值计量，并按其差额计提存货跌价准备。

④当减记存货价值（计提存货跌价准备）的影响因素已经消失时，应在原已计提的存货跌价准备的金额内转回，按转回金额冲减资产减值损失和存货跌价准备。转回的存货跌价准备与计提该准备的存货项目或类别应当直接对应，转回的金额以该存货跌价准备额为限。

（3）存货跌价准备的账务处理

当计提存货跌价准备时，一般借记“存货跌价准备”账户，贷记“资产减值损失”账户。但是每一会计期末应提准备数额必须考虑计提前“存货跌价准备”账户的余额。

如应提大于计提前的余额——应按差额补提跌价准备：

借：资产减值损失

　贷：存货跌价准备

如应提小于计提前的余额——应按差额冲减跌价准备：

借：存货跌价准备

　贷：资产减值损失

当本期存货的可变现净值高于成本，说明已计提跌价准备的存货的价值又得以恢复，应将已计提的跌价准备金额全额转回，以“存货跌价准备”账户余额冲减至零为限。

7.5 金融资产

【考点1】金融工具的分类

《企业会计准则第22号——金融工具确认和计量》中，将企业的基本金融工具划分为以下四类：①以公允价值计量且其变动计入当期损益的金融资产；②持有至到期投资；③贷款和应收款项；④可供出售金融资产。企业应当结合自身业务特点、投资策略和风险管理要求，将取得的金融资产在初始确认时分类，上述分类一经确定，不得随意变更。

【考点2】以公允价值计量且其变动计入当期损益的金融资产

以公允价值计量且其变动计入当期损益的金融资产可以进一步划分为交易性金融资产和直接指定为以公允价值计量且其变动计入当期损益的金融资产。

1）交易性金融资产

满足以下条件之一的金融资产应当划分为交易性金融资产：

①取得该金融资产的目的主要是近期内出售。比如企业以赚取价差为目的从二级市场购入的股票、债券、基金等。这是企业交易性金融资产的主要组成部分。

②属于进行集中管理的可辨认金融工具组合的一部分，具有客观证据表明企业近期采用短期获利方式对该组合进行管理。例如，企业基于投资策略和风险管理的需要，将某些金融资产进行组合从事短期获利活动，对于组合中的金融资产，应采用公允价值计量，并将其相关公允价值变动计入当期损益。在这种情况下，即使组合中有某个组成项目持有的期限稍长也不受影响。

③属于金融衍生工具。例如，国债期货、远期合同、股指期货等，其公允价值变动大于零时，应将其相关变动金额确认为交易性金融资产，同时计入当期损益。但是，如果衍生工具被企业指定为有效套期关系中的套期工具，那么该衍生金融工具初始确认后的公允价值变动应根据其对应的套期关系（即公允价值套期、现金流量套期或境

外经营净投资套期）不同，采用相应的方法进行处理。

2）直接指定为以公允价值计量且其变动计入当期损益的金融资产

企业将某项金融资产指定为以公允价值计量且其变动计入当期损益的金融资产，通常是指该金融资产不满足确认为交易性金融资产条件时，企业仍可在符合某些特定条件的情况下将其按公允价值计量，并将其公允价值变动计入当期损益。

企业不得随意将某项金融资产直接指定为以公允价值计量且其变动计入当期损益的金融资产，通常只有在满足以下条件之一时，企业才能进行此类直接指定：

①该指定可以消除或明显减少由于该金融资产的计量基础不同所导致的相关利得或损失在确认或计量方面不一致的情况。设立这项条件目的就是通过直接指定为以公允价值计量且其变动计入当期损益的金融资产，消除会计上可能存在的不配比现象。例如，甲金融企业的某项金融资产和某项金融负债密切相关且均具有利率敏感性，该金融资产可以被指定为或划分为可供出售金融资产，从而其公允价值变动计入所有者权益，但与之直接相关的金融负债却划分为以摊余成本进行后续计量的金融负债，从而导致“会计不配比”，即由于会计计量基础不同导致会计处理结果不能较好地反映交易实质的情况。但是，如果上述金融资产和金融负债均直接指定为以公允价值计量且其变动计入当期损益的金融资产或金融负债，就可以消除这种“会计不配比”的现象。

②企业管理上的需要。企业风险管理或投资策略的正式书面文件已载明，对该金融资产组合等以公允价值为基础进行管理、评价并向关键管理人员报告。此条件关注企业管理和评价业绩的方式，而非金融工具组合中各组成部分的性质。例如，风险投资机构、证券投资基金公司等类似机构，其经营活动的主要目的就在于从投资工具的公允价值变动中获利，它们在风险管理或投资策略的正式书面文件中对此已清楚地进行了说明。再比如，某企业集团对所辖范围内全资子公司或分公司的风险敞口进行集中管理以总体控制财务风险，该企业集团

采用金融资产和金融负债组合方式进行管理，每日均以公允价值对该组合进行评价以及时调整组合来应对相关财务风险。该企业集团管理层对该组合的管理也以公允价值为基础。在此情况下，该企业集团可以直接指定组合中的金融资产和金融负债为以公允价值计量且其变动计入当期损益的金融资产和金融负债。

在活跃市场上没有报价，公允价值不能可靠计量的权益工具投资，不得指定为以公允价值计量且其变动计入当期损益的金融资产。

3）会计处理

（1）初始计量

企业初始确认以公允价值计量且其变动计入当期损益的金融资产时，应当按照公允价值计量。公允价值通常应当以公允市场交易价格为基础确定。为取得以公允价值计量且其变动计入当期损益的金融资产发生的相关交易费用不计入投资成本，而在发生时计入当期损益。交易费用是指可直接归属于购买、发行或处置金融工具新增的外部费用。新增的外部费用，是指企业不购买、发行或处置金融工具就不会发生的费用，包括支付给代理机构、咨询公司、券商等的手续费和佣金及其他必要支出，不包括债券溢价及折价、融资费用、内部管理成本及其他与交易不直接相关的费用。

需要注意的是，企业为取得以公允价值计量且其变动计入当期损益的金融资产所支付的价款中包含的已宣告但尚未发放的债券利息或现金股利，不应作为购入成本入账，而应当单独确认为应收项目进行处理。

对于交易性金融资产，企业应设置“交易性金融资产”科目进行核算，并按照交易性金融资产的类别和品种下设“成本”“公允价值变动”等明细科目。其中，“成本”明细科目反映交易性金融资产的初始确认金额；“公允价值变动”明细科目反映交易性金融资产在持有期间的公允价值变动金额。

企业取得交易性金融资产，按其公允价值（不含支付的价款中所包含的已宣告但尚未发放的现金股利或已到付息期但尚未领取的债券利息），借记“交易性金融资产——成本”，按发生的交易费用，借记

“投资收益”科目，按已宣告但尚未发放的现金股利或已到付息期但尚未领取的债券利息，借记“应收股利”或“应收利息”科目，按实际支付的金额，贷记“银行存款”“其他货币资金”等科目；收到上述现金股利或债券利息时，借记“银行存款”等科目，贷记“应收股利”或“应收利息”科目。

直接指定为以公允价值计量且其变动计入当期损益的金融资产的会计处理同交易性金融资产。

（2）持有期间收益的确认

企业在持有以公允价值计量且其变动计入当期损益的金融资产期间所获得的现金股利或债券利息（不包括取得以公允价值计量且其变动计入当期损益的金融资产时支付的价款中包含的已宣告但尚未发放的现金股利或已到付息期但尚未领取的债券利息），应当确认为投资收益。

持有以公允价值计量且其变动计入当期损益的金融资产期间，被投资单位宣告发放现金股利时，投资企业按照应享有的份额，借记“应收股利”科目，贷记“投资收益”科目；资产负债表日，投资企业按所持有的债券投资的面值和票面利率计提利息时，借记“应收利息”科目，贷记“投资收益”科目；收到上述现金股利或债券利息时，借记“银行存款”科目，贷记“应收股利”或“应收利息”科目。

（3）期末计价

以公允价值计量且其变动计入当期损益的金融资产的期末计价属于对以公允价值计量且其变动计入当期损益的金融资产进行后续计量。资产负债表日，以公允价值计量且其变动计入当期损益的金融资产需要按照公允价值进行计量，并将公允价值变动计入当期损益。在资产负债表日，按当日各项以公允价值计量且其变动计入当期损益的金融资产的公允价值计价，对其账面价值进行调整。一般有两种情况：一种是公允价值高于账面价值；另一种是公允价值低于账面价值。两种情况下，都需将差额借记或贷记入公允价值变动损益。

资产负债表日，以公允价值计量且其变动计入当期损益的金融资产的公允价值高于其账面余额时，应按照二者之间的差额，调增以公允价值计量且其变动计入当期损益的金融资产的账面余额，同时确认公允价值上升的收益；以公允价值计量且其变动计入当期损益的金融资产的公允价值低于其账面余额时，应按二者之间的差额，调减以公允价值计量且其变动计入当期损益的金融资产的账面余额，同时确认公允价值下跌的损失。

对于交易性金融资产，当其公允价值高于其账面余额时，借记“交易性金融资产——公允价值变动”科目，贷记“公允价值变动损益”科目；交易性金融资产的公允价值低于其账面余额时，应按二者之间的差额，调减交易性金融资产的账面余额，同时确认公允价值下跌的损失，借记“公允价值变动损益”科目，贷记“交易性金融资产——公允价值变动”科目。

（4）处置

以公允价值计量且其变动计入当期损益的金融资产出售时，其损益已经实现。实现的损益包括两部分：①出售该以公允价值计量且其变动计入当期损益的金融资产时的出售收入与其账面价值的差额；②原来已经作为公允价值变动损益入账的金额。

“公允价值变动损益”账户反映的是还未实现的由公允价值变动引起的损益变动。当以公允价值计量且其变动计入当期损益的金融资产出售后，损益就已经实现了。这时所实现的损益就要从“公允价值变动损益”账户转到“投资收益”账户。“投资收益”账户反映已经实现的损益。

处置交易性金融资产时，应按实际收到的金额，借记“银行存款”科目，按该金融资产的账面余额，贷记“交易性金融资产”科目（其中，按该交易性金融资产的初始确认金额，贷记“交易性金融资产——成本”科目；按照该项交易性金融资产的累计公允价值变动金额，贷记或借记“交易性金融资产——公允价值变动”科目），按其差额，贷记或借记“投资收益”科目。同时，将已经确认的累计公允价值变动净损益确认为处置当期投资收益，借记或贷记“公允价值变动损益”科目，贷记或借记“投资收益”科目。

【考点3】持有至到期投资

持有至到期投资是指到期日固定、回收金额固定或可确定，且企业有明确意图和能力持有至到期的非衍生金融资产。通常情况下，持有至到期投资包括企业持有的、在活跃市场上有公开报价的国债、企业债券、金融债券等。持有至到期投资通常具有长期性质，但期限较短（一年以内）的债券投资，符合持有至到期投资条件的，也可以划分为持有至到期投资。

企业不能将下列非衍生金融资产划分为持有至到期投资：①初始确认时即被指定为以公允价值计量且其变动计入当期损益的非衍生金融资产；②初始确认时被指定为可供出售的非衍生金融资产；③符合贷款和应收款项定义的非衍生金融资产。

如果企业管理层决定将某项金融资产持有至到期，则在该金融资产未到期前，不能随意地改变其“最初意图”。也就是说，投资者在取得投资时意图就应当是明确的。

持有至到期投资具有以下三个基本特征：

①到期日固定、回收金额固定或可确定。到期日固定、回收金额固定或可确定是指相关合同明确了投资者在确定的时间内获得或应收取现金流量的金额和时间。

例如，符合持有至到期投资条件的债券投资，其到期日固定、利息和本金金额固定或可确定。而购入的股权投资因其没有固定的到期日，不符合持有至到期投资的条件，不能划分为持有至到期投资。

②有明确意图持有至到期。有明确意图持有至到期投资是指投资者在取得投资时意图明确，准备将投资持有至到期，除非遇到一些企业所不能控制、预期不会重复发生且难以合理预计的独立事件，否则将持有至到期。

存在下列情况之一的，表明企业没有明确意图将金融资产持有至到期：

第一，持有该金融资产的期限不确定；

第二，发生市场利率变化、流动性需要变化、替代投资机会及其投资收益率变化、融资来源和条件变化、外汇风险变化等情况时，将出售该金融资产，但是，无法控制、预期不会重复发生且难以合理预计的独立事件引起的金融资产除外；

第三，该金融资产的发行方可以按照明显低于其摊余成本的金额清偿；

第四，其他表明企业没有明确意图将该金融资产持有至到期的情况。

据此，对于发行方可以赎回的债务工具，如发行方行使赎回权，投资者仍可收回其几乎所有初始净投资（含支付的溢价和交易费用），那么投资者可以将此类投资划分为持有至到期。但是，对于投资者有权要求发行方赎回的债务工具投资，投资者不能将其划分为持有至到期投资。

③有能力持有至到期。有能力持有至到期是指企业有足够的财务资源，并不受外部因素影响将投资持有至到期。

存在下列情况之一的，表明企业没有能力将具有固定期限的金融资产投资持有至到期：

第一，没有可利用的财务资源持续地为该金融资产投资提供资金支持，以使该金融资产持有至到期。

第二，受法律、行政法规的限制，企业难以将该金融资产投资持有至到期。

第三，其他表明企业没有能力将具有固定期限的金融资产投资持有至到期的情况。

企业应当于每个资产负债表日对持有至到期投资的意图和能力进行评价。发生变化的，应当将其重分类为可供出售金融资产进行处理。

1）初始计量

对于持有至到期投资，企业应设置“持有至到期投资”会计科目，用来核算企业持有至到期投资的价值。此科目属于资产类科目，应当按照持有至到期投资的类别和品种，分别“成本”“利息调整”“应计利息”等进行明细核算。其中，“成本”明细科目反映持有至到期投资的面值；“利息调整”明细科目实际上反映持有至到期投资初始确认金额与其面值的差额，以及按照实际利率法分期摊销后该差额的摊销余额；“应计利息”明细科目反映企业计提的到期一次还本付息持有至到期投资应计未收的利息。

持有至到期投资初始确认金额，应当按照取得时的公允价值与相关交易费用之和作为初始确认金额。如果实际支付的价款中包含已到付息期但尚未领取的债券利息，应当单独确认为应收项目，不构成持有至到期投资的初始确认金额。

企业取得持有至到期投资时，应按该投资的面值，借记“持有至到期投资——成本”科目，按支付的价款中包含的已到付息期但尚未领取的利息，借记“应收利息”科目（若为购入到期还本付息的债券，其应计利息单独通过“持有至到期投资——应计利息”科目核算），按实际支付的金额，贷记“银行存款”等科目，按其差额，借或贷“持有至到期投资——利息调整”科目。

2）投资收益的确认

对于持有至到期投资的期末计价，就是确定投资的摊余成本。我国现行会计准则要求采用实际利率法确定摊余成本，并按照摊余成本和实际利率计算确认当期利息收入，计入投资收益。

摊余成本，是指该金融资产初始确认金额经下列调整后的结果：

①扣除已偿还的本金。

②加上或减去采用实际利率法将该初始确认金额与到期日金额之间的差额进行摊销形成的累计摊销额。

③扣除已发生的减值损失。

实际利率，是指金融资产或金融负债在预期存续期间或适用的更短期间内的未来现金流量折现为该金融资产或金融负债当前账面价值所使用的利率。企业在初始确认以摊余成本计量的金融资产或金融负债时，应当计算确定实际利率，并在相关金融资产或金融负债预期存续期间或适用的更短期间内保持不变。在确定实际利率时，应当在考虑金融资产或金融负债所有合同条款（包括提前还款权、看涨期权或类似期权等）的基础上预计未来现金流量，但不应考虑未来信用损失。

按照我国现行会计准则的规定，对于持有至到期投资应采用实际利率法确认投资收益和债券溢折价摊销，并在此基础上确认债券的摊余成本。摊余成本实际上就是每期期末持有至到期投资的账面价值。实际利率法中初始投资成本即入账价值（期初摊余成本）等于未来现金流量现值。

在实际利率法下，利息收入、应收利息、利息调整摊销额、摊余成本之间的关系，可以用以下公式来表示：

利息收入（按实际利率计算的利息费用）=期初摊余成本×实际利率——计入“投资收益”

应收利息（按面值计算的利息）=面值（到期日金额）×票面利率——计入“应收利息”

当期利息调整的摊销额=利息收入-应收利息——计入“持有至到期投资——利息调整”

期末摊余成本=期初摊余成本+本期计提的利息（期初摊余成本×实际利率）-本期收到的利息（面值×票面利率）-本期计提的减值准备

=期初摊余成本+当期利息调整的摊销额-本期计提的减值准备

（1）持有至到期投资为分期付息债券

资产负债表日，持有至到期投资为分期付息、到期一次还本债券投资的，应按票面利率计算确定的应收未收利息，借记“应收利息”，按持有至到期投资摊余成本和实际利率计算确定的利息收入，贷记“投资收益”科目，按其差额，借或贷“持有至到期投资——利息调整”科目。

【例 7-5】华恒公司于20×0年1月1日以110 000元的价格购买了丁公司于当日发行的总面值为100 000元、票面利率为6%、5年期的债券，作为持有至到期投资。合同约定，该债券的发行方在遇到特定情况时可以将债券赎回，且不需要为提前赎回支付额外款项。华恒公司在购买该债券时，预计发行方不会提前赎回。不考虑所得税、减值损失等因素。债券利息在每年12月31日支付。该债券在持有期间采用实际利率法确认利息收入并确定摊余成本，则其账务处理为：

（1）计算华恒公司所购入债券的实际利率，实际利率设为r：

应收利息=100 000×6%=6 000（元）

$6\,000\times(1+r)^{-1}+6\,000\times(1+r)^{-2}+6\,000\times(1+r)^{-3}+6\,000\times(1+r)^{-4}+(6\,000+100\,000)\times(1+r)^{-5}=110\,000$

根据插入法计算：r=3.86%。

（2）按照实际利率法计算债券利息收入，具体见表7-1。

表7-1 利息收入和摊余成本计算表

日期	期初摊余成本（a）	实际利息（b）（按3.86%计算）	现金流入（c）	期末摊余成本（d=a+b-c）
20×0年12月31日	110 000	110 000×3.86% = 4 246	100 000×6%=6 000	110 000+4 246-6 000 =108 246
20×1年12月31日	108 246	108 246×3.86% = 4 178	6 000	108 246+4 178-6 000 =106 424
20×2年12月31日	106 424	106 424×3.86% = 4 108	6 000	106 424+4 108-6 000 =104 532
20×3年12月31日	104 532	104 532×3.86% = 4 035	6 000	104 532+4 035-6 000 =102 567
20×4年12月31日	102 567	3 433*	6 000+100 000	0

注：* 因考虑计算过程中出现的尾差，所以此处为倒推b=d-a+c获得。

（3）根据上述数据，华恒公司的有关账务处理如下：

①20×0年1月1日，购入债券：

借：持有至到期投资——成本（面值）　　100 000

　　　　　　　　——利息调整　　10 000

　贷：银行存款　　110 000

②20×0年12月31日，确认实际利息收入：

借：应收利息　　6 000

贷：持有至到期投资——利息调整 1 754

投资收益 4 246

借：银行存款 6 000

贷：应收利息 6 000

③20×1年12月31日，确认实际利息收入：

借：应收利息 6 000

贷：持有至到期投资——利息调整 1 822

投资收益 4 178

借：银行存款 6 000

贷：应收利息 6 000

④20×2年12月31日，确认实际利息收入：

借：应收利息 6 000

贷：持有至到期投资——利息调整 1 892

投资收益 4 108

借：银行存款 6 000

贷：应收利息 6 000

⑤20×3年12月31日，确认实际利息收入：

借：应收利息 6 000

贷：持有至到期投资——利息调整 1 965

投资收益 4 035

借：银行存款 6 000

贷：应收利息 6 000

⑥20×4年12月31日，确认实际利息收入：

借：应收利息 6 000

贷：持有至到期投资——利息调整 2 567

投资收益 3 433

借：银行存款 6 000

贷：应收利息 6 000

借：银行存款 100 000

贷：持有至到期投资——成本 100 000

（2）持有至到期投资为到期一次还本付息债券

资产负债表日，持有至到期投资为到期一次还本付息债券投资的，应于资产负债表日按票面利率计算确定的应收未收利息，借记“持有至到期投资——应计利息”科目，按持有至到期投资摊余成本和实际利率计算确定的利息收入，贷记“投资收益”科目，按其差额，借或贷“持有至到期投资——利息调整”科目。

【例 7-6】华恒公司于20×0年1月1日以110 000元的价格购买了丁公司于当日发行的总面值为100 000元、票面利率为6%、5年期的债券，作为持有至到期投资。合同约定，该债券的发行方在遇到特定情况时可以将债券赎回，且不需要为提前赎回支付额外款项。华恒公司在购买该债券时，预计发行方不会提前赎回。不考虑所得税、减值损失等因素。该债券为到期一次还本付息债券。该债券在持有期间采用实际利率法确认利息收入并确定摊余成本，则其账务处理为：

（1）计算华恒公司所购入债券的实际利率，实际利率设为r：

$$(6\ 000\times5+100\ 000)\times(1+r)^{-5}=110\ 000$$

$$r=3.4\%$$

（2）按照实际利率法计算债券利息收入，具体见表7-2。

表 7-2 利息收入和摊余成本计算表

年份	期初摊余成本（a）	实际利息（b）（按3.4%计算）	现金流入（c）	期末摊余成本（d=a+b-c）
20×0年12月31日	110 000	110 000×3.4%=3 740	0	110 000+3 740-0=113 740
20×1年12月31日	113 740	113 740×3.4%=3 867	0	113 740+3 867-0=117 607
20×2年12月31日	117 607	117 607×3.4%=3 999	0	117 607+3 999-0=121 606
20×3年12月31日	121 606	121 606×3.4%=4 135	0	121 606+4 135-0=125 741
20×4年12月31日	125 741	4 259*	6 000×5+100 000=130 000	0

注：*因考虑计算过程中出现的尾差，所以此处为倒推b=d-a+c获得。

(3) 根据上述数据，华恒公司的有关账务处理如下：

①20×0年1月1日，购入债券：

借：持有至到期投资——成本（面值）　100 000
　　　　　　　　　——利息调整　10 000
　贷：银行存款　110 000

②20×0年12月31日，确认实际利息收入：

借：持有至到期投资——应计利息　6 000
　贷：投资收益　3 740
　　　持有至到期投资——利息调整　2 260

③20×1年12月31日，确认实际利息收入：

借：持有至到期投资——应计利息　6 000
　贷：投资收益　3 867
　　　持有至到期投资——利息调整　2 133

④20×2年12月31日，确认实际利息收入：

借：持有至到期投资——应计利息　6 000
　贷：投资收益　3 999
　　　持有至到期投资——利息调整　2 001

⑤20×3年12月31日，确认实际利息收入：

借：持有至到期投资——应计利息　6 000
　贷：投资收益　4 135
　　　持有至到期投资——利息调整　1 865

⑥20×4年12月31日，确认实际利息收入：

借：持有至到期投资——应计利息　6 000
　贷：投资收益　4 259
　　　持有至到期投资——利息调整　1 741

借：银行存款　130 000
　贷：持有至到期投资——成本　100 000
　　　　　　　　　　——应计利息　30 000

3）减值

资产负债表日，对于企业持有至到期投资的账面价值高于预计未来现金流量现值的，企业应当将该持有至到期投资的账面价值减记至预计未来现金流量现值，将减记的金额作为资产减值损失进行会计处理，计入当期损益，同时计提相应的资产减值准备。

已计提减值准备的持有至到期投资价值以后又得以恢复的，应当在原已计提的减值准备金额内予以转回。转回的金额计入当期损益。（类似于存货跌价准备）

在资产负债表日，当持有至到期投资的账面价值高于预计未来现金流量现值，企业应当按照持有至到期投资账面价值高于预计未来现金流量现值的差额，借记“资产减值损失——计提的持有至到期投资减值准备”科目，贷记“持有至到期投资减值准备”科目。

已计提减值准备的持有至到期投资价值以后又得以恢复的，应当在原已计提的减值准备金额范围内，按照已恢复的金额，借记“持有至到期投资减值准备”等科目，贷记“资产减值损失——计提的持有至到期投资减值准备”科目。

企业结转出售持有至到期投资的账面价值时，对于已计提持有至到期投资减值准备的，还应当同时借记“持有至到期投资减值准备”科目。

4）提前处置的情况

企业将某项资产划分为持有至到期投资后，可能会发生到期前将该金融资产予以处置或重分类的情况。这种情况的发生通常表明企业违背了将投资持有至到期的意图。

企业将尚未到期的某项持有至到期投资在本会计年度内予以出售或重分类为可供出售金融资产的金额，相对于该类投资（即企业全部持有至到期投资）在出售或重分类前的总额较大时，则企业在处置或者重分类后应立即将其剩余的持有至到期投资（即全部持有至到期投资扣除已处置或重分类的部分）重分类为可供出售金融资产，且在本会计年度及后两个完整的会计年度内不得再将该金融资产划分为持有至到期投资。

但是，下列情况除外：

①出售日或重分类日距离该项投资到期日或赎回日较近（如到期

前3个月内)，且市场利率变化对该项投资的公允价值没有显著影响。

②根据合同约定的定期偿付或提前还款方式收回该所有初始本金后，将剩余部分予以出售或重分类。

③出售或重分类是由于企业无法控制、预期不会重复发生且难以合理预计的独立事项所引起。此种情况主要包括：

第一，因被投资单位信用状况严重恶化，将持有至到期投资予以出售；

第二，因相关税收法规取消了持有至到期投资的利息税前可抵扣政策，或显著减少了税前可抵扣金额，将持有至到期投资予以出售；

第三，因发生重大企业合并或重大处置，为保持现行利率风险头寸或维持现行信用风险政策，将持有至到期投资予以出售；

第四，因法律、行政法规对允许投资的范围或特定投资品种的投资限额做出重大调整，将持有至到期投资予以出售；

第五，因监管部门要求大幅度提高资产流动性，或大幅度提高持有至到期投资在计算资本充足率时的风险权重，将持有至到期投资予以出售。

企业将持有至到期投资重分类为可供出售金融资产的，应在重分类日按其公允价值，借记“可供出售金融资产——成本”科目，按其账面价值，贷记“持有至到期投资——成本、利息调整、应计利息”科目，按其差额，借或贷“其他综合收益”科目。已计提减值准备的，还应同时结转减值准备，借记“持有至到期投资减值准备”科目，贷记“其他综合收益”科目。

企业出售持有至到期投资，应按实际收到的金额，借记“银行存款”等科目，按其账面价值，贷记“持有至到期投资”，按其差额，借或贷“投资收益”。已计提减值准备的，还应同时结转减值准备。

其中持有至到期投资的账面价值，是指持有至到期投资的账面余额减去已经计提减值准备后的差额。

【考点4】可供出售金融资产

可供出售金融资产，是指初始确认时即被指定为可供出售的非衍生金融资产，以及没有划分为持有至到期投资、贷款和应收款项、以公允价值计量且其变动计入当期损益的金融资产。通常情况下，划分为此类的金融资产应当在活跃市场上有报价，因此，企业从二级市场上购入的有报价的股票、债券、基金等，没有划分为以公允价值计量且其变动计入当期损益的金融资产或持有至到期投资等金融资产的，可以划分为可供出售金融资产。

当企业管理者持有金融资产的目的不明确时，即既不想将金融资产短期出售获取价差，也不想长期持有至到期收取本金和利息时，就可以将其划分为可供出售金融资产。

1）初始计量

可供出售金融资产的会计处理，与以公允价值计量且其变动计入当期损益的金融资产的会计处理有类似之处，但也有不同的地方：①虽然初始计量时，都按照公允价值计量，但可供出售金融资产的相关交易费用应计入初始入账金额。②资产负债表日，都应按公允价值计量，但对于可供出售金融资产，公允价值变动不是计入当期损益，而通常应计入所有者权益。

企业应当设置“可供出售金融资产”科目，核算持有的可供出售金融资产的公允价值，并按照可供出售金融资产类别和品种，分别“成本”“利息调整”“应计利息”“公允价值变动”等进行明细核算。其中，“成本”明细科目反映可供出售金融资产的初始确认金额（权益投资）或可供出售金融资产的面值（债券投资）；“利息调整”明细科目反映可供出售金融资产（债券投资）初始确认金额与其面值的差额，以及按照实际利率法分期摊销后该差额的摊余金额；“应计利息”明细科目反映企业计提的到期一次还本付息的可供出售金融资产（债券投资）应收未收的利息；“公允价值变动”明细科目反映可供出售金融资产公允价值变动金额。

可供出售金融资产应当按照取得该金融资产的公允价值和相关交易费用之和作为初始确认金额。如果支付的价款中包含已到付息期但尚未领取的债券利息或已宣告但尚未支付的现金股利，应当单独确认为应收项目，不构成可供出售金融资产的初始确认金额。

当企业取得可供出售权益工具投资时，应当按照其公允价值与交易费用之和，借记“可供出售金融资产——成本”，按支付的价款中包含的已宣布但尚未发放的现金股利，借记“应收股利”，按照实际支付的金额，贷记“银行存款”等科目；企业取得可供出售金融资产为债券投资时，应当按照债券的面值，借记“可供出售金融资产——成本”，按支付的价款中包含的已到付息期但尚未领取的利息，借记“应收利息”科目，按照实际支付的金额，贷记“银行存款”等科目，按照上述差额，借记或贷记“可供出售金融资产——利息调整”科目。

收到支付的价款中包含的已宣告但尚未发放的现金股利或已到付息期但尚未领取的利息，借记“银行存款”科目，贷记“应收股利”或“应收利息”科目。

2）持有期间收益的确认

企业在持有可供出售金融资产期间所获得的现金股利或债券利息（不包括取得可供出售金融资产时支付的价款中包含的已宣告但尚未发放的现金股利或已到付息期但尚未领取的债券利息），应当确认为投资收益。

可供出售权益投资持有期间被投资单位宣告发放现金股利，按照应该享有的份额，借记“应收股利”科目，贷记“投资收益”科目；收到发放的现金股利，借记“银行存款”科目，贷记“应收股利”科目。

可供出售债券投资持有期间确认利息收入的方法与持有至到期投资相同，也就是用实际利率法确认当期利息收入，计入投资收益。如果可供出售债券投资为分期付息、到期一次还本债券投资的，应当于付息期或资产负债表日，按照以可供出售债券投资面值和票面利率计算确定的应收利息，借记“应收利息”科目，按照以可供出售债券投资的摊余成本和实际利率计算确定的利息收入，贷记“投资收益”科目，按其差额，借记或贷记“可供出售金融资产——利息调整”科目。收到上述应计未收的利息时，借记“银行存款”科目，贷记“应收利息”科目。如果可供出售债券投资为到期一次还本付息债券投资的，应该于资产负债表日，按照可供出售债券投资面值和票面利率计算确定的应收利息，借记“可供出售金融资产——应计利息”科目，按照以可供出售债券投资的摊余成本和实际利率计算确定的利息收入，贷记“投资收益”科目，按照其差额，借记或贷记“可供出售金融资产——利息调整”科目。（具体处理可参考持有至到期投资，此处略）

3）期末计量

（1）可供出售金融资产公允价值变动

资产负债表日，可供出售金融资产应当按照其当时的公允价值进行计量，且公允价值的变动应计入所有者权益。

资产负债表日，可供出售金融资产的公允价值高于其账面余额（如为可供出售债务工具投资，则指摊余成本）时，应按二者之间的差额，调增可供出售金融资产的账面余额，同时将公允价值变动计入所有者权益，借记“可供出售金融资产——公允价值变动”科目，贷记“其他综合收益”科目；可供出售金融资产的公允价值低于其账面余额时，应按二者之间的差额，调减可供出售金融资产的账面余额，同时按公允价值变动减记所有者权益，借记“其他综合收益”科目，贷记“可供出售金融资产——公允价值变动”科目。

（2）可供出售金融资产减值

资产负债表日，企业所持有的可供出售金融资产应当以其公允价值进行计量。但是如果可供出售金融资产的公允价值发生大幅度下降，且在综合考虑各种相关因素后，预期这种下降趋势属于非暂时的，可以认定该可供出售金融资产已经发生了减值，应当确认减值损失。可供出售金融资产的公允价值低于其成本本身并不足以说明其发生了减值，分析判断是否可供出售金融资产发生了减值，应当注重该金融资产公允价值是否持续下降。

企业应当在资产负债表日对以公允价值计量且其变动计入当期损益的金融资产以外的金融资产的账面价值进行检查，有客观证据表明该金融资产发生减值的，应当计提减值准备。表明金融资产发生减值的客观证据，是指金融资产初始确认后实际发生的，对该金融资产的预计未来现金流量有影响，且企业能够对该影响进行可靠计量的事项。以下迹象可以作为金融资产发生减值的客观证据，具体包括：

①发行方或债务人发生严重财务困难；

②债务人违反了合同条款，如偿付利息或本金发生违约或逾期等；

③债权人出于经济或法律等方面因素的考虑，对发生财务困难的债务人做出让步；

④债务人很可能倒闭或进行其他财务重组；

⑤因发行方发生重大财务困难，该金融资产无法在活跃市场继续交易；

⑥无法辨认一组金融资产中的某项资产的现金流量是否已经减少，但根据公开的数据对其进行总体评价后发现，该组金融资产自初始确认以来的预计未来现金流量确已减少且可计量，如该组金融资产的债务人支付能力逐步恶化，或债务人所在国家或地区失业率提高、担保物在其所在地区的价格明显下降、所处行业不景气等；

⑦债务人经营所处的技术、市场、经济或法律环境等发生重大不利变化，使权益工具投资人可能无法收回投资成本；

⑧权益工具投资的公允价值发生严重或非暂时性下跌；

⑨其他表明金融资产发生减值的客观证据。

如何判断公允价值属于正常下跌还是发生了减值，主要的区别是，正常下跌的幅度一般不会很大，属于暂时性的变动；当下跌幅度较大且属于非暂时性的，在可预见的将来不会转回时，此时要做减值处理。

可供出售金融资产发生减值时，即使该金融资产没有终止确认，原直接计入所有者权益中的因为公允价值下降形成的累计损失，也应当予以转出，计入当期损益。该转出的累计损失，等于可供出售金融资产的初始取得成本扣除已收回本金和已摊销金额、当前公允价值和原已计入损益的减值损失后的余额。

在活跃市场中没有报价且其公允价值不能可靠计量的权益工具投资发生减值时，应当将该权益工具投资或衍生金融资产的账面价值，与按照类似金融资产当时市场收益率对未来现金流量折现确定的现值之间的差额，确认为减值损失，计入当期损益。

对于已经确认减值损失的可供出售债券投资，在随后的会计期间公允价值已经上升且客观上与已确认原减值损失后发生的事项有关的，原确认的减值损失应当予以转回。可供出售债券投资转回的减值损失金额，计入当期损益。

可供出售权益投资转回的减值损失金额，计入所有者权益，不得通过损益转回。但是在活跃市场中没有报价且其公允价值不能可靠计量的权益工具，或与该权益工具挂钩并须通过交付该权益工具结算的衍生金融资产发生的减值损失，不得转回。

根据《企业会计准则第22号——金融工具确认和计量》确定可供出售金融资产发生减值的，按应减记的金额，借记“资产减值损失——可供出售金融资产减值损失”科目，贷记“可供出售金融资产——减值准备”科目。同时，应从所有者权益中转出因公允价值下降所形成的累计损失金额，计入当期损益（资产减值损失），借记“资产减值损失——可供出售金融资产减值损失”科目，贷记“其他综合收益”科目。

已确认减值损失的可供出售债权工具在随后的会计期间，如果公允价值上升且客观上与确认原减值损失后事项有关的，则应在原已计提的减值准备金额内，按恢复增加的金额，借记“可供出售金融资产——减值准备”科目，贷记“资产减值损失”科目。

但已确认减值损失的可供出售权益工具在随后的会计期间，如果公允价值上升了，则应在原已计提的减值准备金额内，按恢复增加的金额，借记“可供出售金融资产——公允价值变动”科目，贷记“其他综合收益”科目。

4）处置

处置可供出售金融资产时，应将取得的价款与该金融资产账面价值之间的差额，计入投资损益；同时，将原直接计入所有者权益的公允价值变动累积额对应处置部分的金额转出，计入投资损益。

其中，可供出售金融资产的账面余额，是指可供出售金融资产的初始确认金额（或摊余成本）加上或减去资产负债表累积公允价值变动（包括可供出售金融资产减值金额）后的金额。如果在处置可供出售金融资产时，已计入应收项目的现金股利或债券利息尚未收回，还应从处置价款中扣除该部分现金股利或债券利息之后，确认处置损益。

处置可供出售权益工具投资时，应按实际收到的处置价款，借记“银行存款”科目；按可供出售权益工具投资的初始确认金额，贷记“可供出售金融资产——成本”科目；按公允价值累积变动金额，贷记或借记“可供出售金融资产——公允价值变动”科目；按上述差额贷记或借记“投资收益”科目。处置可供出售债券投资时，应按照实际收到的处置价款，借记“银行存款”科目；按债券投资的面值，贷记“可供出售金融资产——成本”科目；按应计未收的利息，贷记“可供出售金融资产——应计利息”科目；按利息调整摊余金额，贷记或借记“可供出售金融资产——利息调整”科目；按公允价值累计变动，贷记或借记“可供出售金融资产——公允价值变动”科目；按上述差额，贷记或借记“投资收益”科目。处置可供出售金融资产时，还应将原已直接计入所有者权益的公允价值累计变动额对应处置部分的金额转出，借记或贷记“其他综合收益”科目，贷记或借记“投资收益”科目。

【考点5】不同金融资产之间的重分类

企业在金融资产初始确认时对其进行分类后，不得随意变更。具体规定如下：

①企业在初始确认时将某项金融资产划分为以公允价值计量且其变动计入当期损益的金融资产，不能重分类为其他类金融资产；反之，其他类金融资产也不能重分类为以公允价值计量且其变动计入当期损益的金融资产。

②持有至到期投资、贷款和应收款项、可供出售金融资产三类金融资产之间也不能随意重分类。

③企业因持有意图或能力发生改变，使某项投资不再适合划分为持有至到期投资的，应当将其重分类为可供出售金融资产。

企业将持有至到期投资在到期日前处置或重分类，通常表明其违背了将投资持有至到期的初始意图。如果处置或重分类为其他类的金融资产的金额相对于该类投资（即企业全部的持有至到期投资）在出售或重分类之前的总额较大，则企业在处置或重分类后应立即将其剩余的持有至到期投资（即全部持有至到期投资扣除已处置或重分类的部分）重分类为可供出售金融资产，且在本会计年度及以后两个完整的会计年度内不得再将该金融资产划分为持有至到期投资。

但是，遇到下列情况可以除外：

①出售日或重分类日距离该项投资到期日或赎回日较近（如到期前3个月内），且市场利率变化对该项投资的公允价值没有显著影响。

②根据合同约定的偿付方式，企业已收回几乎所有初始本金。

③出售或重分类是由于企业无法控制、预期不会重复发生且难以合理预计的独立事件所引起的。此种情况主要包括：

第一，因被投资单位信用状况严重恶化，将持有至到期投资予以出售。

第二，因相关税收法规取消了持有至到期投资的利息税前可抵扣政策，或显著减少了税前可抵扣金额，将持有至到期投资予以出售。

第三，因发生重大企业合并或重大处置，为保持现行利率风险头寸或维持现行信用风险政策，将持有至到期投资予以出售。

第四，因法律、行政法规对允许投资的范围或特定投资品种的投资限额做出重大调整，将持有至到期投资予以出售。

第五，因监管部门要求大幅度提高资产流动性，或大幅度提高持有至到期投资在计算资本充足率时的风险权重，将持有至到期投资予以出售。

7.6 长期股权投资

【考点1】长期股权投资的界定

我国《企业会计准则第2号——长期股权投资》(2014) 规定，长期股权投资是指投资方对被投资单位实施控制、重大影响的权益性投资，以及对其合营企业的权益性投资。

不同于交易性金融资产低买高卖、获取价差的目的，长期股权投资主要是为了长远利益而影响、控制其他在经济业务上相关联的企业。投资企业通过投出各种资产取得被投资企业股权且不准备随时出售的权益性投资，形成长期股权投资。企业在取得长期股权投资后就成为被投资企业的股东，有权决定或参与被投资企业经营决策并从中获利。

长期股权投资主要核算以下三类投资：

（1）企业持有的能够对被投资单位实施控制的权益性投资，即对子公司投资

根据《企业会计准则第33号——合并财务报表》的有关规定判断，投资方能够对被投资单位实施控制的，被投资单位为其子公司。投资方属于《企业会计准则第33号——合并财务报表》规定的投资性主体且子公司不纳入合并财务报表的情况除外。控制，是指投资方拥有对被投资方的权利，通过参与被投资方的相关活动而享有可变回报，并且有能力运用对被投资方的权利影响其回报金额。简单地说，控制就是有权决定一个企业的财务和经营决策，并能够以此从该企业的经营活动中获益。控制的一般情形是投资企业拥有被投资企业半数以上的表决权资本或虽然未拥有被投资企业半数以上的表决权资本，但能够通过其他方式对其具有实质控制权（如通过与其他投资者协议，投资企业有权任免被投资单位董事会或类似权力机构的多数成员等）。

（2）企业持有的能够与其他合营方一同对被投资单位实施共同控制的权益性投资，即对合营企业投资

根据《企业会计准则第40号——合营安排》的有关规定判断，企业能够与其他合营方一同对被投资单位实施共同控制的权益性投资的，被投资单位为其合营企业。合营企业是一种特殊的企业形式，企业成立之初，出资人以契约的方式约定对合营企业的财务经营政策进行共同控制。

对于共同控制的界定主要包括以下三个方面：

①任何一个合营方均不能单独控制合营企业的生产经营活动；

②涉及合营企业基本经营活动的决策需要各合营方一致同意；

③各合营方可能通过合同或协议的形式任命其中的一个合营方对合营企业的日常活动进行管理，但其必须在各合营方已经一致同意的财务和经营政策范围内行使管理权。

（3）企业持有的能够对被投资单位具有重大影响的权益性投资，即对联营企业投资

重大影响，是指投资方对被投资单位的财务和经营政策有参与决策的权利，但并不能够控制或者与其他方一起共同控制这些政策的制定。投资方能够对被投资单位施加重大影响的，被投资单位为其联营企业。

在确定能否对被投资单位施加重大影响时，应当考虑投资方和其他方持有的被投资单位当期可转换公司债券、当期可执行认股权证等潜在表决权因素。实务中，较为常见的重大影响体现为在被投资单位的董事会或类似权力机构中派有代表，通过在被投资单位财务和经营决策制定过程中的发言权实施重大影响。投资方直接或通过子公司间接持有被投资单位20%以上但低于50%的表决权股份时，一般认为对被投资单位具有重大影响。

企业通常可以通过以下一种或几种情形来判断是否对被投资单位具有重大影响：

①在被投资单位的董事会或类似权力机构中派有代表。在这种情况下，由于在被投资单位的董事会或类似权力机构中派有代表，并相应享有实质性的参与决策权，投资方可以通过该代表参与被投资单位财务和经营政策的制定，达到对被投资单位施加重大影响。

②参与被投资单位财务和经营政策制定过程。这种情况下，在制定政策过程中可以为其自身利益提出建议和意见，从而可以对被投资单位施加重大影响。

③与被投资单位之间发生重要交易。有关的交易因对被投资单位的日常经营具有重要性，进而一定程度上可以影响到被投资单位的生产经营决策。

④向被投资单位派出管理人员。在这种情况下，管理人员有权利

主导被投资单位的相关活动，从而能够对被投资单位施加重大影响。

⑤向被投资单位提供关键技术资料。因被投资单位的生产经营需要依赖投资方的技术或技术资料，表明投资方对被投资单位具有重大影响。

需要注意的是，企业持有的对被投资单位不具有控制、共同控制或重大影响，且在活跃市场中没有报价、公允价值不能可靠计量的权益性投资属于金融资产核算范围。

【考点2】长期股权投资的初始计量

长期股权投资在取得时，应按初始投资成本入账。长期股权投资的初始投资成本，应分企业合并和非企业合并两种情况确定。

1）控股合并形成的长期股权投资

企业合并是指将两个或两个以上的企业合并形成一个报告主体的交易或事项。根据参与合并的企业在合并前后是否受同一方或相同的多方最终控制，分为同一控制下的企业合并与非同一控制下的企业合并。对于企业合并形成的长期股权投资的初始投资成本应分情况进行相应处理：

（1）同一控制下企业控股合并形成的长期股权投资

同一控制下的企业合并是指参与合并的各方在合并前后均受同一方或相同多方的最终控制，且该控制并非暂时性的。同一控制下企业合并的特点是合并双方的合并行为不完全是自愿进行和完成的，在合并前后均受同一方或相同多方的最终控制，这种企业合并行为不属于市场交易行为，其初始成本不遵循公允价值计价原则，而是参与合并各方资产和负债的重新组合。合并方对被合并方的长期股权投资，其成本代表的是在被合并方账面所有者权益中享有的份额。因此，同一控制下企业合并形成的长期股权投资，其初始成本是按照在被合并方所有者权益账面价值中所持有股份份额进行计算的。

①合并方以支付现金、转让非现金资产或承担债务方式作为合并对价的，应当在合并日按照被合并方所有者权益在最终控制方合并财务报表中的账面价值的份额作为长期股权投资的初始投资成本。被合并方在合并日的净资产账面价值为负数的，长期股权投资成本按零确

定，同时在备查账中予以登记。长期股权投资初始投资成本与支付的现金、转让的非现金资产以及所承担债务账面价值之间的差额，应当调整资本公积（资本溢价或股本溢价）；资本公积不足冲减的，调整留存收益。

具体会计处理为，合并方在合并日按照取得被合并方所有者权益账面价值的份额，借记“长期股权投资”科目，按应享有被投资单位已宣告但尚未发放的现金股利或利润，借记“应收股利”科目，按支付的合并对价的账面价值，贷记有关资产或借记有关负债科目。对于差额，如为贷方差额，贷记“资本公积——资本溢价或股本溢价”科目；如为借方差额，应借记“资本公积——资本溢价或股本溢价”科目。资本公积（资本溢价或股本溢价）不足冲减的，则接下来依顺序借记“盈余公积”“利润分配——未分配利润”科目。

②合并方以发行权益性证券等方式作为合并对价取得被合并方的股权，应在合并日按照取得被合并方所有者权益账面价值的份额作为长期股权投资的初始投资成本，并按照发行权益性证券的面值总额作为股本，对于长期股权投资初始投资成本与所发行权益性证券面值总额之间的差额，应当调整资本公积（资本溢价或股本溢价）；资本公积（资本溢价或股本溢价）不足冲减的，调整留存收益。

具体会计处理为，在合并日按照取得被合并方所有者权益账面价值的份额，借记“长期股权投资”科目；按照发行股份的面值总额作为股本，贷记“股本”科目；按照长期股权投资初始投资成本与所发行股份面值总额之间的差额，调整资本公积，如为贷方差额，应贷记“资本公积——资本溢价或股本溢价”科目，如为借方差额，应借记“资本公积——资本溢价或股本溢价”科目，资本公积不足冲减的，依次借记“盈余公积”“利润分配——未分配利润”科目。

需要注意的是，在按照合并日应享有被合并方所有者权益账面价值的份额确定长期股权投资的初始投资成本时，对于被合并方账面所有者权益，应当在考虑以下几个因素的基础上计算确定形成长期股权投资的初始投资成本：

第一，被合并方与合并方的会计政策、会计期间是否一致。如果合并前合并方与被合并方的会计政策、会计期间不同，应基于重要性原则，首先按照合并方的会计政策、会计期间对被合并方资产、负债的账面价值进行调整，在此基础上计算确定被合并方的账面所有者权益，并计算确定长期股权投资的初始投资成本。

第二，被合并方账面所有者权益是指被合并方的所有者权益相对于最终控制方而言的账面价值。也就是说，同一控制的企业合并形成的长期股权投资，其初始投资成本是合并日按照持股比例与被合并方所有者权益在最终控制方合并财务报表上的账面价值中享有的份额计算的结果。

第三，形成同一控制下控股合并的长期股权投资，如果子公司按照改制时确定的资产、负债经评估确认的价值调整资产、负债账面价值的，合并方应当按照取得子公司经评估确认的净资产的份额作为长期股权投资的初始投资成本。

③通过多次交换交易，分步取得股权最终形成控股合并的，在个别财务报表中，应当以持股比例计算的合并日应享有被合并方账面所有者权益份额作为该项投资的初始投资成本。初始投资成本与其原长期股权投资账面价值加上合并日为取得新的股份所支付对价的公允价值之和的差额，调整资本公积（资本溢价或股本溢价），资本公积不足冲减的，冲减留存收益。

④在企业合并中，合并方发生的审计、法律服务、评估咨询等中介费用以及其他相关管理费用，应当于发生时计入当期损益，记入“管理费用”科目。

合并方发生的发行费用，如果是发行债券取得长期股权投资，则发行费用需要追加折价或冲减溢价，调整“应付债券——利息调整”科目。如果是发行权益性证券取得长期股权投资，发行费用在溢价发行下需要抵减溢价，应冲减“资本公积——股本溢价”科目，如果溢价不够抵减或是按面值发行，则冲减留存收益，即依次冲减“盈余公积”和“未分配利润”科目。

（2）非同一控制下企业控股合并形成的长期股权投资

①非同一控制下的企业合并是指参与合并的各方在合并前后不受

同一方或相同的多方最终控制。相对于同一控制下的企业合并而言，非同一控制下的企业合并是非关联企业之间的合并，是合并各方自愿进行的交易行为，作为一种公平的交易，应当以公允价值为基础进行计量。

对于非同一控制下的控股合并，购买方应当按照确定的企业合并成本作为长期股权投资的初始投资成本。企业合并成本包括购买方付出的资产、发生或承担的负债、发行的权益性证券的公允价值之和。

具体进行会计处理时，对于形成非同一控制下控股合并的长期股权投资，应在购买日按企业合并成本（不含应自被投资单位收取的现金股利或利润），借记“长期股权投资”科目，按享有被投资单位已宣告但尚未发放的现金股利或利润，借记“应收股利”科目，按支付合并对价的账面价值，贷记有关资产等科目，按其差额，贷记“营业外收入”或“投资收益”科目，或借记“营业外支出”或“投资收益”科目。

非同一控制下控股合并涉及以库存商品等作为合并对价的，应当视同销售处理，按照公允价值确认销售收入（库存商品贷记“主营业务收入”科目，材料类存货贷记“其他业务收入”科目），同时结转销售成本，相当于按照公允价值确认的收入和按账面价值结转的成本之间的差额，即换出资产公允价值和换出资产账面价值的差额，在利润表中作为营业利润的构成部分予以列示。

换出资产为固定资产、无形资产的，换出资产公允价值和换出资产账面价值的差额，贷记或借记“营业外收入”或“营业外支出”科目。

可供出售金融资产持有期间公允价值变动形成的其他综合收益应一并转入投资收益，借记“其他综合收益”科目，贷记“投资收益”科目。

企业合并发生的审计费用、法律服务费用、咨询费用和评估费列入合并方的管理费用，按发生的直接相关费用，借记“管理费用”科目，贷记“银行存款”等科目。

合并方发生的发行费用，如果是发行债券取得长期股权投资，则发行费用需要追加折价或冲减溢价，调整“应付债券——利息调整”科目。如果是发行权益性证券取得长期股权投资，发行费用在溢价发行下需要抵减溢价，应冲减“资本公积——股本溢价”科目，如果溢价不够抵减或是按面值发行，则冲减留存收益，即依次冲减“盈余公积”和“未分配利润”科目。

②通过多次交换交易，分步取得股权最终形成企业合并的，在个别财务报表中，应当以购买日之前所持被购买方的股权投资的账面价值与购买日新增投资成本之和，作为该项投资的初始投资成本。其中，形成控股合并前对长期股权投资采用权益法核算的，购买日长期股权投资的初始投资成本为原权益法下的账面价值加上购买日为取得新的股份所支付对价的公允价值之和；形成控股合并前对长期股权投资采用公允价值计量的（例如，原分类为可供出售金融资产的股权投资），长期股权投资在购买日的初始投资成本为原公允价值计量的账面价值加上购买日取得新的股份所支付对价的公允价值之和。

购买日之前持有的股权投资因采用权益法核算而确认的其他综合收益，应当在处置该项投资时采用与被投资单位直接处置相关资产或负债相同的基础进行会计处理。购买日之前持有的股权投资按照《企业会计准则第22号——金融工具确认和计量》的有关规定进行会计处理的，原计入其他综合收益的累计公允价值变动应当在改按成本法核算时转入当期损益。

2）非企业控股合并形成的长期股权投资

除企业合并以外的其他方式取得的长期股权投资，应当按照下列规定确定其初始投资成本：

①以支付现金取得长期股权投资的，应当按照实际应支付的购买价款作为初始投资成本，包括购买过程中支付的手续费、税金等必要支出。但所支付价款中包含的被投资单位已宣告但尚未发放的现金股利或利润作为应收项目核算，不构成取得长期股权投资的成本。

②以发行权益性证券取得的长期股权投资，应当按照所发行证券的公允价值作为初始投资成本，但不包括应自被投资单位收取的已宣告但尚未发放的现金股利或利润。为发行权益性证券支付的手续费、

佣金等应自权益性证券的溢价发行收入中扣除，溢价收入不足的，应冲减盈余公积和未分配利润，而不构成长期股权投资的初始投资成本。

以债务重组、非货币性资产交换等方式取得长期股权投资的，其初始投资成本应按照有关准则规定来确定。

【考点3】长期股权投资的后续计量

1）成本法

（1）成本法的定义及适用范围

成本法是指投资按成本计价的方法。成本法适用于企业持有的、能够对被投资单位实施控制的长期股权投资，即投资方持有的对子公司的投资应采用成本法核算，投资方为投资性主体且子公司不纳入其合并财务报表的除外。

（2）成本法的核算

采用成本法核算的长期股权投资应当按照初始投资成本计价。追加或收回投资应当调整长期股权投资的成本。在追加投资时，按照追加投资支付的成本的公允价值及发生的相关交易费用增加长期股权投资的账面价值。

除取得长期股权投资时实际支付的价款或对价中包含的已宣告但尚未发放的现金股利或利润外，投资企业应当按照享有被投资单位宣告发放的现金股利或利润确认投资收益，即被投资单位宣告分派现金股利或利润的，投资方根据应享有的部分借记“应收股利”科目，贷记“投资收益”科目。

企业按照上述规定确认自被投资单位应分得的现金股利或利润后，应当考虑长期股权投资是否发生减值。在判断该类长期股权投资是否存在减值迹象时，应当关注长期股权投资的账面价值是否大于享有被投资单位净资产（包括相关商誉）账面价值的份额等情况。出现类似情况时，企业应当按照《企业会计准则第8号——资产减值》对长期股权投资进行减值测试，可收回金额低于长期股权投资账面价值的，应当计提减值准备。

子公司将未分配利润或盈余公积直接转增股本（实收资本），且未向投资方提供等值现金股利或利润的选择权时，投资方并没有获得收取现金或者利润的权利，该项交易通常属于子公司自身权益结构的重分类，投资方不应确认相关的投资收益。

2）权益法

（1）权益法的定义及适用范围

权益法是指投资以初始投资成本计量后，在投资持有期间，根据被投资单位所有者权益的变动，投资企业按享有被投资企业所有者权益的份额调整其投资账面价值的方法。

投资企业对被投资单位具有共同控制或重大影响的长期股权投资，即对合营企业投资及联营企业投资，应当采用权益法核算。

（2）权益法的核算

采用权益法核算的长期股权投资，一般的会计处理为：

①初始投资或追加投资时，按照初始投资成本或追加投资的投资成本，增加长期股权投资的账面价值。

②比较初始投资成本和投资时应享有的被投资单位可辨认净资产公允价值的份额，如果前者大于后者，不需要调整已确认的长期股权投资的账面价值。如果前者小于后者，应当按照两者之间的差额调增长期股权投资的账面价值，同时计入取得投资的当期损益，记入“营业外收入”科目。

③持有投资期间，随着被投资单位所有者权益的变动相应调整增加或减少长期股权投资的账面价值，并分别以下情况处理：对于因被投资单位实现净损益和其他综合收益变动而产生的所有者权益变动，投资方应按照所应享有的份额，增加或减少长期股权投资的账面价值，同时确认投资损益和其他综合收益；对于被投资单位宣告分派的利润或现金股利计算应分得的部分，相应减少长期股权投资的账面价值；对于被投资单位除净损益、其他综合收益以及利润分配以外的因素导致的其他所有者权益变动，相应调整长期股权投资的账面价值，同时确认资本公积（其他资本公积）。

需要注意的是，尽管在评估投资方对被投资单位是否具有重大影响时，应当考虑潜在表决权的影响，但在确定应享有的被投资单位实现的净损益、其他综合收益和其他所有者权益变动的份额时，潜在表决权所对应的份额不应予以考虑。

在持有投资期间，被投资单位编制合并财务报表的，应当以合并财务报表中净利润、其他综合收益和其他所有者权益变动中归属于被投资单位的金额为基础进行处理。

此外，如果被投资单位发行了分类为权益的可累积优先股等类似的权益工具，无论被投资单位是否宣告分配优先股股利，投资方计算应享有被投资单位的净利润时，均应将归属于其他投资方的累积优先股股利予以扣除。

（3）初始投资成本的调整

采用权益法核算，在“长期股权投资”科目下应当设置“投资成本”“损益调整”“其他综合收益”“其他权益变动”明细科目，其中：

“长期股权投资——投资成本”明细科目，反映长期股权投资的初始投资成本，以及在长期股权投资的初始投资成本小于取得投资时应享有被投资单位可辨认净资产公允价值份额的情况下，按其差额调整初始投资成本后形成的账面价值。

“长期股权投资——损益调整”明细科目，反映投资企业应享有或应分担的被投资企业实现净损益的份额，以及投资企业应获得被投资单位分派现金股利或利润的份额。

“长期股权投资——其他综合收益”明细科目，反映应享有的被投资单位实现其他综合收益的份额。

“长期股权投资——其他权益变动”明细科目，反映被投资单位除净损益、其他综合收益和利润分配以外的所有者权益的其他变动的因素。

在投资企业取得对联营企业或合营企业的投资以后，企业应按照确定的初始投资成本入账。接下来，对于取得投资时初始投资成本与应享有被投资单位可辨认净资产公允价值份额之间的差额，应分情况进行处理：

①如果长期股权投资的初始投资成本大于投资时应享有被投资单位可辨认净资产公允价值份额的，二者之间的差额在本质上是通过投

资作价体现的与所取得的股权份额相对应的商誉以及被投资单位不符合确认条件的资产价值，不需要按差额调整已确认的长期股权投资的初始投资成本。

②如果长期股权投资的初始投资成本小于投资时应享有被投资单位可辨认净资产公允价值份额的，两者之间的差额体现为双方在交易作价过程中转让方的让步，该部分经济利益流入应作为收益处理，其差额应当计入当期损益，记入“营业外收入”科目，同时调整长期股权投资的账面价值。

（4）投资损益的确认

投资企业取得长期股权投资后，应当按照应享有或应分担被投资单位实现净利润或发生净亏损的份额，调整长期股权投资的账面价值，并确认为当期投资收益。

在确认应享有或应分担被投资单位的净利润或净亏损时，在被投资单位账面净利润的基础上，应考虑以下因素的影响进行适当调整：

①被投资单位采用的会计政策和会计期间与投资企业不一致的，应根据重要性原则，按照投资方的会计政策和会计期间对被投资单位的财务报表进行调整，在此基础上确定被投资单位的损益。

②以取得投资时被投资单位固定资产、无形资产的公允价值为基础计提的折旧额或摊销额，以及以投资企业取得投资时的公允价值为基础计算确定的资产减值准备金额等对被投资单位净利润的影响。

被投资单位个别利润表中的净利润是以其持有的资产、负债账面价值为基础持续计算的，而投资方在取得投资时，是以被投资单位有关资产、负债的公允价值为基础确定投资成本，取得投资后应确认的投资收益代表的是被投资单位资产、负债在公允价值计量的情况下在未来期间通过经营产生的损益中归属于投资方的部分。投资方取得投资时，被投资单位有关资产、负债的公允价值与其账面价值不同的，未来期间，在计算归属于投资方应享有的净利润或应承担的净亏损时，应以投资时被投资单位有关资产对投资企业的成本即取得投资时的公允价值为基础计算确定，从而产生了需要对被投资单位账面净利润进行调整的情况。

投资方在对被投资单位的净利润进行调整时，应考虑重要性原则，不具有重要性的项目可不予调整。具体符合如下条件之一的，可按被投资方账面净利润认定投资收益，同时应在财务报表附注中说明不能按照准则规定进行核算的原因：

第一，投资企业无法合理确定取得投资时被投资方各项可辨认资产等的公允价值；

第二，投资时被投资方可辨认净资产的公允价值与账面价值相比，两者之间的差额不具有重要性；

第三，其他原因导致无法取得被投资方的有关资料，不能按照准则中规定的原则对被投资方的净损益进行调整的。

具体会计处理如下：应当按照享有或应分担的以被投资单位有关资产、负债的公允价值为基础实现的净利润的份额，确认为投资收益并调整长期股权投资的账面价值，借记“长期股权投资——损益调整”科目，贷记“投资收益”科目。

③在确认投资收益时，除考虑公允价值的调整以外，对于投资方与其联营企业及合营企业之间发生的未实现内部交易损益应予抵销，即投资方与联营企业及合营企业之间发生的未实现内部交易损益按照应享有的比例计算归属于投资方的部分，应当予以抵销，在此基础上确认投资损益。投资方与被投资单位发生的内部交易损失，按照资产减值准则等规定属于资产减值损失的，应当全额确认。投资企业对于纳入其合并范围内的子公司及其联营企业及合营企业之间发生的内部交易损益，也应当按照上述原则进行抵销，在此基础上确认投资损益。

应当注意的是，未实现内部交易损益的抵销既包括顺流交易也包括逆流交易。其中，顺流交易是指投资企业向联营企业或合营企业出售资产，逆流交易是指联营企业或合营企业向投资企业出售资产。当未实现内部交易损益体现在投资企业或其联营企业、合营企业持有的资产账面价值中时，相关的损益在计算确认投资损益时应予抵销。

第一，对于联营企业或合营企业向投资方投出或出售资产的逆流交易，在该交易存在未实现内部交易损益的情况下（即有关资产未对外部独立第三方出售或未被消耗），投资方在采用权益法计算确认应享有联营企业或合营企业的投资损益时，应抵销该未实现内部交易损益的影响。当投资企业自其联营企业或合营企业购买资产时，在将该资产出售给外部独立的第三方之前，不应确认联营企业或合营企业因该交易产生的损益中本企业应享有的部分。

因逆流交易产生的未实现内部交易损益，在未对外部独立第三方出售之前，体现在投资企业持有资产的账面价值中。投资企业对外编制合并财务报表的，应在合并财务报表中对长期股权投资及包含未实现内部交易损益的资产账面价值进行调整，抵销有关资产账面价值中包含的未实现内部交易损益，并相应调整对联合企业或合营企业的长期股权投资。

第二，对于投资企业向联营企业或合营企业投出或出售资产的顺流交易，在该交易存在未实现内部交易损益的情况下（即有关资产未对外部独立第三方出售或未被消耗），投资方在采用权益法计算确认应享有联营企业或合营企业的投资损益时，应抵销该未实现内部交易损益的影响，同时调整对联营企业或合营企业长期股权投资的账面价值。当投资企业向联营企业或合营企业出售资产，同时有关资产由联营企业或合营企业持有时，投资方因出售资产应确认的损益仅限于与联营企业或合营企业其他投资者交易的部分，即在顺流业务中，投资方投出资产或出售资产给其他联营企业或合营企业产生的损益中，按照持股比例计算确定归属于本企业的部分不予确认。

④对于被投资方发生盈亏时投资方具体的会计处理如下：

第一，被投资方实现盈利时投资方的会计处理：当被投资方实现盈余时，首先需要把按照被投资企业的资产、负债账面价值计算的净利润调整为按照资产、负债公允价值计算的净利润，再以此净利润乘以投资方的持股比例计算投资收益额。

第二，被投资方发生亏损时投资方的会计处理：投资企业确认被投资单位发生的净亏损，原则上应以长期股权投资及其他实质上构成对被投资单位净投资的长期权益减记至零为限，投资企业负有承担额外损失义务的除外。

投资企业首先需要把按照被投资企业的资产、负债账面价值计算的净亏损调整为按照资产、负债公允价值计算的净亏损，再以此净亏损乘以投资方的持股比例计算投资损失额，并应当以长期股权投资的账面价值以及其他实质上构成对被投资单位净投资的长期权益（通常是指长期应收款）减记至零为限，投资企业负有承担额外损失义务的除外。因此，在确认应分担被投资单位发生的亏损时，应当按照以下顺序进行处理：

首先，冲减长期股权投资的账面价值。

其次，如果长期股权投资的账面价值不足以冲减，考虑是否有其他构成长期权益的项目，如果有则应当以其他实质上构成对被投资单位净投资的长期权益账面价值为限，继续确认投资损失，冲减长期应收项目的账面价值。

最后，在进行上述处理后，在其他实质上构成对被投资单位长期权益的价值也减记至零的情况下，按照投资合同或协议约定，投资企业仍承担额外损失赔偿义务的，应按预计承担的义务确认预计负债，计入当期投资损失。

企业在会计处理时，当发生投资损失时，应借记“投资收益”科目，贷记“长期股权投资——损益调整”科目。在长期股权投资的账面价值减记至零以后，考虑其他实质上构成对被投资单位净投资的长期权益，继续确认投资损失，应借记“投资收益”科目，贷记“长期应收款”等科目；因投资合同或协议约定导致投资企业需要承担额外义务的，按照或有事项准则的规定，对于符合确认条件的义务，应确认为当期损失，同时确认预计负债，借记“投资收益”科目，贷记“预计负债”科目。除上述情况仍未确认的应分担被投资单位的损失，应在账外登记备查，不再予以确认。

被投资单位以后期间实现盈利的，扣除未确认的亏损分担额后，应按与上述顺序相反的顺序处理，减记已确认预计负债的账面余额、恢复其他长期权益以及长期股权投资的账面价值，同时确认投资收益，即应当按照顺序分别借记“预计负债”“长期应收款”“长期股权投资”等科目，贷记“投资收益”科目。

投资企业在确认应享有被投资单位净损益的份额时，均应当以取得投资时被投资单位各项可辨认资产等的公允价值为基础，对被投资单位的净利润进行调整后确认。

（5）取得现金股利或利润的会计处理

被投资企业分配现金股利或利润时其所有者权益相应减少。投资企业自被投资单位按享有的比例或份额应获得的现金股利或利润抵减长期股权投资的账面价值，借记“应收股利”科目，贷记“长期股权投资——损益调整”科目。投资企业自被投资单位取得的现金股利或利润超过已确认损益调整的部分应视同投资成本的收回，冲减长期股权投资的账面价值，借记“应收股利”科目，贷记“长期股权投资——投资成本”科目。

如果被投资单位分派的是股票股利，投资企业不进行账务处理，但应于除权日注明所增加的股份数，以反映股份的变化情况。

（6）其他综合收益的会计处理

被投资单位其他综合收益发生变动的，也会影响被投资单位所有者权益总额，进而影响投资企业应享有被投资单位所有者权益的份额。因此，当被投资单位其他综合收益发生变动时，投资方应当按照归属于本企业的部分，相应调整长期股权投资的账面价值，同时增加或减少其他综合收益，借记“长期股权投资——其他综合收益”科目，贷记“其他综合收益”科目，或反之。

（7）所有者权益的其他变动的会计处理

被投资单位除净损益、其他综合收益以及利润分配以外的所有者权益的其他变动的因素，主要包括被投资单位接受其他股东的资本性投入、被投资单位发行可分离交易的可转债中包含的权益成分、以权益结算的股份支付、其他股东对被投资单位增资导致投资方持股比例变动等。投资方应按所持股权比例计算应享有的份额，调整长期股权投资账面价值，同时计入资本公积，其会计处理为，借记“长期股权投资——其他权益变动”科目，同时贷记“资本公积——其他资本公积”科目，并在备查簿中予以登记。投资方在后续处置股权投资但对剩余股权仍采用权益法核算时，应按处置比例将这部分资本公积转入当期投资收益；对剩余股权终止权益法核算时，将这部分资本公积全部转入当期投资收益。

【考点4】长期股权投资的减值

每年年末，企业应对长期股权投资的账面价值进行减值测试。长期股权投资在按照规定进行核算确定其账面价值的基础上，如果存在减值迹象的，应当按照相关准则的规定计提减值准备。

如果长期股权投资可收回金额的计量结果表明其可收回金额低于账面价值，说明长期股权投资已经发生减值损失，应当将其账面价值减记至可收回金额，借记“资产减值损失”科目，贷记“长期股权投资减值准备”科目。可收回金额应当根据长期股权投资的公允价值减去处置费用后的净额与长期股权投资预计未来现金流量的现值两者之间较高者确定。

长期股权投资的减值准备一经确认，以后会计期间不允许转回。

【考点5】成本法转换为权益法

投资企业因处置投资导致对被投资单位的影响能力下降，由能够实施控制转为具有重大影响，或是与其他投资方一起实施共同控制的情况下，在投资企业的个别报表中，首先应按处置或收回投资的比例结转应终止确认的长期股权投资成本。在此基础上，应当比较剩余长期股权投资成本与按照剩余持股比例计算原投资时应享有被投资单位可辨认净资产公允价值的份额，前者大于后者的，属于投资作价中体现的商誉部分，不调整长期股权投资的账面价值；前者小于后者的，在调整长期股权投资成本的同时，调整留存收益。

接下来的会计处理为：

①对于原取得投资时至处置投资时（即转为权益法核算）之间被投资单位实现净损益中投资方应享有的份额，应调整长期股权投资的账面价值，同时，对于原取得投资时至处置投资当期期初被投资单位实现的净损益（扣除已宣告发放的现金股利和利润）中应享有的份额，调整留存收益；对于处置投资当期期初至处置投资之日被投资单位实现的净损益中享有的份额，调整当期损益。

②对于被投资单位其他综合收益变动中应享有的份额，在调整长

期股权投资账面价值的同时，应当计入其他综合收益。

③除净损益、其他综合收益和利润分配外的其他原因导致被投资单位其他所有者权益变动中应享有的份额，在调整长期股权投资账面价值的同时，应当计入资本公积（其他资本公积）。

【考点6】公允价值计量转换为权益法的核算

投资企业对原持有的被投资单位的股权（不具有控制、共同控制或重大影响的），按照金融工具确认和计量准则进行会计处理的，因追加投资等原因导致持股比例上升，使其能够对被投资单位实施共同控制或重大影响而转按权益法核算的，应在转换日，投资企业按照原股权投资的公允价值加上为取得新增投资而应支付对价的公允价值，作为改按权益法核算的初始投资成本。原持有的股权投资分类为可供出售金融资产的，其公允价值与账面价值之间的差额，以及原计入其他综合收益的累计公允价值变动应当转入改按权益法核算的当期损益。

在此基础上，比较上述计算所得的初始投资成本与按照追加投资后全新的持股比例计算确定的应享有被投资单位在追加投资日可辨认净资产公允价值份额之间的差额，前者大于后者的，不调整长期股权投资的账面价值；前者小于后者的，差额应调整长期股权投资的账面价值，并计入当期营业外收入。

【考点7】权益法转换为公允价值计量的核算

投资企业原持有的对被投资单位具有共同控制或重大影响的长期股权投资，因部分处置等原因导致持股比例下降，不能再对被投资单位实施共同控制或重大影响的，应于丧失共同控制或重大影响之日，改按金融工具确认和计量准则的规定对剩余股权进行会计处理，即对剩余股权在改按公允价值计量时，公允价值与其原账面价值之间的差额计入当期损益。具体会计处理为，按照原持有的股权投资的公允价值借记“可供出售金融资产”等科目，按照原持有的股权投资的账面价值贷记“长期股权投资”科目，将其差额记入“投资收益”科目。

同时，原采用权益法核算的相关其他综合收益应当在终止采用权益法核算时，采用与被投资单位直接处置相关资产或负债相同的基础进行会计处理；因被投资单位除净损益、其他综合收益和利润分配以外的其他所有者权益变动而确认的所有者权益，应当在终止采用权益法时全部计入当期损益。具体会计处理为，借记“其他综合收益”“资本公积——其他资本公积”等科目，贷记“投资收益”科目。

【考点8】成本法转换为公允价值计量的核算

投资企业原持有被投资单位的股份达到控制，其后因部分处置等原因导致持股比例下降，不能再对被投资单位实施控制的，应将剩余股权改按金融工具确认和计量准则的要求进行会计处理，并于丧失控制权日将剩余股权按公允价值重新计量，公允价值与其账面价值的差额计入当期损益。

【考点9】长期股权投资的处置

企业处置长期股权投资时，应相应结转与所售股权相对应的长期股权投资的账面价值，出售所得价款与处置长期股权投资账面价值之间的差额，应确认为处置损益。

采用权益法核算的长期股权投资，原计入其他综合收益（不能结转损益的除外）或资本公积（其他资本公积）中的金额，在处置时亦应进行结转，将与所出售相对应的部分在处置时自其他综合收益或资本公积转入当期损益。

7.7 固定资产

【考点1】固定资产初始计量

1）固定资产初始计量的原则

固定资产初始计量，是指确定取得固定资产的入账价值。依据固定资产准则的规定，固定资产应当按照成本进行初始计量。其成本包括为购建某项固定资产，使之达到预定可使用状态所发生的一切合理的、必要的支出。

2）主要会计科目

企业为了对固定资产取得成本进行核算，一般应设置的主要会计科目有“固定资产”“工程物资”“在建工程”等。

①“固定资产”科目，用来核算企业固定资产的原价。该科目借

方登记企业增加的固定资产原价，贷方登记企业减少的固定资产原价，期末借方余额，反映企业期末固定资产的账面原价。

②“工程物资”科目，用来核算企业为基建工程等而准备的各种物资的实际成本。该科目的借方登记企业购入工程物资的实际成本，贷方登记领用工程物资的实际成本，期末借方余额反映企业为工程购入但尚未领用的专用物资的实际成本。

③“在建工程”科目，用来核算企业进行建造工程、安装工程等发生的实际支出，包括需要安装的设备的价值。该科目的借方登记企业各项在建工程的实际支出，贷方登记完工工程转出的实际支出，期末借方余额反映企业尚未完工的在建工程发生的实际支出。

3）固定资产取得成本的确定及其账务处理

在实务中，由于固定资产取得方式或渠道的不同，其成本具体构成内容也不尽相同，如外购、自行建造、投资者投入、非货币性资产交换、债务重组、融资租赁等，导致其成本确认与账务处理也不尽相同。

（1）外购固定资产

①外购固定资产成本的确定

外购固定资产的成本包括购买价款、相关税费、使固定资产达到预定可使用状态前所发生的可归属于该项资产的运输费、装卸费、安装费和专业人员服务费等。

企业购入的固定资产分为需要安装的固定资产和不需要安装的固定资产。购入不需要安装的固定资产的取得成本是企业按实际支付的买价、相关税费（不包含可以抵扣的进项税额）+包装费、运杂费、保险费、专业人员服务费等，作为成本确认入账。购入需要安装的固定资产的取得成本是在不需要安装的固定资产取得成本的基础上，再加上安装调试成本等。

②外购固定资产的账务处理

企业购入不需要安装的固定资产，其账务处理是：按应计入固定资产成本的金额，借记“固定资产”等科目，贷记“银行存款”“应付账款”“应付票据”等科目；企业购入需要安装的固定资产，其账务处理是：按应计入固定资产成本的金额，先记入“在建工程”科目，安装完毕达到预定可使用状态时转入“固定资产”等科目。企业购入固定资产，可以抵扣的进项税额应当比照购入原材料可抵扣进项税额的账务处理方法进行处理，即借记“应交税费——应交增值税（进项税额）”等科目，贷记“银行存款”“应付账款”“应付票据”等科目。

③需要注意的问题

企业外购固定资产，当一笔款项购入多项没有单独标价的固定资产，应按各项固定资产公允价值比例对总成本进行分配，分别确定各固定资产的入账价值。

另外，企业购买固定资产通常是在正常信用条件期限（通常为3年）内付款，但也会发生非正常信用条件购买固定资产的经济业务，如采用分期付款购买固定资产，且合同规定的付款期限较长，超过了正常信用条件。在这种情况下，该购货合同具有融资性质，固定资产的成本不能以各期付款额之和确定，应以各期付款额的现值之和，即按照各期支付的价款选择恰当的折现率进行折现后的金额加以确定。折现率是反映当前市场货币时间价值和延期付款债务特定风险的利率。折现率实质上是供货企业的必要报酬率。各期实际支付的价款之和与其现值之间的差额，在固定资产达到预定可使用状态之前符合《企业会计准则第17号——借款费用》中规定的资本化条件的，应当通过在建工程计入固定资产成本，其余部分应当在信用期间内确认为财务费用，计入当期损益。其账务处理为：购入固定资产时，按购买价款的现值，借记“固定资产”或“在建工程”等科目，按应支付的金额，贷记“长期应付款”科目，按其差额，借记“未确认融资费用”科目。

（2）自行建造固定资产

企业自行建造固定资产，可分为自营工程和出包工程两种方式。

①自营工程

自营工程是指企业自己建造固定资产的工程，其成本应当按照建造该项固定资产达到预定可使用状态前所发生的必要支出确定。必要支出包括工程用物资成本、人工成本、缴纳的相关税费、应予资本化的借款费用以及应分摊的间接费用。

企业自营方式建造的固定资产，主要通过“工程物资”“在建工程”等账户进行核算。需要说明的是：

第一，购入工程物资所支付的增值税进项税额，是否应计入工程成本，取决于自营工程是否属于增值税应税项目，如果其属于增值税应税项目，进项税额可抵扣，不计入工程成本；如果其属于非增值税应税项目，进项税额不得抵扣，应将其计入工程成本（这还看我国营改增是否彻底的问题）。

第二，工程领用生产用外购存货，其进项税额是否转出并计入工程成本，道理与第一条相同，在此不赘述。

第三，工程领用自制半成品和产成品，按成本和售价计算销项税额一并计入工程成本。

第四，试运转发生的成本和收入，计入工程成本，即试车费用直接计入在建工程成本，试车过程中生产的、能对外销售的产品应按实际销售收入或预计售价冲减在建工程成本。

第五，工程物资的盘亏或盘盈的处理。建设期间发生的工程物资盘亏、报废及毁损，减去残料价值以及保险公司、过失人等赔款后的净损失，计入所建工程项目的成本；盘盈的工程物资或处置净收益，冲减所建工程项目的成本。工程完工后发生的工程物资盘盈、盘亏、报废及毁损，计入当期损益。

第六，剩余工程物资的处理。工程完工后剩余的工程物资转为企业的存货，按其实际成本或计划成本结转。如果工程物资中含有进项税额，应予以抵扣（即借记“应交税费——应交增值税（进项税额）”）。

第七，符合资本化条件，应计入所建造固定资产成本的借款费用按照《企业会计准则第17号——借款费用》的有关规定处理。

第八，固定资产已达到预定可使用状态，但尚未办理竣工决算的，固定资产应按暂估价值入账，并按规定计提折旧。待工程办理竣工决算手续后，对原暂估价值进行调整，不再调整已经计提的折旧额。

第九，高危行业企业按照国家规定提取的安全生产费的处理。企业提取安全生产费时，应计入生产成本（或当期损益），并同时记入“专项储备”科目。企业使用提取的安全费用时，属于费用性支出，直接冲减专项储备；企业使用提取的安全生产费形成固定资产的，应当通过“在建工程”科目归集所发生的支出，待安全项目完工达到预定可使用状态时确认为固定资产。同时，按照形成固定资产的成本冲减专项储备，并确认相同金额的累计折旧。该固定资产在以后期间不再计提折旧。

②出包工程

出包工程是指企业通过招标等方式将工程项目发包给建造商，由建造商组织施工的建筑工程和安装工程。企业通过出包工程方式建造的固定资产，按应支付给承包单位的工程价款作为该固定资产的成本。

企业采用出包方式建造固定资产，其工程的具体支出在承包单位核算。“在建工程”科目实际成为企业与承包单位的结算科目（也可以通过“预付账款”科目核算）。预付及补付工程款时，借记“在建工程”科目，贷记“银行存款”等科目；出包工程在达到预定可使用状态前应负担的长期负债利息（应予资本化的部分），应计入工程成本，借记“在建工程”科目，贷记“长期借款”等科目；工程达到预定可使用状态时，按照工程实际成本，借记“固定资产”科目，贷记“在建工程”科目。

企业采用出包方式建造固定资产发生的、需要分摊计入固定资产价值的待摊支出，应按下列公式进行分摊：

$$\text{待摊支出分配率}=\text{累计发生的待摊支出}\div(\text{建筑工程支出}+\text{安装工程支出}+\text{在安装设备支出})\times 100\%$$

$$\text{某工程应分配的待摊支出}=(\text{建筑工程支出}+\text{安装工程支出}+\text{在安装设备支出})\times \text{分配率}$$

（3）投资者投入固定资产的成本

①投资者投入固定资产成本的确定

投资者投入固定资产的成本，应当按照投资合同或协议约定的价值确定，但合同或协议约定价值不公允的除外。合同或协议约定的价值不公允的，应当按照公允价值计价入账。

②投资者投入固定资产的账务处理

企业收到投资者投入的固定资产，按照投资合同或协议约定的价值，借记“固定资产”“工程物资”等科目，按照专用发票上注明的增值税税额，借记“应交税费——应交增值税（进项税额）”科目，按照增值税与固定资产价值的合计数，贷记“实收资本”等科目。如果确认的价值大于投资方在企业注册资本中享有的份额，其差额应记入“资本公积”科目。

【考点2】固定资产折旧

1）固定资产折旧范围

除已提足折旧继续使用的固定资产、单独计价入账的土地外，企业应当对所有的固定资产计提折旧。

在确定固定资产计提折旧的范围时，还应注意下列几点：

①企业应当按月计提固定资产折旧，并根据用途计入相关资产的成本或者当期损益。为了简化核算，当月增加的固定资产，当月不计提折旧，从下月起计提折旧；当月减少的固定资产，当月仍计提折旧，从下月起停止计提折旧。

②固定资产提足折旧后，不管能否继续使用，均不再计提折旧。提足折旧是指已经提足该项固定资产应提的折旧总额。

③对于提前报废的固定资产，不再补提折旧。

④企业新建或改扩建的固定资产，已达到预定可使用状态的，如果尚未办理竣工决算，应当按照估计的价值暂估入账，并计提折旧，待办理了竣工决算手续后，将原来暂估价值调整为实际成本，原已计提的折旧额不需调整。

2）固定资产折旧方法

企业应当根据固定资产所含经济利益的预期实现方式，合理选择折旧方法。按照企业会计准则的规定，企业可选择的折旧方法包括年限平均法、工作量法、双倍余额递减法和年数总和法等。

（1）年限平均法和工作量法

通常将年限平均法和工作量法称为平均折旧法，采用平均折旧法计提折旧，将固定资产的价值平均分摊到其使用的各个会计期间或完成的工作量中，该类方法简单易行，便于理解。

①年限平均法

年限平均法又称直线法，是将固定资产的折旧均衡地分摊到各期的一种方法。采用这种方法计算的每期折旧额均是等额的。计算公式如下：

年折旧率=（1－预计净残值率）÷预计使用年限（年）×100%

月折旧率=年折旧率÷12

月折旧额=固定资产原价×月折旧率

预计净残值率=固定资产净残值÷固定资产原值×100%

②工作量法

工作量法是根据实际工作量计提折旧额的一种方法。这种方法可以弥补平均年限法只重视使用时间，不考虑使用强度的缺点。计算公式为：

单位工作量折旧额=固定资产原价×（1−预计净残值率）÷预计总工作量

某项固定资产月折旧额=该项固定资产当月工作量×单位工作量折旧额

应当注意的问题：采用工作量法，不同的固定资产应按不同的工作量标准计算折旧，如机器设备应按工作小时数计算折旧，运输工具应按行驶里程（公里）数计算折旧，建筑施工机械应按工作台班时数计算折旧等。

（2）双倍余额递减法和年数总和法

通常将双倍余额递减法和年数总和法称为加速折旧法或递减折旧法。采用该类折旧方法是在固定资产有效使用年限的前期多提折旧，后期少提折旧，从而相对加快折旧的速度，以使固定资产成本在有效使用年限中加快得到补偿。

①双倍余额递减法

双倍余额递减法是在不考虑固定资产净残值的情况下，根据每期期初固定资产账面净值和双倍的直线法折旧率计算固定资产折旧的一种方法。计算公式如下：

年折旧率=2÷预计的折旧年限×100%

月折旧率=年折旧率÷12

月折旧额=固定资产账面净值×月折旧率

采用双倍余额递减法计提折旧，一般不考虑固定资产的预计净残值。

必须注意的问题：在预计使用年限结束时，应避免净值大于预计净残值，少计提折旧，因此在固定资产使用的最后几年，如果某年按双倍余额递减法计提的折旧额小于该年剩余年限内按年限平均法计提的折旧额时，则该年应将双倍余额递减法转换为年限平均法计提折旧。方法的转换应满足的条件是：

固定资产期初净值×双倍直线折旧率＜（固定资产期初净值－预计净残值）÷剩余年限

需要说明的是：在双倍余额递减法下，所举的例子都是按年次计算折旧额。但是，按照企业会计准则的规定，企业应当按月计提折旧，那么实务中惯用的做法是：如果某项固定资产是从某年年初开始计提折旧，就将各年次的折旧额在该年的12个月内平均摊销；如果固定资产是从某年度中间的某个月份开始计提折旧，那么从该月份起开始计算，以12个月为1个年次，各个年次的折旧额跨年度平均分配，以此类推，直至固定资产使用寿命结束。

②年数总和法

年数总和法也称为合计年限法，是将固定资产原值减去净残值后的净额和以一个逐年递减的分数计算每年的折旧额，这个分数的分子代表固定资产尚可使用的年数，分母代表使用年数的逐年数字总和。计算公式为：

年折旧率=尚可使用年限÷预计使用年限的年数总和

或　　=（预计使用年限－已使用年限）÷［预计使用年限×（预计使用年限+1）÷2］×100%

月折旧率=年折旧率÷12

月折旧额=（固定资产原值－预计净残值）×月折旧率

【考点3】固定资产的后续支出

固定资产的后续支出的处理原则是：符合固定资产确认条件的，应当计入固定资产的成本；不符合固定资产确认条件的，应当计入当期损益。

1）资本化的后续支出

与固定资产有关的后续支出，如果使可能流入企业的经济利益超过了原先的估计，如延长了固定资产的使用寿命，或者是产品质量实质性提高，或者是产品成本实质性降低，或者产品品种、性能、规格等发生良好变化，或者企业经营管理环境或条件得以改善，则应当计入固定资产账面价值，其增计后的金额不应超过该固定资产的可收回金额，超过部分应计入当期损益。

企业固定资产发生应予资本化的后续支出时，一般应将该固定资产的原价、已计提的累计折旧和减值准备转销，将固定资产的账面价值转入在建工程，并停止计提折旧。发生的后续支出通过“在建工程”科目核算。在固定资产更新改造完工并达到预定可使用状态时，再从在建工程转为固定资产，并按重新确定的使用寿命、预计净残值和折旧方法计提折旧。

需要注意的问题：

第一，如果企业发生的某些固定资产的后续支出可能涉及替换原固定资产的某组成部分，当发生的后续支出符合固定资产确认条件时，应将其计入固定资产成本，同时将被替换部分的账面价值扣除。这样可以避免将替换部分的成本和被替换部分的成本同时计入固定资产成本，导致固定资产成本虚高。

第二，对于以经营租赁方式租入的固定资产发生的改良支出，也应予资本化，作为长期待摊费用（借记“长期待摊费用”科目，贷记“银行存款”“原材料”等科目），并在剩余租赁期内进行摊销（借记“制造费用”“管理费用”“销售费用”等科目，贷记“长期待摊费用”科目）。

2）费用化的后续支出

与固定资产有关的后续支出，不符合固定资产的确认条件的（固定资产的确认条件见前面相关内容，在此不赘述），应当根据不同的情况分别在发生时计入当期损益（管理费用或销售费用）。

由于固定资产日常修理费用、大修理费用等支出，只是为了保证固定资产的正常工作状态，一般不产生未来的经济利益，因此，不符合固定资产确认的条件，在发生时直接计入当期损益。

按照企业会计准则的规定，企业生产车间和行政管理部门等发生的固定资产修理费等费用化的后续支出应记入“管理费用”；企业专设销售机构发生的固定资产修理等费用化的后续支出应记入“销售费用”。对于处于修理、更新改造过程而停止使用的固定资产，如果其修理、更新改造支出不满足固定资产的确认条件，在发生时也应直接计入当期损益。

7.8 无形资产

【考点1】研究开发费用的确认与计量

1）研究阶段与开发阶段的划分

按照无形资产准则的规定，企业内部研究开发项目的支出，应当区分研究阶段支出与开发阶段支出，分别进行处理。关于研究阶段与开发阶段的具体划分，企业应当根据自身实际情况以及相关信息加以判断。

（1）研究阶段的界定

研究阶段是指为获取新的技术和知识等进行的有计划的调查，如意在获取知识而进行的活动、研究成果或其他知识的应用研究、评价和最终选择，材料、设备、产品、工序、系统或服务替代品的研究，以及新的或经改进的材料、设备、产品、工序、系统或服务的可能替代品的配制、设计、评价和最终选择等。

（2）开发阶段的界定

开发阶段是指在进行商业性生产或使用前，将研究成果或其他知识应用于某项计划或设计，以生产出新的或具有实质性改进的材料、装置、产品等。

2）内部研究开发费用的确认

（1）确认的基本原则

企业内部研究和开发无形资产，其在研究阶段的支出全部费用化，计入当期损益（管理费用）。开发阶段的支出符合条件的才能资本化，计入无形资产成本；不符合资本化条件的计入当期损益（管理费用）。如果确实无法区分研究阶段的支出和开发阶段的支出，应将其所发生的研发支出全部费用化，计入当期损益。

（2）开发阶段的支出应予以资本化的条件

在开发阶段，由于形成成果的可能性较大，如果企业能够证明所发生的开发支出满足无形资产的定义，并同时满足无形资产确认的条件，应当将所发生的开发支出资本化，确认为无形资产。开发阶段相关支出资本化的条件是：

①完成该无形资产以使其能够使用或出售在技术上具有可行性。

企业在判断无形资产的开发在技术上是否具有可行性时，应当以目前阶段的成果为基础，并提供相关证据和材料，证明企业进行开发所必需的技术条件等已经具备，不存在技术上的障碍或其他不确定性。例如，企业已经完成了全部计划、设计和测试活动，这些活动是使资产能够达到设计规划书中的功能、特征和技术所必需的活动，或经过专家鉴定等。

②具有完成该无形资产并使用或出售的意图。

企业研发项目形成成果以后，是对外出售，还是自己使用并从使用中获得经济利益，应当由企业管理层的意图而定。企业管理层应当能够说明其开发无形资产的目的，并具有完成该项无形资产开发并使其能够使用或出售的可能性。

③无形资产产生经济利益的方式包括能够证明运用该无形资产生产的产品存在市场或无形资产自身存在市场，无形资产将在内部使用的，应当证明其有用性。无形资产确认的基本条件是能够为企业带来经济利益。就该条件而言，如果有关的无形资产在形成以后，主要是用于生产新产品或形成新工艺，企业应当对运用该无形资产生产的产品的市场情况进行可靠估计，应当能够证明所生产的产品存在市场，

并能够带来经济利益的流入；如果有关的无形资产开发以后主要是用于对外出售的，则企业应当能够证明市场上存在对该类无形资产的需求，其开发以后存在外在的市场可以出售并能够带来经济利益的流入；如果无形资产开发以后，不是用于生产产品，也不是用于对外出售，而是在企业内部使用的，则企业应能够证明其对企业的有用性。

④有足够的技术、财务资源和其他资源支持，以完成该无形资产的开发，并有能力使用或出售该无形资产。该条件主要包括：

第一，为完成该项无形资产的开发具有技术上的可靠性。开发无形资产并使其形成的成果在技术上具有可靠性，是继续开发活动的关键。因此，必须有确凿证据证明企业继续开发该项无形资产有足够的技术支持和技术能力。

第二，财务资源和其他资源支持。财务资源和其他资源支持是能够完成该项无形资产开发的经济基础，因此，企业必须能够证明为完成无形资产开发所必需的财务资源和其他资源，是否足以支持完成该无形资产的开发，以及获得这些资源的相关计划等。如企业自有资金不足以提供支持，应当能够证明存在外部其他方面的资金支持，如银行等金融机构声明愿意为该无形资产的开发提供所需资金等。

第三，有能力使用或出售该项无形资产以获得收益。

⑤归属于该无形资产开发阶段的支出能够可靠地计量。

企业对于开发活动所发生的支出应单独核算，例如，直接发生的开发人员的薪酬、材料费以及相关设备折旧费等。在企业同时从事多项开发活动的情况下，所发生的支出同时用于支持多项开发活动的，应按照合理的标准在各项开发活动之间进行分配；无法合理分配的，应予以费用化，计入当期损益，不计入开发活动的成本。

3）内部开发无形资产的计量

（1）内部开发取得无形资产的成本

企业内部开发活动形成的无形资产，其成本由可直接归属于该资产的创造、生产并使该资产能够以管理层预定的方式运作的所有必要支出组成。可直接归属于该资产的成本包括：

①开发该无形资产时耗费的材料、劳务成本、注册费、在开发该

无形资产过程中使用的其他专利权和特许权的摊销、按照借款费用的处理原则可予以资本化的利息支出，以及为使该无形资产达到预定用途前所发生的其他费用。

②在开发无形资产过程中发生的除上述可直接归属于无形资产开发活动的支出外，其他销售费用、管理费用等间接费用，无形资产达到预定用途前发生的可辨认的无效和初始运作损失，为运行该无形产发生的培训支出等不构成无形资产的开发成本。

（2）内部开发无形资产的成本的相关说明

内部开发无形资产的成本仅包括在满足资本化条件的时点至无形资产达到预定用途前发生的支出总和，对于同一项无形资产在开发过程中达到资本化条件之前已经费用化计入当期损益的支出不再进行调整。

4）内部研究开发费用的核算

（1）设置的账户

为核算内部研究开发费用，企业应设置"研发支出"账户。该账户借方反映企业发生的各项研究开发项目的支出（包括资本化支出和费用化支出），贷方反映资本化转入无形资产成本的支出及费用化转入当期损益的支出，期末借方余额反映企业正在进行的无形资产研发项目满足资本化条件的支出。该账户按研发项目，分别"费用化支出""资本化支出"进行明细核算。

（2）账务处理

①企业自行开发无形资产发生的研发支出，未满足资本化条件的，借记"研发支出——费用化支出"，满足资本化条件的，借记"研发支出——资本化支出"，贷记"原材料""银行存款""应付职工薪酬"等。

②企业购买正在进行中的研究开发项目，应按确定的金额，借记"研发支出——资本化支出"，贷记"银行存款"等。以后发生的研发支出应当比照上述企业自行开发无形资产发生的研发支出的规定进行处理。

③未满足资本化条件的研发支出，年末应从"研发支出——费用

化支出”科目转入“管理费用”科目。

④研究开发项目达到预定用途形成无形资产的，应按“研发支出——资本化支出”的余额，借记“无形资产”科目，贷记“研发支出——资本化支出”。

【考点2】无形资产的后续计量

1）无形资产后续计量的原则

无形资产在初始确认和计量后，在其使用期间内，应以成本减去累计摊销额和减值准备后的余额计量。无形资产在使用过程中的累计摊销额的确定基础是估计其使用寿命，只有使用寿命有限的无形资产才需要在估计的使用寿命内采用系统合理的方法进行摊销，对于使用寿命不确定的无形资产则不需要摊销。

（1）无形资产使用寿命的估计

通常估计无形资产使用寿命应考虑的主要因素有：

①该资产通常的产品寿命周期，以及可获得的类似资产使用寿命的信息；

②技术、工艺等方面的现实情况及对未来发展的估计；

③以该资产生产的产品或服务的市场需求情况；

④现在或潜在的竞争者预期采取的行动；

⑤为维持该资产产生未来经济利益的能力预期的维护支出及企业预计支付有关支出的能力；

⑥对该资产的控制期限，对该资产使用的法律或类似限制，如特许使用期间、租赁期间等；

⑦与企业持有的其他资产使用寿命的关联性。

（2）无形资产使用寿命的确定

源自合同性权利或其他法定权利取得的无形资产，其使用寿命不应超过合同性权利或其他法定权利的期限。但如果企业使用无形资产的预期期限短于合同性权利或其他法定权利规定的期限的，则应当按照企业预期使用的期限确定其使用寿命。

如果合同性权利或其他法定权利能够在到期时因续约等延续，当有证据表明企业续约不需要付出重大成本时，续约期才能够包括在使用寿命的估计中。如果企业在延续无形资产持有期间时付出的成本与预期流入企业的未来经济利益相比具有重要性，则从本质上来看是企业获得了一项新的无形资产。

没有明确的合同或法律规定的无形资产，企业应当综合各方面情况，如聘请相关专家进行论证或与同行业的情况进行比较以及企业的历史经验等，来确定无形资产为企业带来未来经济利益的期限，如果经过这些努力确实无法合理确定无形资产为企业带来经济利益的期限，再将其作为使用寿命不确定的无形资产。

（3）无形资产使用寿命的复核

企业至少应当于每年年度终了，对无形资产的使用寿命进行复核，如果有证据表明无形资产的使用寿命不同于以前的估计，如由于合同的续约或无形资产应用条件的改善，延长了无形资产的使用寿命，对于使用寿命有限的无形资产应改变其摊销年限，并按照会计估计变更进行处理。

如企业使用的某项非专利技术，原预计使用寿命为5年，使用至第2年年末，该企业计划再使用2年即不再使用，因此企业应在第2年年末变更该项无形资产的使用寿命，并按照会计估计变更进行处理。

对于使用寿命不确定的无形资产，如果其后有证据表明其使用寿命是有限的，应当按照会计估计变更处理，估计其使用寿命并按照使用寿命有限的无形资产的处理原则进行处理。

2）使用寿命有限的无形资产的后续计量

使用寿命有限的无形资产，应在其预计的使用寿命内采用系统合理的方法对应摊销金额进行摊销。其中，应摊销金额是指无形资产的成本扣除预计残值后的金额。已计提减值准备的无形资产，还应扣除已计提的无形资产减值准备累计金额。使用寿命有限的无形资产，其残值一般应当视为零。

（1）使用寿命有限的无形资产的摊销期

无形资产摊销期应自其可供使用时（即其达到预定用途）开始至终止确认时止。无形资产摊销的起止日期具体为：当月增加的无形资产，当月开始摊销；当月减少的无形资产，当月不再摊销。

（2）使用寿命有限的无形资产的摊销方法

在无形资产使用寿命内系统合理摊销其应摊销的金额，存在多种方法，主要包括直线法、生产总量法等。企业在选择无形资产摊销方法时，应当能够反映该项无形资产有关经济利益的预期实现方法，并一致地运用于不同会计期间。

对于受技术陈旧因素影响较大的专利权和专有技术等无形资产，可采用类似固定资产加速折旧的方法进行摊销。

有特定产量限制的特许经营权或专利权，应采用产量法进行摊销。

无法可靠确定相关经济利益预期实现方式的，应当采用直线法进行摊销。

持有待售的无形资产不进行摊销，按照账面价值与公允价值减去处置费用后的净额孰低进行计量。

（3）无形资产的残值

除下列情况外，无形资产的残值一般为零：

①有第三方承诺在无形资产使用寿命结束时愿意以一定的价格购买该项无形资产；

②可以根据活跃市场得到残值信息，并且该市场在无形资产使用寿命结束时很可能存在。

（4）使用寿命有限的无形资产摊销的核算

①设置的账户

企业应设置“累计摊销”账户，核算对使用寿命有限的无形资产计提的摊销额。该账户贷方反映企业按期计提的无形资产摊销额，借方反映企业处置无形资产时应结转的累计摊销额，期末贷方余额反映企业无形资产的累计摊销额。

②账务处理

企业应当按月对无形资产进行摊销。无形资产的摊销额一般应计入当期损益。但如果无形资产是专门用于生产某种产品或者其他资产，其所包含的经济利益是通过转入到所生产的产品或其他资产中来实现的，则其摊销费用应计入相关资产的成本。具体为：企业自用的无形资产，其摊销额计入管理费用；出租的无形资产，其摊销额计入其他业务成本；某些无形资产所包含的经济利益是通过所生产的产品或其他资产来实现的，其摊销额应计入制造费用等。

（5）使用寿命有限的无形资产的期末计价

使用寿命有限的无形资产期末应当按账面价值与可收回金额孰低计量。应当将可收回金额低于其账面价值的差额，确认为无形资产减值损失，并计提无形资产减值准备。计提减值准备后，该无形资产在未来期间的摊销额应重新计算调整。无形资产减值损失一经确认，在以后的会计期间不得转回。

3）使用寿命不确定的无形资产的后续计量

无法预见无形资产为企业带来未来经济利益的期限的，应当视为使用寿命不确定的无形资产。对于使用寿命不确定的无形资产，在持有期间不需要摊销，但企业应当在每个会计期间对使用寿命不确定的无形资产进行减值测试。如果减值测试表明已经发生减值的，应计提相应的资产减值准备，同时确认减值损失，其相关的账务处理方法与使用寿命有限的无形资产的减值的处理方法相同，即借记“资产减值损失”，贷记“无形资产减值准备”。

7.9 投资性房地产

【考点1】投资性房地产的特征与范围

1）投资性房地产的特征

投资性房地产具有的特征是：①投资性房地产是为了赚取租金或资本增值，或者两者兼有而持有的房地产；②房地产投资能够单独计量和出售。

2）投资性房地产的范围

投资性房地产的范围包括已出租的土地使用权、持有并准备增值后转让的土地使用权、已出租的建筑物。不属于投资性房地产范围的项目：

（1）自用房地产

自用房地产是指为生产商品、提供劳务或者经营管理而持有的房地产。这部分房地产包括房屋、建筑物和土地使用权，例如企业出租给本企业职工居住的宿舍，虽然也收取租金，但间接为企业自身的生产经营服务，因此具有自用房地产的性质。

（2）作为存货的房地产

作为存货的房地产通常是指房地产开发企业在正常经营过程中销售的或为销售而正在开发的商品房和土地。这部分房地产属于房地产开发企业的存货，其生产、销售构成企业的主营业务活动，产生的现金流量也与企业的其他资产密切相关。因此，具有存货性质的房地产不属于投资性房地产。

从事房地产经营开发的企业依法取得的、用于开发后出售的土地使用权，属于房地产开发企业的存货，即使房地产开发企业决定待增值后再转让其开发的土地，也不得将其确认为投资性房地产。

在我国实务中，存在某项房地产部分自用或作为存货出售、部分用于赚取租金或资本增值的情形。如果某项房地产不同用途的部分能够单独计量和出售，应当分别确认为固定资产、无形资产、存货和投资性房地产。例如，甲房地产开发企业建造了一栋商住两用楼盘，一至四层出租给一家大型商场，已签订经营租赁合同；其余楼层为住宅，正在销售中。在这种情况下，如果一至四层商铺能够单独计量和出售，该企业应当将商铺确认为投资性房地产，其余楼层确认为存货。

【考点2】投资性房地产的初始计量

1）投资性房地产的初始计量原则和主要会计科目

投资性房地产应当按照成本进行初始计量。企业应设置“投资性房地产”科目，用于核算投资性房地产的取得，包括采用成本模式计量的投资性房地产和采用公允价值模式计量的投资性房地产。

采用成本模式计量的投资性房地产，应当按照投资性房地产类别和项目设置明细科目，进行明细核算；采用公允价值模式计量的投资性房地产，应当按照投资性房地产类别和项目并分别按“成本”与“公允价值”进行明细核算。

“投资性房地产”科目借方登记投资性房地产增加；贷方登记投

资性房地产减少；期末借方余额，反映企业采用成本模式计量的投资性房地产成本，反映采用公允价值模式计量的投资性房地产的公允价值。

2）投资性房地产取得成本的确定及其账务处理

（1）外购的投资性房地产的成本的确定

企业外购的房地产，只有在购入的同时开始出租或用于资本增值，才能称之为外购的投资性房地产，其成本包括购买价款、相关税费和可直接归属于该资产的其他支出。

应注意的问题：

第一，如果企业购入的房地产，自用一段时间后再改为出租或用于资本增值的，应当先将其确认为固定资产或无形资产；自租赁开始日或用于资本增值之日起，再从固定资产或无形资产转换为投资性房地产。

第二，如果企业购入的房地产，部分用于出租（或资本增值）、部分自用，用于出租（或资本增值）的部分应当予以单独确认的，应按照不同部分的公允价值占公允价值总额的比例将成本在不同部分之间进行分配。

（2）自行建造的投资性房地产的成本的确认和初始计量

企业自行建造或开发的房地产，只有在自行建造或开发活动完成（即达到预定可使用状态）的同时开始出租或用于资本增值，才能将其确认为自行建造的投资性房地产。

企业自行建造的投资性房地产，其成本由建造该项资产达到预计可使用状态前发生的必要支出构成，包括土地开发费、建筑成本、安装成本、应予以资本化的借款费用、支付的其他费用和分摊的间接费用等。建造过程中发生的非正常性损失直接计入当期损益，不计入建造成本。

应注意的问题：如果企业自行建造的房地产达到预计可使用状态后一段时间才对外出租或用于资本增值，应当先将其确认为固定资产、无形资产或存货；自租赁开始日或用于资本增值之日起，再从固定资产、无形资产或存货转换为投资性房地产。

【考点3】后续支出

1）资本化后续支出的会计处理

与投资性房地产有关的后续支出，满足投资性房地产确认条件的，应当计入投资性房地产成本。例如，企业为了提高投资性房地产的使用效能，往往需要对投资性房地产进行改建、扩建而使其更加坚固耐用，或者通过装修而改善其室内装潢，改扩建或装修支出满足确认条件的，应当将其资本化。

应注意的问题：企业对某项投资性房地产进行改扩建等再开发且将来仍作为投资性房地产的，在再开发期间应继续将其作为投资性房地产，再开发期间不计提折旧或摊销。

2）费用化后续支出的会计处理

（1）费用化后续支出的会计处理原则

与投资性房地产有关的后续支出，不满足投资性房地产确认条件的，应当在发生时计入当期损益。

（2）费用化后续支出的具体会计处理

与投资性房地产有关的费用化后续支出，是指企业对投资性房地产进行日常维护发生的一些支出。企业在发生投资性房地产费用化的后续支出时，应借记“其他业务成本”等科目，贷记“银行存款”等科目。

【考点4】投资性房地产的后续计量

投资性房地产的后续计量，通常应当采用成本模式，只有满足特定条件的情况下才可以采用公允价值模式。但是，同一企业只能采用一种模式对所有投资性房地产进行后续计量，不得同时采用两种计量模式。

1）采用成本模式的会计处理

（1）设置的主要账户

①“投资性房地产累计折旧（摊销）”科目。该科目反映在成本模式下企业按期（月）计提的折旧或摊销。该账户为“投资性房地产”的抵减账户，登记方式与“投资性房地产”相反。

②“其他业务成本”科目。在成本模式下，企业按期（月）计提

的折旧或摊销应通过该科目核算，它与“投资性房地产累计折旧（摊销）”科目形成对应关系。

③“其他业务收入”科目。在成本模式下，企业取得的租金收入应通过该科目核算。

④“投资性房地产减值准备”科目。该科目反映投资性房地产的减值准备。

（2）会计处理

①投资性房地产的折旧或摊销

采用成本模式进行后续计量的投资性房地产，应当按照《企业会计准则第4号——固定资产》或《企业会计准则第6号——无形资产》的有关规定，按期（月）计提折旧或摊销，借记“其他业务成本”等科目，贷记“投资性房地产累计折旧（摊销）”。

②投资性房地产取得的租金收入

采用成本模式进行后续计量的投资性房地产，应当按照取得的租金收入，借记“银行存款”等科目，贷记“其他业务收入”等科目。

③投资性房地产的减值

投资性房地产存在减值迹象的，还应当适用资产减值的有关规定。经减值测试后确定发生减值的，应当计提减值准备，借记“资产减值损失”科目，贷记“投资性房地产减值准备”科目。如果已经计提减值准备的投资性房地产的价值又得以恢复，不得转回。

2）采用公允价值模式的后续计量

（1）公允价值模式选择的具体规定

企业存在确凿证据表明其投资性房地产的公允价值能够持续可靠取得的，可以对投资性房地产采用公允价值模式进行后续计量。在极少数情况下，采用公允价值对投资性房地产进行后续计量的企业，有证据表明，当企业首次取得某项非在建投资性房地产（或某项现有房地产在改变用途后首次成为投资性房地产）时，该投资性房地产公允价值不能持续可靠取得的，应当对该投资性房地产采用成本模式计量直至处置，并假设无残值。采用公允价值模式对投资性房地产进行后续计量的企业，对于在建投资性房地产（包括企业首次取得的在建投资性房地产），如果其公允价值无法可靠确定但预期该房地产完工后的公允价值能够持续可靠取得的，应当以成本计量该在建投资性房地产，其公允价值能够可靠计量时或其完工后（两者孰早），再以公允价值计量。但是，采用成本模式对投资性房地产进行后续计量的企业，即使有证据表明，企业首次取得某项投资性房地产时，该投资性房地产公允价值能够持续可靠取得，该企业仍应对该项投资性房地产采用成本模式进行后续计量。

（2）采用公允价值模式计量的投资性房地产应当满足的条件

采用公允价值模式计量的投资性房地产，应当同时满足下列条件：①投资性房地产所在地有活跃的房地产交易市场。所在地，通常指投资性房地产所在的城市。对于大中型城市，应当为投资性房地产所在的城区。②企业能够从活跃的房地产交易市场上取得同类或类似房地产的市场价格及其他相关信息，从而对投资性房地产的公允价值做出合理的估计。

（3）采用公允价值模式进行后续计量的投资性房地产的会计处理

①会计处理原则

企业采用公允价值模式进行后续计量的投资性房地产，不计提折旧或摊销，应当以资产负债表日公允价值计量，即以资产负债表日投资性房地产的公允价值为基础调整其账面价值，公允价值与原账面价值之间的差额计入当期损益（公允价值变动损益）。

②设置的主要账户

企业应设置“投资性房地产——公允价值变动”与“公允价值变动损益”科目，用于反映资产负债表日，投资性房地产的公允价值与账面余额的差额。

【考点5】后续计量模式的变更

1）投资性房地产后续计量模式变更的相关规定

为保证会计信息的可比性，企业对投资性房地产的计量模式一经确定，不得随意变更。只有在房地产市场比较成熟，能够满足采用公允价值模式的条件的情况下，才允许企业对投资性房地产从成本模式计量变更为公允价值模式计量。

成本模式转为公允价值计量的，应当作为会计政策变更处理，并按计量模式变更时公允价值与账面价值的差额调整期初留存收益。已采用公允价值模式计量的投资性房地产，不得从公允价值模式转为成本模式。

2）投资性房地产后续计量模式变更的会计处理

企业变更投资性房地产计量模式时，应当按照计量模式变更日投资性房地产的公允价值借记“投资性房地产——成本”科目，按照已计提的折旧或摊销借记“投资性房地产累计折旧（摊销）”科目，按照原账面余额贷记“投资性房地产”科目，按照公允价值与账面价值的差额贷记或借记“利润分配——未分配利润”“盈余公积”等科目。

7.10 借款费用

【考点1】借款费用的范畴

借款费用是指企业因借款而发生的利息、折价或溢价的摊销、辅助费用以及因外币借款而发生的汇兑差额。

其中，因借款而发生的利息，包括企业向银行或其他金融机构借入资金而发生的债券利息、发行债券发生的利息等。

因借款而发生的折价或溢价主要是指企业发行债券发生的折价或溢价。折价或溢价的摊销实际是对借款利息的调整，因而构成借款费用的组成部分。

因借款而发生的辅助费用，是指企业在借款过程中发生的诸如手续费、佣金、印刷费、承诺费等费用。由于这些费用是因安排借款而发生的，也是借入资金的一部分代价，因而这些费用构成了借款费用的组成部分。

因外币借款而发生的汇兑差额，是指由于汇率变动而对外币借款本金及其利息的记账本位币金额产生的影响金额。由于这部分汇兑差额是与外币借款直接相关，因而也构成了借款费用的组成部分。

【考点2】借款费用的确认

根据《企业会计准则第17号——借款费用》的规定，借款费用确认的基本原则是，企业发生的借款费用可直接归属于符合资本化条件的资产购建或者生产的，应当予以资本化，计入相关资产成本；其他借款费用应当在发生时根据其发生额确认为费用，计入当期损益。借款包括专门借款和一般借款，专门借款是指为购建或者生产符合资本化条件的资产而专门借入的款项。专门借款通常应当有明确的用途，即为购建或者生产某项符合资本化条件的资产而专门借入的，并且应当具有表明该用途的借款合同。

1）借款费用应予以资本化的资产范围

这类资产是指需要经过相当长时间的购建或者生产活动才能达到预定可使用或者可销售状态的固定资产、投资性房地产和存货等资产。建造合同成本、确认为无形资产的开发支出等在符合条件的情况下，也可认定为符合资本化条件的资产。符合资本化条件的存货，主要包括房地产开发企业开发的、用于对外销售的房地产开发产品，企业制造的、用于对外出售的大型机器设备等（如飞机、大型船舶等）。这类存货通常需要经过相当长时间的建造或生产过程才能达到预定可使用状态。“相当长时间”通常指一年以上。

在实务中，如果由于人为或者故意等非正常因素导致资产的购建或者生产时间相当长的，该资产不属于符合资本化条件的资产。购入即可使用的资产，或者购入后需要安装但安装所需时间较短的资产，或者需要建造或者生产但建造和生产时间较短的资产，均不属于符合资本化条件的资产。

2）资本化开始时点

《企业会计准则第17号——借款费用》规定，借款费用资本化的开始时点必须同时满足以下三个条件，即资产支出已经发生、借款费用已经发生、为使资产达到预定可使用状态所必要的购建或者生产活动已经开始。在这三个条件中，只要有一个条件不满足，相关借款费用就不能资本化。

（1）资产支出已经发生。

资产支出包括支付现金、转移非现金资产和承担带息债务形式所发生的支出。例如，企业用现金或银行存款购买为建造或者生产符合资本化条件的资产所需材料，支付有关职工薪酬，向承包商支付进度款，将企业自己生产的产品用于符合资本化条件资产的购建或生产等皆属于资产支出。但是如果企业以赊购（且不带息）的方式购入产品用于资产的购建或生产，这种行为不属于资产支出。

（2）借款费用已经发生。

借款费用已经发生是指企业已经发生了因购建或者生产符合资本化条件的资产而专门借入款项的借款费用，或者所占用的一般借款的借款费用。

例如，某企业2015年1月1日为建造一幢建设期为2年的厂房，从银行专门借入款项5 000万元，当日开始计息，在2015年1月1日即可认为借款费用已经发生。

（3）为使资产达到预定可使用或者可销售状态所必要的购建或者生产活动已经开始。

3）暂停资本化时间

符合资本化条件的资产在购建过程或者生产过程中发生非正常中断且中断时间连续超过3个月的，应当暂停借款费用资本化。中断的原因必须是非正常中断，属于正常中断的，相关借款费用仍可资本化。

4）停止资本化时间

购建或者生产符合资本化条件的资产达到预定可使用或者可销售状态时，借款费用应当停止资本化。

7.11 预计负债

【考点1】预计负债的确认条件

或有事项的确认涉及的关键问题是，或有负债在满足怎样的条件时，可以确认为负债。根据我国《企业会计准则第13号——或有事项》（2006）的规定，对于不利的或有事项同时具备以下三个条件时可以确认为预计负债，否则就作为或有负债，在企业期末的财务报表附注中加以说明。

1）该义务是企业承担的现时义务

企业承担的现时义务是与或有事项相关的义务，是在企业当前条件下已承担的义务。义务分为现时义务和潜在义务，要确认预计负债，就要求企业承担的义务是现时义务。

2）履行该义务很可能导致经济利益流出企业

“很可能”，是指发生的概率大于50%但小于或等于95%。与“很可能”相关的其他概念含义如下：

①“基本确定”是指发生的概率“大于95%但小于100%”；

②“可能”是指发生的概率“大于5%但小于或等于50%”；

③“极小可能”是指发生的概率“大于0但小于或等于5%”。

“履行该义务很可能导致经济利益流出企业”，是指履行因或有事项产生的现时义务时，导致经济利益流出企业的可能性超过50%但尚未达到基本确定的程度。由于不同的交易或事项预期导致经济利益流出企业的可能性有很大不同，而有时候企业承担了或有事项的现时义务，也不能说明该现时义务很可能会导致经济利益流出企业。例如，2015年5月1日，甲公司与乙公司签订协议，承诺为乙公司两年期的银行借款提供全额担保。对于甲公司而言，由于担保事项而承担了一项现时义务，这项义务的履行是否很可能导致经济利益流出企业，需要依据乙公司的经营情况和财务情况等因素来定。如果2015年年末，乙公司财务状况良好，一般可以认定乙公司能够及时偿还银行借款，从而不会违约，因此，甲公司提供的担保而承担的现时义务属于“极小可能导致经济利益流出”的情况。相反，如果2015年年末，乙公司财务状况恶化，且没有迹象表明可能发生好转，在此情况下，乙公司可能违约，甲公司的担保很可能导致经济利益的流出。

3）该义务的金额能够可靠计量

“该义务的金额能够可靠计量”是指因或有事项产生的现时义务的金额能够合理地估计。由于或有事项具有不确定性，因此产生的现时义务的金额也具有不确定性，因而需要估计。例如，甲公司涉及一桩诉讼案件，根据以往案例推断，甲公司可能败诉，相关赔偿金额也可以估算出一个范围。在此情况下，可以认为甲公司因未决诉讼承担的现时义务金额能够可靠地估计，从而应将未决诉讼确认为一项负债。但是，如果没有以往的案例可以比照，而相关的法律条文又没有给出明确解释，那么即便甲公司可能败诉，在判决以前通常不能推断现时义务的金额能够可靠地计量。为此，甲公司不应将未决诉讼确认为负债。

【考点2】预计负债的计量

或有事项的计量涉及的问题是，当与或有事项有关的义务符合确认为负债的条件时，所确认的负债金额如何确定。根据我国《企业会计准则第13号——或有事项》的规定，预计负债应该按照履行相关现时义务所需支出的最佳估计数进行初始计量。此外，企业因履行或有事项所形成的义务时，还可能从第三方或其他方获得补偿。或有事项的计量主要涉及两个问题：一是最佳估计数的确定；二是预期可获得补偿的处理。

1）最佳估计数的确定

（1）若所需支出存在一个连续范围（区间），且该范围内各种结果发生的可能性相同，则最佳估计数应当按照该范围的中间值确定，即上下限的平均数。

（2）若清偿或有事项而确认的负债所需支出不存在一个连续范围，则按如下方法确定最佳估计数。

①或有事项涉及单个项目时，最佳估计数按照最可能发生的金额确定。“涉及单个项目”，是指或有事项涉及的项目只有一个，比如一项未决诉讼。

②如果涉及多个项目，最佳估计数按各种发生额及其发生概率计算。“涉及多个项目”是指或有事项涉及的项目不止一个，典型的情况是产品质量保证。在提供产品质量保证的情况下，企业承担的现时义务将包括诸如难以辨认的、提出产品保修要求的可能的客户，相应的，企业对这些客户负有保修义务。例如，2014年甲公司产品销售额为1 500万元，其销售时承诺的条款是，产品售出后一年内，如果发生质量问题，甲公司将免费负责修理。根据甲公司以往的经验，如果出现较小的质量问题，发生的修理费为销售额的5‰，如果发生较

大的质量问题，则发生的修理费为销售额的2%。根据预测，本年度已售产品中，有60%不会发生问题，有28%将发生较小质量问题，有12%将发生较大质量问题。据此，甲公司2014年应确认的负债金额（最佳估计数）为：

15 000 000×（60%×0+28%×5‰+12%×2%）=57 000（元）

2）预期可获得补偿的处理

如果清偿因或有事项而确认的负债所需支出全部或部分预期由第三方或其他方补偿，则补偿金额只能在基本确定能收到时，作为资产单独确认，且确认的金额不应超过所确认负债的账面价值。这里有两点需要注意：第一，补偿金额应单独确认为资产。如甲公司与乙公司之间的或有事项确认了一项负债30万元，同时，因该项或有事项，甲公司还可以从乙公司获得16万元补偿，且这项金额基本确定能收到。在此情况下，甲公司应当分别确认一项30万元的负债和一项16万元的资产，而不是确认一项14万元的负债。第二，确认的补偿金额不能超过所确认负债的账面价值。

7.12 债务重组

【考点1】债务重组的界定

根据我国《企业会计准则第12号——债务重组》（2006）的规定，所谓债务重组是指在债务人发生财务困难的情况下，债权人按照其与债务人达成的协议或者法院的裁定做出让步的事项。也就是说，无论何种债务重组形式，其实质是债权人对债务人做出了让步。

债务重组可以分为以下几类：

①以低于账面价值的现金清偿债务，意味着债权人放弃了部分债权。

②以非现金资产（如存货、固定资产等）清偿债务，这时对于债务人偿还的非现金资产的价值并无特殊要求，并不一定要低于债权的账面价值。

③债务转为资本，是指债务人将债务转为资本，同时债权人将债权转为股权的债务重组方式。

④修改其他债务条件，如延长还款期限、减少应还的本金和利息。

⑤混合重组方式，以上两种或多于两种的方式的组合。例如以非现金资产清偿一部分债务，另一部分通过修改其他债务条件进行重组。

以下情况不属于债务重组：

①债务人发行的可转债按正常条件转为股权；

②债务人破产清算时发生的债务重组；

③债务人改组，债权人将债权转为对债务人的股权投资；

④债务人借新债偿还旧债。

【考点2】债务重组的会计处理

1）以低于账面价值的现金清偿债务

以非现金资产清偿债务时，债务人应将重组债务的账面价值与支付的现金之间的差额确认为资本公积；债权人应将债权的账面价值与收到的现金之间的差额确认为当期损失。

2）以非现金资产清偿债务

对于债务人来说，如果应付债券的账面价值小于非现金资产的账面价值与支付的相关税费之和，则应确认营业外支出，如果应付债务的账面价值大于非现金资产的账面价值与支付的相关税费之和，则应确认资本公积。对于债权人来说，应按照应收债权的账面价值加上应支付的相关税费，作为所接受的非现金资产的入账价值，不确认重组损益。

3）债务转资本

采用这种方式进行债务重组时，债务人应将债权人因放弃债券而享有股份的面值总额作为股本，按应付债务的账面价值与股份面值总额和应支付的相关税费的差额作为资本公积入账。债权人应当按照应收债权的账面价值加上应支付的相关税费，作为股权投资的初始入账价值。

4）修改其他债务条件

此类债务重组，企业应当区分是否涉及或有事项。所谓或有金额，是指需要根据未来某种事项出现而发生的应付或应收金额，而且该未来事项的出现具有不确定性。

不附有或有条件的债务重组，债务人应将未来应付款项的总额与债务重组前应付债务账面价值进行比较，如果前者小于后者，应在重组日将重组债务的账面价值减记至将来应付金额，减记的金额作为资本公积处理。如果前者大于后者，债务人不作处理。

债权人应将未来应收金额的总额与债务重组前应收债权账面价值或账面余额进行比较，如果未来应收款项的总额小于应收债权的账面价值，应将二者的差额确认为营业外支出；如果未来应收款项的总额大于应收债权的账面余额，债权人不作账务处理。如果未来应收款项的总额大于应收债权的账面价值而又小于应收债权账面余额，应根据应收债权账面余额与未来应收款项总额的差值冲销坏账准备。

附有或有条件的债务重组，债务人应将或有支出包括在将来应付金额中。或有支出实际发生时，应冲减重组后债务的账面价值。结清债务时，或有支出如未发生，一般应将该或有支出的原估计金额计入资本公积。债权人不应将或有收益包括在将来应收金额中。或有收益收到时，确认为当期损益，计入营业外支出。

5）混合重组

企业以组合方式进行债务重组的，债务人依次以支付的现金、转让的非现金资产公允价值、债权人享有股份的公允价值来冲减重组债务的账面价值。修改其他条件的应将修改条件后债务的公允价值作为重组后债务的入账价值。重组债务的账面价值与重组后债务的入账价值之间的差额计入营业外收入。修改后的债务条款中如涉及或有应付金额，且该或有应付金额符合预计负债的确认条件的，债务人应当将该或有应付金额确认为预计负债。重组债务的账面价值与重组后债务的入账价值和预计负债金额之和的差额，确认为债务重组利得，计入营业外收入。

债权人应先以收到的现金、受让的非现金资产公允价值、因放弃债权而享有的股权的公允价值冲减重组债权的账面余额，差额与应收金额进行比较，据此计算债务重组损失。已计提减值准备的，应当先将该差额冲减减值准备，不足冲减的部分，确认为债务重组损失，计入营业外支出。冲减后减值准备尚有余额的应当予以转回并抵减当期资产减值损失。

7.13 收入

【考点1】收入的特征

收入是指企业在日常活动中形成的、会导致所有者权益增加的、与所有者投入资本无关的经济利益的总流入，包括销售商品收入、提供劳务收入和让渡资产使用权收入，但不包括为第三方或客户代收的款项。

收入具有如下特征：

1）收入是企业日常活动形成的

收入是企业日常活动形成的，而不是从企业的偶发交易或事项产生的。日常活动是指企业为完成其经营目标所从事的经营性活动以及与之相关的活动，这种活动具有明显的可预见性和经常性，一般是企业所能够控制的活动，如工业企业生产并销售产品、商品流通企业销售商品、咨询公司提供咨询服务、软件公司为客户开发软件、安装公司提供安装服务、保险公司签发保单、施工企业修建房屋、商业银行发放贷款、租赁公司出租资产等活动。另外，企业还有一类日常活动是与经常性活动相关的其他活动，如工业企业对外出售闲置不用的原材料、对外转让无形资产使用权等。

但是，要注意的是，企业非日常活动形成的经济利益的流入不能确认为收入，而应当作为利得。利得一般是企业偶发性交易或事项的结果，不需要经过经营过程就能取得或不曾期望获得的收益，例如，企业处置非流动资产形成的净收益、接受捐赠、收取罚款等。非日常活动形成的收益在会计处理时要通过“营业外收入”科目进行反映。对于企业代第三方收取的款项，不能确认为收入，应当作为负债处理。

2）收入必然能导致企业所有者权益的增加

收入通常会表现为资产的增加或者负债的减少，或者两者兼而有之。如企业销售商品取得收入，此时银行存款或应收账款会相应增加；企业通过预收账款的形式销售货物，在提供商品或劳务确认收入的同时，会抵偿预收账款，负债会相应减少。很显然，资产的增加或负债的减少最终会体现为所有者权益的增加。但是，需要注意的是，所有者权益的增加并不都是收入导致的，但收入最终必然能导致所有者权益的增加。如企业为第三方代收的款项，虽然增加了企业的资产，但是同时导致企业的负债也增加，并不能增加企业的所有者权益，因此不能确认为企业的收入。

3）收入是与所有者投入无关的经济利益的总流入

收入不包括所有者向企业投入的资本。收入只包括企业自身经营或生产活动获得的经济利益的流入，是企业利用所有者投入的资本通过经营活动产生的。所有者投入的资本增加了企业的资产，其目的是获取收入。企业在取得所有者投入时，在增加资产的同时，应直接增加所有者权益，而不能确认为企业收入。

【考点2】 销售商品收入的确认条件

在会计处理中，对于企业销售商品收入的确认，需要同时满足以下五个条件：一是企业已将商品所有权上的主要风险和报酬转移给购货方；二是企业既没有保留通常与所有权相联系的继续管理权，也没有对已售出的商品实施有效控制；三是收入的金额能够可靠地计量；四是相关的经济利益很可能流入企业；五是相关的已发生或将发生的成本能够可靠地计量。

1）企业已将商品所有权上的主要风险和报酬转移给购货方

企业已将商品所有权上的主要风险和报酬转移给购货方，是指与商品所有权有关的主要风险和报酬发生了转移。商品所有权上的主要风险，主要指商品所有者所要承担的商品可能发生减值或毁损等形成损失的可能性。商品所有权上的报酬，主要指商品所有者可能获取的商品价值增值或使用商品产生的经济利益等。

如果与商品所有权有关的任何损失均不需要销货方承担，与商品所有权有关的任何经济利益也不归销货方所有，就意味着商品所有权上的主要风险和报酬转移给了购货方。判断企业是否已将商品所有权上的主要风险和报酬转移给购货方，应当关注交易的实质，并结合所有权凭证的转移进行判断。

（1）在通常情况下，商品所有权凭证转移并交付实物后，商品所有权上的风险和报酬会随之转移。例如，零售商品的交易、预收款销售商品、订货销售商品、托收承付销售商品、分期收款发出商品等。

【例 7-7】甲公司与乙公司签订一项生产线的定制合同，约定甲公司预收部分货款用于购买制造生产线的原材料，甲公司应严格按照合同要求制造该生产线。假定甲公司当年度按要求制造完成该生产线并送交乙公司验收合格。假设该生产线无须安装，乙公司尚未支付剩余货款。

在这种情况下，甲公司已经按照合同约定制造完成生产线，并经乙公司验收合格，说明该生产线所有权上的主要风险和报酬已经转移给乙公司。虽然乙公司未支付剩余货款，但甲公司仍然可以认为该商品所有权上的主要风险和报酬转移给了购货方，在其他销售收入确认条件满足的基础上，甲公司应当确认收入。

（2）在某些情况下，商品所有权凭证已经转移但是还未交付实物，商品所有权上的主要风险和报酬随之转移，企业只保留商品所有权上的次要风险和报酬，如先交款后提货方式销售商品。在这种情形下，应当视同商品所有权上的所有风险和报酬已经转移给购货方。

【例 7-8】甲公司销售一批商品给丙公司。丙公司已根据甲公司开出的发票账单支付了货款，取得了提货单，但甲公司尚未将商品移交丙公司。

在这种情况下，甲公司采用交款提货的方式进行销售，该商品虽然未实际交付，但丙公司已经根据销售方开出的发票支付了货款，并取得了提货单。虽然商品未实际交付，但商品所有权上的主要风险和报酬已经转移，在同时满足销售商品收入确认的其他条件时，甲公司应当确认收入。

【例 7-9】甲公司销售一批高档视听设备给丁公司。合同约定，甲公司应将该设备送至丁公司并负责调试。甲公司已将该设备发出并收到 90% 的货款，但调试工作尚未开始。

在这种情况下，虽然甲公司未完成调试工作，但就视听设备销售而言，调试工作并不是影响销售实现的重要因素。甲公司将该视听设备运抵丁公司，通常表明该设备所有权上的主要风险和报酬已转移给丁公司，在同时满足销售商品收入确认的其他条件时，甲公司应当确认收入。

【例7-10】甲公司委托乙公司销售商品200件，协议价为100元/件，成本为80元/件。代销协议约定，乙公司在取得代销商品后，无论是否能够卖出、是否获利，均与甲公司无关。这批商品已经发出，货款尚未收到。甲公司开出的增值税专用发票上注明的增值税税额为3 400元。

在这种情况下，甲公司采用视同买断方式委托乙公司代销商品，即委托方和受托方之间的协议明确标明，受托方在取得代销商品后，无论是否能够卖出、是否获利，均与委托方无关，那么这种代销商品交易与委托方直接将商品销售给受托方没有实质区别，委托方发出商品即表明商品所有权上的主要风险和报酬已经转移，在同时满足销售商品收入确认的其他条件时，委托方应确认相关销售商品收入。因此，本例中甲公司应确认销售商品收入，并结转销售成本。

（3）在特殊情况下，商品所有权凭证已经转移且实物也已经交付，但是商品所有权上的主要风险和报酬并没有随之转移。主要包括：

①企业销售商品收入的取得与否，取决于购买方是否已经将商品销售出去，如采用支付手续费方式委托代销商品、售后回购等。

②企业销售的商品在质量、品种、规格等方面不符合合同或者协议要求，又未根据正常的保证条件予以弥补，因而仍负有责任。

③企业尚未完成售出商品的安装或检验工作，且安装或检验工作是销售合同或协议的重要组成部分，只有在安装完毕且验收合格后才可以确认收入。

④销售合同或协议中规定了买方由于特定原因有权退货的条款，且企业又不能确定退货的可能性。这种情况只有当买方正式接受产品或退货期满时才能予以确认。

【例 7-11】甲公司向乙公司销售一部电梯，合同约定，甲公司应负责该电梯的安装工作，在安装工作结束并经乙公司验收合格后，乙公司应立即支付剩余货款。

电梯安装调试工作通常是电梯销售合同的重要组成部分，在安装过程中可能会发生一些不确定因素，影响电梯销售收入的实现。只有在安装完成并验收合格，表明电梯所有权上的风险和报酬已经转移给乙公司，同时满足销售商品收入确认的其他条件时，甲公司才能确认收入。

【例 7-12】甲公司为推销一种新产品，承诺在试用期内如果对产品使用效果不满意，甲公司无条件给予退货。该商品已经交付买方，货款已经收讫。

在这种情况下，甲公司虽然已将产品售出，并已收到货款。但由于是新产品，甲公司无法估计退货的可能性，表明该产品所有权上的主要风险和报酬并未随实物的交付而发生转移，不能确认收入。只有在试用期结束后，才表明该产品所有权上的主要风险和报酬已经转移给客户，在同时满足销售商品收入确认的其他条件时，甲公司才能确认收入。

2）企业既没有保留通常与所有权相联系的继续管理权，也没有对已售出的商品实施有效控制

在通常情况下，企业售出商品后不再保留与商品所有权相联系的继续管理权，也不再对售出商品实施有效控制，商品所有权上的主要风险和报酬已经转移给购货方，通常应在发出商品时确认收入。如果商品售出后，企业仍然保留与商品所有权相联系的继续管理权或者对商品实施有效控制，则该项交易没有实际完成，销售不应确认为收入。

需要注意的是，如果企业对出售的商品保留了与所有权无关的继续管理权，则不受本条件的限制。例如，房地产开发商对自己销售的房屋进行物业管理，虽然物业管理是一种对商品的继续管理权，但是由于物业管理权与房屋的所有权没有关系，因此，开发商销售房屋时，如果同时符合收入确认的其他条件，即使对自己销售的房屋进行物业管理，依然应当确认销售商品收入。

在有些情况下，企业售出商品后，由于各种原因仍然保留了与商品所有权相联系的继续管理权，或仍对该商品实施有效控制，如某些情况下的售后回购或售后租回，则说明该交易没有完成，销售不能成立，不应确定销售商品收入。

【例7-13】乙公司采用售后回购方式将一台大型机器设备销售给丙公司，机器设备并未发出，款项已经收到；双方约定，乙公司将于5个月后以某一固定价格将所售机器设备购回。

在这种情况下，表明乙公司能够继续对该机器设备实施有效控制，机器设备所有权上的风险和报酬没有转移给丙公司，因此，乙公司不能确认与销售该机器设备有关的收入，收到的价款应当确认为一项负债。

【例7-14】丁公司主要从事软件开发及维护。丁公司销售一组软件给某客户，并接受客户的委托对软件进行日常有偿维护管理，其中包括更新软件等。

在这种情况下，丁公司将该软件销售给客户后，该客户是软件的受益者，该软件所产生的经济利益归客户所享有，相关的风险也由该客户承担，而丁公司接受客户委托对软件进行日常管理等，是与软件销售独立的另一项提供劳务的交易。虽然丁公司仍对售出的软件拥有继续管理权，但这与软件的所有权无关，丁公司应当在满足提供劳务收入的确认条件时确认提供劳务收入。

3）收入的金额能够可靠地计量

收入的金额能够可靠地计量，是指收入的金额能够合理地估计。能否合理估计是确认收入的基本前提，当销售商品的金额不能够合理地估计时就无法确认收入。一般情况下，企业在销售商品时，商品的价格是已经确定的。但是，由于销售商品过程中某些不确定因素的影响，也有可能存在商品销售价格发生变动的情况。在这种情况下，商品销售价格未确定前通常不应确认销售商品收入，如附有销售退回条件的商品销售。如果企业不能合理估计退货的可能性，就不能合理地估计收入的金额。在发出商品时不能确认收入，而应在退货期满，销售商品收入金额能可靠计量时确认收入。

通常企业销售商品的价格，应当按照已收或应收的合同或协议价款确定销售商品收入的金额，已收或应收的合同或协议价款不公允的除外。如果销售商品涉及现金折扣、商业折扣、销售折让等因素，还应当考虑这些因素后确定销售商品收入金额。某些情况下，合同或协议明确规定销售商品需要延期收取价款，如分期收款销售商品，实质上具有融资性质的，应当按照应收的合同或协议价款的公允价值确定收入金额。

4）相关的经济利益很可能流入企业

经济利益是指流入企业的现金或现金等价物。相关的经济利益很可能流入企业，就是指销售商品价款收回的可能性超过50%，即商品销售价款收回的可能性大于不能收回的可能性。相关经济利益流入企业是收入的一个重要特征。当企业在销售商品时，如果估计价款收回的可能性不大，即使收入确认的其他条件都满足，也不应当确认收入。

企业在判断销售商品相关的经济利益流入企业的可能性时，要结合与买方交易的经验、市场环境因素、政府的相关政策、交易方的经营状况、其他相关信息等进行综合分析。一般情况下，企业销售商品符合合同或协议规定的要求，并已经将发票账单交付买方，买方也承诺付款，则表明经济利益能够流入企业。如果企业判断经济利益不能流入，需要有一定的证据予以支撑。例如，销售商品时了解到购货方在最近发生了巨额亏损，资金周转出现困难；在出口商品时，不能肯定进口企业所在国政府是否允许将款项汇出等。在上述情况下，企业应该在不确定因素消除之后再确认收入。

需要注意的是，如果企业判断销售商品收入满足确认条件而予以确认，同时确认了一笔应收债权，以后由于购货方资金周转困难无法收回该债权时，不应调整原会计处理所确认的收入，而应对该债权计提坏账准备，确认坏账损失。

5）相关的已发生或将发生的成本能够可靠地计量

根据收入和费用配比原则，与同一项销售有关的收入和成本应在同一会计期间予以确认，即企业应该在确认收入的同时或者同一会计期间结转相关的成本。因此，如果成本不能可靠计量，则相关的收入就不能得到确认。相关的已发生或将发生的成本能够可靠地计量，是指与销售商品有关的成本能够合理地估计。一般情况下，与销售商品相关的已发生或将发生的成本能够合理估计，如企业生产的产品能够可靠计量生产成本，外购的产品能够可靠计量购买成本。但是，在某些情况下，当企业销售商品相关的已发生或将发生的成本不能合理估计时，企业是不能确认收入的，已收的价款也要先确认为负债。

根据现行企业会计准则的规定，销售商品收入同时满足以上五个条件的，才能予以确认。

【例7-15】甲公司与乙公司签订协议，约定甲公司生产并向乙公司销售一台大型设备，限于自身生产能力不足，甲公司委托丙公司生产该大型设备的一个主要部件，并按实际成本的108%结付款项。假定甲公司本身负责的部分和丙公司负责的部件全部生产完成且已经组装完结交付给了乙公司，乙公司经验收合格将款项支付给了甲公司，但丙公司尚未提供其负责部件的成本资料。

在这种情况下，虽然甲公司已将大型设备交付给乙公司，且已收到货款。但是，甲公司为该大型设备发生的相关成本因丙公司相关资料未送达而不能可靠地计量，也不能合理估计，因此，甲公司收到货款时不应确认为收入。

【考点3】提供劳务收入的确认条件

劳务通常是指其结果不形成有形资产的服务，如旅游服务、代理业务、安装服务、为客户开发软件、广告策划与制作、管理咨询、培训业务、建筑安装、提供特许权等。企业通过提供劳务实现的收入，就是提供劳务收入。

1）在同一会计年度内开始并完成的劳务收入的确认和计量

在同一会计年度内开始并完成的劳务，应在劳务完成时确认收入，确认的金额为合同或协议总金额，确认方法可参照商品销售收入的确认原则。

2）提供劳务开始和完成分属不同报告期间劳务收入的确认和计量

对于所提供劳务开始和完成分属不同会计年度的情况，要依据资产负债表日提供劳务交易的结果能否可靠估计分别加以确认。

（1）资产负债表日，提供的劳务交易结果能够可靠估计

提供的劳务交易结果能否可靠估计，要依据如下的劳务交易确认条件进行判断。如果能够同时满足下列条件，则劳务交易的结果能够可靠估计：

①收入的金额能够可靠地计量。这是指提供劳务收入的总额能够合理地估计。通常情况下，企业应当按照从接受劳务方已收或应收的合同或协议价款确定提供劳务收入的总额。但是，随着劳务的不断提供，可能会根据实际情况增加或减少已收或应收的合同或协议价款，此时企业应及时调整提供劳务收入总额。

②与交易相关的经济利益能够流入企业。这是指提供劳务收入总额收回的可能性大于不能收回的可能性。企业在确定提供劳务收入总额能否收回时，应当结合接受劳务方的信誉、以前的经验以及双方就结算方式和期限达成的合同或协议条款等因素，综合进行判断。企业在确定提供劳务收入总额收回的可能性时，应当进行定性分析。如果确定提供劳务收入总额收回的可能性大于不能收回的可能性，即可认为提供劳务收入总额很可能流入企业。通常情况下，企业提供的劳务符合合同或协议要求，接受劳务方承诺付款，就表明提供劳务收入总额收回的可能性大于不能收回的可能性。如果企业判断提供劳务收入总额不是很可能流入企业，应当提供确凿证据。

③交易的完工进度能够可靠地确定。这是指交易的完工进度能够合理地估计。企业确定提供劳务交易的完工进度，可以依次序选用下列方法：第一种，已完工作的测量。这是一种比较专业的测量方法，由专业测量师对已经提供的劳务进行测量，并按一定方法计算确定提供劳务交易的完工程度。第二种，已经提供的劳务占应提供劳务总量的比例。这种方法主要以劳务量为标准确定劳务的完成程度。第三种，已经发生的成本占估计总成本的比例。这种方法主要以成本为标准准确确定提供劳务交易的完工程度。只有已提供劳务的成本才能包

括在已经发生的成本中，只有已提供或将提供劳务的成本才能包括在估计总成本中。

④交易中已发生或将发生的成本能够可靠地计量。劳务总成本包括至资产负债表日止已发生的成本和完成劳务将要发生的成本。交易中已发生和将发生的成本能够可靠地计量，是指劳务总成本能够合理地估计。企业应建立完善的内部成本核算制度和有效的内部财务预算及报告制度，准确提供每期发生的成本，对完成剩余劳务将要发生的成本做出科学、可靠的估计，并随着劳务的不断提供或外部情况的不断变化，随时对估计的成本进行修订。

对于满足上述条件的，能够在企业资产负债表日可靠估计的提供劳务交易结果，一般采用完工百分比法来确认劳务收入。在采用完工百分比法确认收入时，企业应当按照从接受劳务方已收或应收的合同或协议价款确定提供劳务收入总额，但已收或应收的合同或协议价款不公允的除外。收入和相关费用应按照如下公式计算：

本期确认的劳务收入 = 预计劳务总收入 × 至本年末止完工百分比 − 以前期已累计确认的劳务收入

本期结转的劳务成本 = 预计劳务总成本 × 至本年末止完工百分比 − 以前期已累计确认的劳务成本

（2）资产负债表日，提供的劳务交易结果不能可靠估计

企业在资产负债表日，对所提供的劳务交易结果不能可靠地估计，是指不能满足上述劳务总收入和总成本能够可靠地计量、与交易相关的经济利益能够流入企业、交易的完工进度能够可靠地确定等三个条件中的任何一条。此时，企业不能按完工百分比法确认收入。这时企业应正确预计已经收回或将要收回的款项能弥补多少已经发生的成本，分别按以下情况进行处理：

①如果已经发生的劳务成本预计能够得到补偿。在资产负债表日，企业应该从稳健原则出发，将已经发生并预期可以补偿的劳务成本金额确认为劳务收入。同时，按相同的金额结转成本，因为确认的收入与成本相等，故不确认利润。

②如果已经发生的劳务成本预计只能部分地得到补偿。此时，应

按能够得到补偿的劳务成本金额确认收入，并按已经发生的劳务成本结转成本。因为确认的收入金额小于已经发生的劳务成本的金额，故要确认为当期损失。

③如果已经发生的劳务成本预计全部不能得到补偿。此时，不应确认收入，但应将发生的劳务成本确认为当期费用。

【考点4】让渡资产使用权收入的确认条件

让渡资产使用权收入的主要内容是利息收入和使用费收入，其他内容还包括出租资产取得的租金、进行债券投资取得的利息、进行股权投资取得的现金股利收入等。

利息收入主要是指金融企业对外贷款形成的利息收入，以及同业之间发生往来形成的利息收入等。

使用费收入主要是指企业转让无形资产（如商标权、专利权、专营权、版权）等资产的使用权形成的收入。

让渡资产使用权收入同时满足以下条件时，才能予以确认：

（1）相关的经济利益很可能流入企业

这个条件是任何交易均应遵循的一项基本原则。相关的经济利益很可能流入企业，是指让渡资产使用权收入金额收回的可能性大于不能收回的可能性。企业在确定让渡资产使用权收入金额能否收回时，应当根据对方企业的信誉和生产经营情况、双方就结算方式和期限等达成的合同或协议条款等因素，综合进行判断。如果企业估计让渡资产使用权收入金额收回的可能性不大，就不应确认收入。

（2）收入的金额能够可靠地计量

收入的金额能够可靠地计量，是指让渡资产使用权收入的金额能够合理地估计。如果让渡资产使用权收入的金额不能够合理地估计，则不应确认收入。

7.14 递延所得税资产/负债的确认

【考点1】递延所得税负债的确认

企业在确认因应纳税暂时性差异产生的递延所得税负债时，应遵循以下原则：

（1）除所得税会计准则中明确规定可不确认递延所得税负债的情况以外，企业对于所有的应纳税暂时性差异均应确认相关的递延所得税负债。除与直接计入所有者权益的交易或事项以及企业合并中取得资产、负债相关的以外，在确认递延所得税负债的同时，应增加利润表中的所得税费用。

【例7-16】华恒公司于20×5年12月26日购入一台生产设备，取得成本为1 500万元，会计上采用年限平均法计提折旧，使用年限为5年，净残值为零，假定计税时允许按照年数总和法计提折旧，使用年限及净残值与会计相同。华恒公司适用的所得税税率为25%。假定该企业不存在其他会计与税收处理的差异。

分析：

20×6年12月31日资产负债表日，该项固定资产按照会计规定计提的折旧额为300万元，该固定资产的账面价值为1 200万元，计税时允许扣除的折旧额为500万元，计税基础为1 000万元，账面价值与计税基础的差额200万元构成应纳税暂时性差异，企业应确认相关的递延所得税负债。

（2）不确认递延所得税负债的特殊情况。

有些情况下，虽然资产、负债的账面价值与其计税基础不同，产生了应纳税暂时性差异，但出于各方面考虑，所得税准则中规定不确认相应的递延所得税负债，主要包括：

①商誉的初始确认。非同一控制下的企业合并中，企业合并成本大于合并中取得的被购买方可辨认净资产公允价值份额的差额，按照会计准则规定应确认为商誉。因会计与税收的划分标准不同，会计上作为非同一控制下的企业合并但按照税法规定计税时作为免税合并的情况下，税法不认可商誉的价值，即从税法的角度看商誉的计税基础为零，所以其账面价值与计税基础形成应纳税暂时性差异。但是，确认该部分的暂时性差异产生的递延所得税负债，则意味着将进一步增加商誉的价值。因商誉本身即是企业合并成本在取得的被购买方可辨认净资产、负债之间进行分配后的剩余价值，确认递延所得税负债进一步增加其账面价值，会影响到会计信息的可靠性，而且增加商誉的

账面价值以后，可能很快就需要计提减值准备，同时其账面价值的增加还会进一步产生应纳税暂时性差异，使得递延所得税负债和商誉价值量的变化不断循环，因此，会计上作为非同一控制下的企业合并同时按照税法规定作为免税合并的情况下，商誉的计税基础为0，其账面价值与计税基础不同形成的应纳税暂时性差异，会计准则中规定不确认与其相关的递延所得税负债。

应予以说明的是，按照会计准则规定在非同一控制下的企业合并中确认了商誉，并且按照所得税法规的规定该商誉在初始确认时计税基础等于账面价值的，该商誉在后续计量过程中因会计准则与税法规定不同产生暂时性差异的，应当确认相关的所得税影响。

②除企业合并以外的其他交易或事项中，如果该项交易或事项发生时既不影响会计利润，也不影响应纳税所得额，则所产生的资产、负债的初始确认金额与其计税基础不同，形成应纳税暂时性差异的，交易或事项发生时不确认相应的递延所得税负债。

该项规定主要是因为考虑到由于交易发生时既不影响会计利润，也不影响应纳税所得额，确认递延所得税负债的直接结果是增加有关资产的账面价值或是降低所确认负债的账面价值，使得资产、负债在初始确认时，违背历史成本原则，影响会计信息的可靠性。

③与子公司、联营企业、合营企业的投资等相关的应纳税暂时性差异，一般应确认相应的递延所得税负债，但同时满足以下两个条件的除外：一是投资企业能够控制暂时性差异转回的时间；二是该暂时性差异在可预见的未来很可能不会转回。满足上述条件时，投资企业可以运用自身的影响力决定暂时性差异的转回，如果不希望其转回，则在可预见的未来该项暂时性差异即不会转回，从而无须确认相应的递延所得税负债。

应予以说明的是，企业在运用上述条件不确认与联营企业、合营企业相关的递延所得税负债时，应有确凿的证据表明其能够控制有关暂时性差异转回的时间。一般情况下，企业对联营企业的生产经营决策仅仅能够实施重大影响，并不能够主导被投资企业包括利润分配政策在内的主要生产经营决策的制定，满足所得税企业会计准则规定的能够控制暂时性差异转回时间的条件一般是通过与其他投资者签订协议等，达到能够控制被投资单位利润分配政策等情况。

对于采用权益法核算的长期股权投资，其账面价值与计税基础产生的有关暂时性差异是否应确认相关的所得税影响，应当考虑该项投资的持有意图：

第一，如果企业拟长期持有该项投资，则因初始投资成本的调整产生的暂时性差异预计未来不会转回，对未来期间没有所得税影响；因确认投资损益产生的暂时性差异，如果在未来期间逐期分回现金股利或利润时免税，也不存在对未来期间的所得税影响；因确认应享有被投资单位其他权益变动而产生的暂时性差异，在长期持有的情况下预计未来期间也不会转回。因此，对于采用权益法核算的长期股权投资，在准备长期持有的情况下，对于采用权益法核算的长期股权投资账面价值与计税基础之间的差异，投资企业一般不确认相关的所得税影响。

第二，对于采用权益法核算的长期股权投资，在持有意图由长期持有转变为拟近期出售的情况下，按照税法的规定，企业在转让或者处置投资资产时，投资资产的成本准予扣除。在持有意图由长期持有转变为拟近期出售的情况下，因长期股权投资账面价值与计税基础不同产生的有关暂时性差异，均应确认相关的所得税影响。

【考点2】递延所得税资产的确认

资产、负债的账面价值与其计税基础不同产生可抵扣暂时性差异的，在估计未来期间能够取得足够的应纳税所得额用以利用该可抵扣暂时性差异时，应当以很可能用来抵扣可抵扣暂时性差异的应纳税所得额为限，确认相关的递延所得税资产。同递延所得税负债的确认相同，有关交易或事项发生时，对会计利润或是应纳税所得额产生影响的，所确认的递延所得税资产应作为利润表中所得税费用的调整；有关的可抵扣暂时性差异产生于直接计入所有者权益的交易或事项，则确认的递延所得税资产也应计入所有者权益；企业合并时产生的可抵扣暂时性差异的所得税影响，应相应调整企业合并中确认的商誉或是应计入当期损益的金额。

确认递延所得税资产时，应关注以下问题：

（1）递延所得税资产的确认应以未来期间可能取得的应纳税所得额为限。在可抵扣暂时性差异转回的未来期间内，企业无法产生足够的应纳税所得额用以抵减可抵扣暂时性差异的影响，使得与递延所得税资产相关的经济利益无法实现的，该部分递延所得税资产不应确认；企业有确凿的证据表明其于可抵扣暂时性差异转回的未来期间能够产生足够的应纳税所得额，进而利用可抵扣暂时性差异的，则应以可能取得的应纳税所得额为限，确认相关的递延所得税资产。

在判断企业于可抵扣暂时性差异转回的未来期间能否产生足够的应纳税所得额时，应考虑以下两个方面的影响：

一是通过正常的生产经营活动能够实现的应纳税所得额，如企业通过销售商品、提供劳务等所实现的收入扣除相关费用的金额。

二是以前期间产生的应纳税暂时性差异在未来期间转回时将产生应纳税所得额的增加额。

考虑到受可抵扣暂时性差异转回的期间内可能取得应纳税所得额的限制，因无法取得足够的应纳税所得额而未确认相关的递延所得税资产的，应在财务报表附注中进行披露。

（2）对于与子公司、联营企业、合营企业的投资相关的可抵扣暂时性差异，同时满足下列条件的，应当确认相关的递延所得税资产：一是暂时性差异在可预见的未来很可能转回；二是未来很可能获得用来抵扣可抵扣暂时性差异的应纳税所得额。

对联营企业和合营企业的投资产生的可抵扣暂时性差异，主要产生于权益法下确认的投资损失以及计提减值准备的情况下。

（3）对于按照税法规定可以结转以后年度的未弥补亏损和税款抵减，应视同可抵扣暂时性差异处理。在预计可利用可弥补亏损或税款抵减的未来期间内能够取得足够的应纳税所得额时，应当以很可能取得的应纳税所得额为限，确认相关的递延所得税资产，同时减少确认当期的所得税费用。

与未弥补亏损和税款抵减相关的递延所得税资产，其确认条件与可抵扣暂时性差异产生的递延所得税资产相同，在估计未来期间能否产生足够的应纳税所得额用于利用该部分未弥补亏损或税款抵减时，应考虑以下相关因素的影响：

①在未弥补亏损到期前，企业是否会因为以前期间产生的应纳税暂时性差异转回而产生足够的应纳税所得额；

②在未弥补亏损到期前，企业是否可能通过正常的生产经营活动产生足够的应纳税所得额；

③未弥补亏损是否产生于一些在未来期间不可能再发生的特殊原因；

④是否存在其他的证据表明在未弥补亏损到期前能够取得足够的应纳税所得额。

同时具有下列特征的交易中因资产或负债的初始确认所产生的递延所得税资产不予确认：①该项交易不是企业合并；②交易发生时既不影响会计利润也不影响应纳税所得额（或可抵扣亏损）。该项交易中产生的资产、负债的初始确认金额与其计税基础不同，产生可抵扣暂时性差异，会计准则规定在交易或事项发生时不确认相关的递延所得税资产。

【例 7-17】华恒公司 20×5 年发生资本化研发支出 2 000 000 元，至年末研发项目还没有完成。税法规定，按照会计准则规定资本化的研发支出按照其 150% 作为计算摊销额的基础。

分析：

华恒公司按照会计准则规定资本化的开发支出为 2 000 000 元，其计税基础为 3 000 000 元（2 000 000×150%），该开发支出及所形成无形资产在初始确认时其账面价值与计税基础即存在差异，因该差异并非产生于企业合并，同时在产生时既不影响会计利润也不影响应纳税所得额，按照《企业会计准则第 18 号——所得税》规定，不确认与该暂时性差异相关的所得税影响。

最美英语 07

When something bad happens,

there's no point in wishing it had not happened.

The only option is to minimize the damage.

当坏事发生时，祈祷事情没发生是没用的。

唯一的最佳选择，就是把损失降低到最小。

——《唐顿庄园》

张党珠随笔：

祈祷，有时是弱者无法面对困局时的无力表现，是一种非理性的行为。

理性，尤其是能在一个非理性的世界里，过上一种理性的生活，真优雅！

8 财务管理考点

8.1 财务管理概述

【考点1】财务管理的基本内容

1）财务管理（financial management）的概念与内容

（1）企业财务存在的客观必然性

市场经济条件下企业的再生产过程一方面表现为使用价值的生产和交换过程，另一方面表现为价值的形成和实现过程。商品的价值是借助于货币加以计量的，以货币表现的商品的价值和价值运动过程称为资金或资金运动。企业的资金及其运动过程称为企业财务。企业财务以价值的形式综合反映企业的生产经营过程。企业财务管理是对企业生产经营过程中的价值所进行的规划与控制，其目的是通过财务决策等手段，实现企业经济价值的增长。

（2）企业财务管理的基本内容

①投资决策（investment decisions）。投资是企业为了获取经济资源的增值而将其货币投放于各种资产形态上的经济行为。由于企业拥有的经济资源具有稀缺性，有效投资、提高投资的效率，就成为企业投资决策首先应解决的问题。财务管理的任务是通过对投资项目的财务可行性的评价，为企业投资决策提供方法上的支持，以最大限度保

证投资决策的科学性。

投资决策首先要考虑的问题是如何合理确定企业资产的结构。企业经营的获利能力及由此相伴的风险程度是由企业的投资结构决定的，投资于不同的行业，企业的获利能力与风险程度不同。收益与风险相均衡，是进行投资决策必须遵循的一项原则。

投资项目财务可行性评价是投资决策的主要内容。确定一个投资项目财务可行性的重要标准是看该投资项目是否拥有正的净现值。

②筹资决策（financing decision）。筹资是企业为了满足对于资金的需要而筹措和集中资金的经济行为。筹资决策表现为对企业资金需要量的确定、对筹资方式的选择、对企业权益资本与长期负债比例的规划等方面。

筹资决策的核心问题是确定企业的资本结构。

确定企业的股权结构也是资本结构决策的重要问题。

对筹资方式的选择是筹资决策的一个重要问题。

③股利分配决策。股利分配决策是确定企业当年实现的税后净利在股东股利和企业留存收益之间的分配比例。

2）企业组织形式与理财特征

（1）独资企业

（2）合伙企业

（3）公司

【考点2】财务管理目标

1）企业各种理财目标的分析

（1）利润最大化（profit maximization）

其奉行理由为：第一，企业是以营利为目的的经济实体，利润最大化作为企业的理财目标符合企业的经济本质；第二，在自由竞争的资本市场中，资本的使用权最终属于获利最多的企业；第三，利润代表了企业新创造的物质财富，只有每个企业都实现了利润最大化，才能够达到整个社会财富的最大化，从而带来社会的进步与发展；第四，利润最大化有利于企业提高竞争能力，静态下的边际成本与边际收益相等时，被认为是企业竞争能力提高和效率提高的标志。

但是，利润最大化也存在着难以克服的种种弊端。由于这些弊端的存在，利润最大化不应该成为现代企业追求的目标。第一，利润最大化是以静态下的边际收益等于边际成本为前提条件的，短期内的利润最大化会造成企业的短期行为，进而损害企业的长远价值。第二，利润最大化的目标导向不符合现代企业战略管理的要求。现代企业战略管理需要对企业进行长远的、全局性的规划，其着眼点在于保证企业的长远良性发展。在战略管理下，一些企业成本对于短期利润的最大化是没有必要的，但是对于企业长远的发展则是必需的，如人才培训成本、研究开发成本、市场营销成本等。第三，短期利润最大化不能作为企业增强竞争能力的手段。第四，从财务估价的角度来看，利润最大化忽略了货币的时间价值及风险因素。在不考虑货币的时间价值的情况下，理财决策是不科学的决策，也有可能造成决策的失误。盲目追求利润最大化就有可能忽略风险，结果可能会给企业带来意外的损失。第五，利润及其最大化要受到会计政策选择等人为因素的影响。总之，由于利润最大化不具有系统性、长远性、重要性、时间性、风险性等企业理财目标应具有的特性，所以不能以其作为企业理财的目标。

（2）每股盈余或所有者权益报酬率最大化（EPS maximization）

（3）股东财富最大化（shareholder wealth maximization）

（4）企业价值最大化（business value maximization）：企业理财目标的合理选择

企业价值是指企业的未来现金净流量按照企业要求的必要报酬率计算的总现值，也是企业的市场价值，它取决于未来企业所创造的现金净流量、企业要求的必要报酬率和企业存续时间等因素。在理论上它等于企业股票的价值与债券的价值，即金融化的资产价值。以企业价值最大化作为企业的理财目标，是现代企业发展的必然要求。它具有与相关利益者利益的一致性、保证企业战略发展的长期性、考虑风险及货币时间价值估价的风险性及时间性等特征。

首先，以企业价值最大化作为企业理财目标有利于实现企业相关利益主体经济利益的均衡。

其次，企业价值最大化体现了企业战略管理的要求。

最后，企业价值最大化考虑了货币的时间价值与风险因素。

按照企业价值最大化的理财目标，由于企业价值是按照必要报酬率计算的企业未来现金净流量的现值，因此，在投资决策中努力增加企业未来的现金净流量，在筹资决策中，努力降低资本成本（企业的必要报酬率）、控制风险，就成为企业理财工作的具体目标。

【考点3】代理冲突与财务管理目标

1）代理关系与代理冲突

代理理论阐明了企业存在的两种主要代理关系，即债权人与股东之间的利益冲突、股东与管理者之间的利益冲突，以及这两种关系的解决对策。

按照迈克尔·詹森的定义，代理关系是指“一种契约，在这种契约下，一个人或更多的人（即委托人）聘用另一人（即代理人）代表他们来履行某些职责，包括把若干决策权托付给代理人”[①]。在契约关系存在的情况下，由于代理人是一个独立的经济人，具有独立的目标函数，他的目标函数是借助于委托人所给的条件最大限度地满足自己的利益；同时，由于委托人和代理人之间存在信息不对称，委托人无法准确观察代理人的行动，必然要产生代理成本。

代理成本（agency cost）是指制定、管理和实施契约所发生的全部费用。詹森和梅克林将代理成本划分为三部分：委托人的监督费用；代理人的保证费用；剩余损失。委托人的监督费用是指为使代理人达到委托人的要求而用于管理代理人行为的费用，包括激励与监督费用。代理人的保证费用是指代理人保证不采取损害委托人利益的行为的费用，以及如果采取了某种损害委托人利益的行动，代理人将赔偿给委托人的费用。监督费用和保证费用是制定、管理、实施契约的实际费用。剩余损失是指委托人因代理人代行决策权而产生的一种利益损失，它是一种在契约最优但又不能被完全执行时的机会成本。

① 陈郁. 所有权、控制权与激励［M］. 上海：上海三联书店，上海人民出版社，2006：5.

2）股东与经营者之间的代理冲突

股东与经营者的代理冲突源于在自利行为假设下，股东与经营者目标的不一致性。

代理冲突的前提条件之一是所有权与经营权的分离。

以上分析建立在忽略了通过监督和其他控制活动对所有者-管理者行为进行控制的潜在可能性的基础上。在实践中，可以通过审计、建立控制系统、预算限制，以及建立使管理者利益与外部股东利益趋于一致的激励性补偿制度等，改变所有者-管理者所拥有的非金钱利益的机会。

促使代理人和委托人的目标保持一致的有效措施是委托人对代理人的激励与约束。

3）债权人与股东之间的代理冲突

股东伤害债权人的第一种方式是风险转嫁。股东伤害债权人的第二种方式是不征得原债权人的同意而举借新债，从而造成企业债务偿还能力的降低，导致旧债市场价值的降低。

代理成本的承担者是企业，代理成本与企业价值是此消彼长的。在企业资本结构中，权益性资本所占比重越大，股权的代理成本就越大，债务代理成本就越低；反之亦然。当企业代理成本的总和达到最低时，企业的价值最大。

4）社会责任与企业理财目标

企业目标与社会目标在许多方面是一致的，但也有矛盾的一面。

为促使企业履行社会责任，政府应以法律形式保护社会公众的利益，调解股东与社会公众利益的矛盾；对于法律不能约束的行为，应促使企业遵守商业道德规范或接受政府的行政监督；企业还应受到社会舆论的监督。

【考点4】金融市场环境

金融市场是资金供求双方交易的场所。

金融市场对企业理财具有重要的意义。首先，金融市场是企业筹资和投资的场所；其次，企业通过金融市场实现长期资金与短期资金的相互转化。

1）金融市场的分类

（1）按交易的期限分为短期资金市场和长期资金市场

（2）按交割的时间分为现货市场和期货市场

（3）按交易的性质分为发行市场和流通市场

（4）按交易的直接对象分为同业拆借市场、国债市场、企业债券市场、股票市场、金融期货市场等

2）金融机构

3）金融性资产的特点

（1）流动性

（2）收益性

收益性是指金融性资产获取收益的能力的属性。

（3）风险性

风险性是指不能恢复其原投资价格的可能性。资产的流动性与资产的收益性呈反向变动，收益性与风险性相均衡，即流动性越强的资产，风险越小，其收益性就越低，反之亦然。

4）金融市场上利率的决定因素

在金融市场上，利率是进行资金交易的价格，可用下式表示：

利率=纯粹利率+通货膨胀附加率+变现力附加率+违约风险附加率+到期风险附加率

（1）纯粹利率（pure rate of interest）

纯粹利率是在无风险、无通货膨胀情况下的平均利率，亦称为无风险报酬率。

（2）通货膨胀附加率（inflation premium rate）

对于因通货膨胀所造成的货币贬值损失，投资者会要求相应的、在纯粹利率基础上的一种附加报酬，即通货膨胀附加率。

（3）变现力附加率（liquidity premium rate）

对于预期难以以合理的价格转化为现金的变现力风险，投资者要求相应的补偿，即变现力附加率。

（4）违约风险附加率（default risk premium rate）

违约风险是投资者承担的债务人到期无法还本付息的可能性。

（5）到期风险附加率（maturity risk premium rate）

到期风险是指因到期时间长短不同而形成的利率变动的风险。一般而言，到期时间越长，利率变化的可能性就越大，利率变动导致证券价格波动，从而使投资者面临蒙受损失的可能性。

8.2 财务估价基础

【考点1】财务估价的含义

1）财务估价的意义

所谓财务估价（financial value），就是对企业的持续经营价值进行判断、估计的过程。

（1）财务估价是企业理财决策的基础

（2）财务估价是企业确定资产经济价值的重要方法

2）财务估价的方法

财务估价方法可分为客观估价法和主观估价法。

客观估价法是以业已确定的资产价值为基础的一类估价方法。

主观估价法需要对资产或企业的未来价值进行估计，最基本的技术工具就是折现现金流量模型。

3）财务估价的基本程序

第一步，明确被估价的目标。

第二步，收集并整理估价期间的外部经营环境资料。

第三步，分析企业经营战略。

第四步，预测企业经营绩效的重要指标，如销货额、净收益、现金流量。

第五步，选择、运用合适的估价方法，计算企业价值。

4）财务估价的折现现金流量模型

按照这一模型，任何一项资产或企业的价值等于该项资产或企业在未来所创造的现金净流量的现值。

运用折现现金流量模型，需要深入理解这一模型蕴含的以下意义：

第一，资产的经济价值取决于资产在未来创造的经济收益，经济收益是以现金净流量来表示的。

第二，货币时间价值是财务估价的手段。

第三，投资者的必要报酬率是影响资产或企业价值的重要因素。

第四，资产或企业的价值高低与其风险程度相关。

【考点2】货币的时间价值

1）货币时间价值（time value of money）的含义

所谓货币时间价值，是指在不考虑风险和通货膨胀的情况下，货币经过一定时间的投资与再投资所产生的增值，也称为资金的时间价值。

货币时间价值用相对数来表示，是增值额占投资额的百分比，即无风险和通货膨胀情况下的投资报酬率。

从量的规定性上看，货币的时间价值是没有风险和通货膨胀情况下的社会平均投资报酬率。

从表现形式上看，货币的时间价值表现为资金周转过程中的差额价值。

2）货币时间价值计算中的几个概念

①必要报酬率（required rate of return），是指进行投资所必须赚得的最低报酬率。必要报酬率是投资的机会成本。

②期望报酬率（expected rate of return），是一项投资方案估计所能够达到的报酬率。判断一个投资项目可行性的标准是：其期望报酬率必须大于或等于其必要报酬率，此时，净现值等于或大于零。

③实际报酬率（effective rate of return），是项目投资后实际赚得的报酬率。

④终值（future value），又称将来值或本利和，是指现在一定量的资金在将来某个时点上的价值。

⑤现值（present value），是指未来某一时点的一定数额的货币折合为相当于现在的本金。

⑥现金流量（cash flow），是一个项目的未来现金流出量和流入量的统称。

3）货币时间价值的计算

（1）单利的计算

（2）复利（compound interest）的计算

①复利终值的计算。

$$S = P(1+i)^n$$

②复利现值的计算。

（3）年金的计算

年金（annuity）是指在一定时期内系列、等额收付的款项。

①普通年金的计算。

A.普通年金终值的计算。

普通年金的终值是指最后一期（第n期）期末的本利和，它是一定时期内各个时点收付款项复利终值之和。

B.偿债基金的计算。

C.普通年金现值的计算。

普通年金现值是指为在每期期末取得相等金额的款项，现在（即第0年或第1年初）需要投入的金额，即各期期末的现金流量相当于现在的价值。

D.年资本回收额的计算。

年资本回收额是指为收回现在的投资而应于未来每年年末等额回收的金额，即根据年金的现值计算的年金。

②预付年金的计算。

预付年金（prepaid annuity）是于每期期初付款的年金，又称即付年金。

A.预付年金终值的计算。

预付年金的终值是其最后一期期末（n期末）时的本利和。

B.预付年金现值的计算。

③递延年金现值的计算。

递延年金（deferred annuity）是指第一次支付发生在第二期或第二期以后的普通年金。

④永续年金现值的计算。

无限期等额支付的年金，称为永续年金（perpetual annuity），即期数趋向于无穷大的普通年金。

⑤货币时间价值的特殊计算问题。

A. 利率的计算。

复利的利率可根据其终值计算表达式导出：

$$i=(S/P)^{1/n}-1$$

也可采用插值法计算求得。

永续年金的利率可根据其现值计算式导出：

$$i=A/P$$

普通年金的利率可采用插值法求解。

B. 期间的计算。

期间的计算与利率的计算道理等同，可采用插值法求解。

C. 名义利率与实际利率的换算。

方法一：将名义利率调整为实际利率，n 为年数，然后按实际利率计算时间价值。调整公式为：

$$i=(1+r/m)^m-1$$

$$S=P(1+i)^n$$

式中：i 为实际利率；r 为名义利率；m 为每年复利次数。

方法二：不计算实际利率，将名义利率 r 调整为每复利周期计息一次时的利率 r/m，复利期数为 n 年内总的复利次数 $m\times n$，则：

$$S=P(1+r/m)^{m\times n}$$

【考点3】风险与报酬

1）风险及其衡量

（1）风险的概念

从财务角度来说，风险主要是指无法达到预期报酬的可能性。

（2）风险的类别

对于风险，可以从不同角度分类。

从企业自身的角度，可将企业风险分为经营风险和财务风险。

经营风险是指由企业生产经营的不确定性造成的企业盈利的不确定性，也叫商业风险或投资风险。财务风险是企业由于负债融资导致的净资产收益率或每股收益的不确定性，也是企业到期不能还本付息的可能性。财务风险也称筹资风险。

从个别投资主体的角度可将风险分为市场风险和企业特有风险。

（3）风险的衡量

①概率及其分布。

②期望值。

③标准离差。

标准离差是衡量随机变量脱离其期望值离散程度的指标。标准离差越大，说明随机变量脱离其期望值的幅度越大，项目的风险程度越高。对两个项目的风险程度进行比较时，如果两个项目的期望值相同，标准离差越大，风险就越大；反之，标准离差越小，风险就越小。标准离差的计算公式为：

$$\sigma = \sqrt{\sum_{i=1}^{n}(X_i - P_i)^2 \cdot P_i}$$

④变异系数。

变异系数又称标准离差率，是标准离差与期望值之比，计算公式为：

$$q = \frac{\sigma}{E}$$

2）风险和报酬的关系

风险越大，要求的报酬率就越高，这就是风险与报酬的基本关系。在自由竞争的市场上，不存在风险最低而报酬最高的投资机会，竞争的结果是获得高报酬必然要承担高风险，承担的风险低获取的报酬也低。

投资者进行投资要求的报酬率，是与其投资承担的风险程度相匹配的必要报酬率。

投资者必要报酬率=无风险报酬率+风险报酬率

无风险报酬率可以以国库券的利率来表示。风险报酬率是风险的函数，风险越大则要求的报酬率就越高。

8.3 投资决策基础

【考点1】固定资产投资概述

1）固定资产投资的特点

固定资产投资与流动资产投资相比较具有如下特点：

①固定资产投资金额大。

②固定资产投资回收期限长。

③固定资产投资频率低。

④固定资产投资的价值形态与实物形态既相互统一又相互分离。

2）固定资产投资的分类

（1）按固定资产投资的作用划分

①战略性投资。

②战术性投资。

（2）按固定资产投资的目的划分

①追加性固定资产投资。

②移向性固定资产投资。

③更新性固定资产投资。

（3）按投资方案之间的关系划分

①独立性投资。

②互斥性投资。

③互补性投资。

3）固定资产投资决策程序

【考点2】必要报酬率

必要报酬率是投资者期望的最低收益率。

1）资金成本

资金成本是投资者冒风险进行投资所要求的基本报酬率。企业进行固定资产投资所要求的报酬率一般可根据债务资本与权益资本的资金成本加权平均计算。

2）机会成本率

机会成本率是固定资产投资占用的资金丧失的用于其他投资机会

的潜在收益。机会成本率是投资者要求的最低资金利润率，可以根据市场上同类投资机会的报酬率来确定。

3）资本资产定价模型

【考点3】现金净流量

1）现金流量的估算

（1）现金流量的概念

在投资决策中，现金流量是指一个项目引起的企业现金支出和现金收入增加的数量。

①现金流出量。

②现金流入量。

③现金净流量。

（2）估算现金流量应注意的问题

①相关成本。

②机会成本。

③增量现金净流量。

④投资方案对公司其他部门的影响。

⑤筹资的利息或股利。

（3）现金流量的估算方法

固定资产投资决策中的现金流量一般可以分成三个阶段分别计算：

①初始现金净流量。初始现金净流量是指投资开始时购建固定资产发生的现金流入量与流出量的统称。它包括以下内容：

A.固定资产投资支出；

B.购建流动资产支出；

C.无形资产投资支出；

D.与固定资产投资有关的其他支出；

E.旧固定资产的变现收入；

F.税收节省额。

②经营现金净流量。经营现金净流量是指固定资产项目投产后，在整个寿命期限内由于生产运营所发生的现金净流量。它包括以下

内容：

A.营业现金收入；

B.计提的折旧；

C.付现营业成本；

D.应缴纳的税金。

通常，营业现金净流量按照年度估算，分别根据不同情况按照以下公式计算：

在不考虑所得税时：

营业净现金流量=销售收入-付现成本

考虑所得税时：

营业净现金流量=（销售收入-付现成本-折旧）×（1-所得税税率）+折旧

=税后净利+折旧

=税后收入-税后付现成本+折旧×所得税税率

③终结现金净流量。终结现金净流量是指固定资产报废时发生的现金净流量。它包括以下内容：

A.固定资产残值收入；

B.追加投入的营运资金回收；

C.残值净收入纳税。

【考点4】项目投资决策的基本方法

1）非贴现法（non-discounted methods）

非贴现法是不考虑货币时间价值因素的决策方法。

（1）投资回收期（payback period，PP）

①概念。

投资回收期是指收回初始投资所需要的时间。该方法是从收回投资所需要的时间长短角度评价项目的经济可行性。

②计算。

在计算固定资产投资项目的投资回收期时，根据其现金流量的特点，有以下两种计算方式：

A.当项目各年的净现金流量相等时，用下面的公式计算：

$$投资回收期（PP）=\frac{初始投资额}{年均现金净流量}$$

B. 当项目各年的净现金流量不等时，用累计净现金流量法计算：

$$\sum_{t=0}^{n} I_t = \sum_{t=0}^{n} O_t$$

即累计净现金流量等于初始投资时所需要的时间。

③决策标准。

对相互独立的备选方案决策时：投资回收期≤期望投资回收期，可行；投资回收期＞期望投资回收期，不可行。

对相互排斥的备选方案决策时：在满足投资回收期≤期望投资回收期的备选方案中，选择投资回收期最短的备选方案。

④优缺点。

投资回收期法的优点是：投资回收期的概念容易理解，计算简单。但该方法也具有如下缺点：首先，没有考虑资金的时间价值，只是将现金流量简单地相加，而没有考虑现金流量发生的时间；其次，没有考虑回收期满后的现金流量状况，因而不能充分说明问题。事实上，实际工作中的很多固定资产投资往往在早期的现金流入量小，而在中后期的现金流入量大，因此通过投资回收期法有可能选择了早期现金流入量大的方案而放弃了长期更加成功的投资方案。

（2）年均收益率（average rate of return，ARR）

①概念。

年均收益率是投资项目在寿命期限内平均的年投资报酬率，也称为平均报酬率。

②计算。

$$平均报酬率（ARR）=\frac{年均现金净流量}{初始投资额}\times 100\%$$

③决策标准。

对相互独立的备选方案决策时：平均报酬率≥期望报酬率，可行；平均报酬率＜期望报酬率，不可行。

对相互排斥的备选方案决策时：在满足平均报酬率≥期望报酬率的方案中选择平均报酬率最大的方案。

④优缺点。

优点：简明、易算、易懂。

缺点：没有考虑资金的时间价值；把第一年的现金流量与最后一年的现金流量视为具有相同的价值，所以有时会做出错误的决策。

2）贴现法（discounted methods）

贴现法是考虑了资金时间价值的决策方法，包括：

（1）净现值（net present value，NPV）

①概念。

净现值是投资项目投入使用后产生的各年净现金流量按资本成本或企业要求达到的报酬率折算的总现值减去初始投资以后的余额。

②计算。

$$净现值（NPV）=\sum_{t=1}^{n}\frac{NCF_t}{(1+i)^t}-NCF_0$$

式中：NCF 为各年现金净流量；i 为折现率；n 为投资有效期（预计使用年限）。

③决策标准。

在独立备选方案的采纳与否决策中，净现值为正者采纳，净现值为负者不采纳。

在有多个备选方案的互斥选择中，应采用净现值为正值的方案中的最大者。

④优缺点。

优点：考虑了资金的时间价值，能够反映各种投资方案的净收益，因而是一种较好的方法。

缺点：不能揭示各个投资方案本身可能达到的实际报酬率是多少；对投资额不同的项目难以进行优先排序。

（2）现值指数（profitability index，PI）

①概念。

现值指数又称获利指数或利润指数，是投资项目投产后未来现金流量的总现值与初始投资额的现值之比。

②计算。

现值指数（PI）= $\sum_{t=1}^{n}\frac{NCF_t}{(1+i)^t}\div NCF_0$

③决策标准。

在对独立备选方案的采纳与否决策中，获利指数大于1，则采纳；获利指数小于1，就拒绝。

在有多个方案的互斥选择决策中，应采用获利指数超过1最多的投资项目。

④优缺点。

优点：考虑了资金的时间价值；能够真实地反映投资项目的盈亏程度；获利指数是用相对数表示的，所以有利于在初始投资额不同的投资方案之间进行优先排序。

缺点：获利指数这一概念不易理解，而且不能反映项目本身的真实报酬率。

（3）内部报酬率（internal rate of return，IRR）

①概念。

内部报酬率又称内含报酬率，反映的是项目本身的预期报酬率，是使投资项目的净现值等于零的贴现率。

②计算。

$$\sum_{t=1}^{n}\frac{NCF_t}{(1+IRR)^t}-NCF_0=0$$

式中：NCF_t为第t年的现金净流量；IRR为内部报酬率；n为项目使用年限；NCF_0为初始投资额。

投资方案现金流量的特点不同，内含报酬率的求解方法不同：

如果投资方案各年的现金流量相等，用查表的方法求解；如果投资方案各年的现金流量不同，则用测试法求解。其测试过程是：先设一个贴现率，计算其净现值，如果净现值为零，结束测试过程，所设的贴现率就是项目的内部报酬率；如果净现值为正，则提高贴现率再测试；如果净现值为负，则降低贴现率再测试；经过反复测试，直到找到两个净现值接近于零的贴现率，再用插值法计算其精确的内部报酬率。

③决策标准。

在独立备选方案的采纳与否决策中，如果计算出的内部报酬率大于企业的资本成本或必要报酬率就采纳；反之，如果计算出的内部报酬率小于企业的资本成本或必要报酬率则拒绝。

在有多个方案的互斥选择决策中，应选择剩余收益（预期收益-资本成本）最大的方案。在互斥方案的原始投资额相同的情况下，应采用内部报酬率超过资本成本或必要报酬率最多的投资项目；在互斥方案的原始投资额不同的情况下，应选择剩余收益（投资额乘以内部报酬率与资本成本或必要报酬率之差）最大的方案。

④优缺点。

优点：考虑了资金时间价值，反映了投资项目的真实报酬率，能够对不同的投资项目进行优先排序，概念也易于理解。

缺点：计算过程比较复杂，特别是每年*NCF*不相等的投资项目，一般要经过多次测算才能求得。

3）投资决策方法的比较

一般地，对于一个传统的独立项目，内部收益率法、净现值法和现值指数法将使我们得出相同的接受或者拒绝的结论。但是，当我们对两个或多个固定资产投资项目作互斥选择时，内部收益率法、净现值法或现值指数法可能得出矛盾的结论。造成这种情况的原因主要有：

①投资项目的初始投资成本不相同。

②投资项目现金流量的时间分布不同。例如，某个项目的现金流量随时间递增，而其他项目则随时间递减。

③投资项目具有不同的使用寿命期限。

需要指出的是，上述投资项目的差别只是产生投资项目等级排列冲突的必要条件，而非充分条件。因此，有可能存在某些互斥项目在上述三个方面都不相同，但在按内部收益率、净现值和现值指数进行排序时却没出现任何冲突。

在内部收益率方法下，隐含的再投资利率将随着项目的现金流量模式的不同而不同。对于一个有较高内部收益率的项目，假设的再投资利率也较高；对于内部收益率较低的项目，假设的再投资利率也较低。只有当两个投资项目的内部收益率相等时，它们才会有相同的再投资利率。而对于净现值法，隐含的再投资利率——必要报酬率——对每个项目都是一样的。从本质上来说，这个再投资利率反映了公司存在的投资机会的最低收益率。因此，这个利率更准确地反映了公司增加投资预期能赚取的边际收益率。因此，当互斥项目因为现金流量模式上的差异而产生排序困难时，应该选择按净现值排序，它能帮助我们找到能最大限度地增加股东财富的项目。

【考点5】项目投资决策方法的运用

1）固定资产更新决策

2）寿命期限不等的投资决策

（1）年均净现值法

年均净现值法是对经济寿命不等的固定资产投资方案进行评价时，将净现值总额分摊到每一年，然后比较投资方案经济可行性的方法。年均净现值计算公式如下：

$$ANPV = \frac{NPV}{PVIFA_{K,n}}$$

式中：$ANPV$为年均净现值；NPV为净现值；$PVIFA_{K,n}$为年金现值系数。

（2）年均成本法

年均成本是固定资产投资方案引起的现金净流出量的年平均值。它是未来使用年限内现金流出量的总现值与年金现值系数的比值。

3）资本限额的决策分析

资本限额是指企业在某一特定时期内的资本支出总量必须在预算约束或预算上限之内。

按现值指数递减的顺序选择项目，能选出可最大限度增加公司价值的项目组合。这是因为，资本限额问题的关键就是选择一个项目组合使预算限额中的“每一元钱都发挥最大作用”——而这正是按现值指数递减的顺序选择项目具有的特征。

【考点6】项目投资的风险分析

1）敏感性分析法

敏感性分析法是指从众多不确定性因素中找出对投资项目经济效益指标有重要影响的敏感性因素，并分析、测算其对项目经济效益指标的影响程度和敏感程度，进而判断项目承受风险能力的一种不确定性分析方法。

2）风险调整贴现率法

风险调整贴现率法是对于高风险的投资项目，采用较高的贴现率去计算净现值，然后根据净现值法的规则来选择方案。其公式表示为：

$$NPV = \sum_{t=1}^{n} \frac{ENCF_t}{(1+K)^t} - NCF_0$$

式中：$ENCF_t$为各年现金流量期望值；NCF_0为初始投资额；K为风险调整贴现率。

该种方法的关键问题是根据项目风险程度的大小确定含风险的贴现率即风险调整贴现率。风险调整贴现率可以根据风险报酬率模型来确定，其公式如下：

$$K = i + b \cdot Q$$

式中：K为风险调整贴现率；i为无风险贴现率；b为风险报酬斜率；Q为风险程度。

根据风险调整贴现率法对投资项目进行决策时，主要步骤如下：

①计算各年现金流量期望值；

②计算标准差及变异系数；

③确定风险报酬斜率；

④确定风险调整贴现率；

⑤计算净现值并决策。

风险调整贴现率法比较符合逻辑，不仅为理论家所认可，并且被广泛使用。但是，它把时间价值和风险价值混在一起，并随时间推移，风险越来越大，这与很多事实不相符。某些行业的投资，往往在前几年的现金流量难以预料，越往后反而更有把握，这就使该方法在适用范围上受到限制。

3）肯定当量法

肯定当量法是先用一个肯定当量系数把有风险的现金净流量调整为无风险的现金流量，然后用无风险的贴现率去计算净现值，以便用净现值法则判断投资方案的经济可行性。其计算公式如下：

$$NPV = \sum_{t=1}^{n} \frac{\alpha_t ENCF_t}{(1+i)^t}$$

式中：α_t为t年现金流量的肯定当量系数；$ENCF_t$为t年现金流量期望值；i为无风险贴现率。

采用肯定当量法对有风险的投资项目进行决策的主要步骤是：

①计算项目现金流量期望值E；

②度量项目的风险程度，计算标准离差D和变化系数Q；

③确定肯定当量系数。

肯定当量系数是指不肯定的1元现金流量期望值相当于使投资者满意的肯定的现金流量的系数，它可以把各年不肯定的现金流量换算成肯定的现金流量。使用肯定当量法的关键是确定肯定当量系数，主要有以下三种方法：

（1）公式法

$$\alpha_t = \frac{\text{肯定的现金流量}}{\text{不肯定的现金流量期望值}}$$

（2）经验法

如果以变化系数表示项目现金流量的不确定性或风险程度，西方国家相关机构所作的跟踪研究发现，变化系数与肯定当量系数的经验关系如下：

变化系数	肯定当量系数
0.00 ~ 0.07	1
0.08 ~ 0.15	0.9
0.16 ~ 0.23	0.8
0.24 ~ 0.32	0.7
0.33 ~ 0.42	0.6
0.43 ~ 0.54	0.5
0.55 ~ 0.70	0.4

（3）换算法

如果有风险的报酬率和无风险最低报酬率之间的函数关系已知，则可以据此计算出各年的肯定当量系数。换算的方法如下：

因为：

$$NPV=\sum_{t=0}^{n}\frac{\alpha_t NCF_t}{(1+i)^t}$$

$$NPV=\sum_{t=0}^{n}\frac{NCF_t}{(1+K)^t}$$

所以：

$$\frac{\alpha_t NCF_t}{(1+i)^t}=\frac{NCF_t}{(1+K)^t}$$

$$\alpha_t=\frac{(1+i)^t}{(1+K)^t}$$

（4）用无风险贴现率计算净现值

8.4 有价证券投资决策

【考点1】证券投资分类

1）证券投资的概念

证券投资和实物资产投资不同：实物资产投资是购买固定资产或流动资产等实物资产用于生产经营活动，属于直接投资；证券投资通过购买股票、债券等金融资产，将资金转移到企业然后再投入生产活动，属于间接投资。

2）证券投资目的

（1）调剂资金余缺

（2）获取投资收益

（3）降低投资风险

（4）取得控制权

（5）稳定供应商与客户关系

（6）提高变现力

3）证券投资分类

证券投资的种类很多，按照不同的标准可以做不同的分类。

①按照证券投资的时间，可以分为短期证券投资和长期证券投资。

②按照证券投资的对象，可以分为股票投资和债券投资。

③按证券发行主体分为政府证券投资、金融证券投资和公司证券投资。

④按投资证券的收益状况分为固定收益证券和变动收益证券。

【考点2】优先股的估价及投资决策

1）优先股的概念及特点

优先股（preferred stock）是股东持有的一种（一般）有固定股利的股票，但股利的支付要由董事会决定。

优先股与普通股比较具有以下特点：①在企业持续经营条件下股利支付和剩余财产索偿权方面优先于普通股；②优先股股东不能参与企业重大事项的决策，但有关优先股的决策权除外；③优先股股东一般都能享受固定的股利。

优先股与债券比较有以下特点：①优先股没有到期日；②优先股股利的支付属于税后利润分配；③优先股对剩余财产的索偿权在债券之后。

可见，与普通股相同的是，优先股代表其持有者对公司的部分所有权，而且没有到期日。与债券相同的是，优先股的股利以固定形式发放。由于优先股兼具普通股和债券两种特征，因此人们又将优先股称为混合性证券。实际上优先股并不面对个人投资者，通常是一些公司被优先股股利的低所得税税率吸引。

2）优先股估价及投资决策

$$V_p = \frac{D_p}{k_p}$$

式中：D_p为每股优先股一年的固定股利；k_p为确定的贴现率。

【考点3】普通股的估价及投资决策

1）普通股的概念与特征

普通股是享有普通权利、承担普通义务的股份，是公司股份的最基本形式。普通股的股东对公司的管理、收益享有平等权利，根据公司经营效益分红，风险较大。在公司的经营管理和盈利及财产的分配上享有普通权利的股份，代表满足所有债权偿付要求及优先股股东的收益权与求偿权要求后对企业盈利和剩余财产的索取权。

2）股票的分类

①按股票有无记名，可分为记名股票和不记名股票。

②按股票是否标明金额，可分为面值股票和无面值股票。

③按投资主体的不同，可分为国家股、法人股、个人股等。

④按发行对象和上市地区的不同，又可分为A股、B股、H股和N股等。

⑤按股东享有的权利不同，可分为普通股（common stock）和优先股（preferred stock）两类。

3）股票估价与投资决策

（1）股票价值

股票价值亦称为股票的内在价值，也叫理论价值，是指其预期的未来现金流入量的现值。投资者购买股票可在预期的未来获得现金流入。股票的未来现金流入包括两部分：每期预期股利和出售时得到的价格收入。

（2）股票价格

股票本身是没有价值的，仅是一种凭证。它之所以有价格，可以买卖，是因为它能给持有人定期带来收益。一般来说，公司第一次发行股票时，要规定发行总额和每股金额，一旦股票发行后上市买卖，股票价格就与原来的面值分离。这时的价格主要由预期股利和当时的市场利率决定，即股利的资本化价值决定了股票价格。此外，股票价格还受整个经济环境变化和投资者心理等复杂因素的影响。股票的价格会随着经济形势和公司的经营状况而波动，总的长期趋势是上升。

（3）股利

股利是指依股份支付给持股人的公司盈余。

（4）股票的预期报酬率

①股票价值决策法。

A.股利贴现模型。

股利贴现模型（dividend discount model）是一个用于计算普通股每股内在价值的模型。该模型假设未来的股利的增长模式是可预计的，还假设事先确定了贴现率，则未来股利的贴现模型是：

$$V=\frac{D_1}{(1+k)^1}+\frac{D_2}{(1+k)^2}+\frac{D_3}{(1+k)^3}+\dots+\frac{D_\infty}{(1+k)^\infty}$$
$$=\sum_{t=1}^{\infty}\frac{D_t}{(1+k)^t}$$

式中：D_t为股东预期在第t年年末收到的股利；k为预期报酬率。

上述公式是股票评价的一般模式。它在实际应用时面临的主要问题是如何预计未来每年的股利，以及如何确定贴现率。

a.股利固定增长模型。

公司的股利是经常波动的，但如果预计股利会以固定的增长率增长，那么基本的股票估价方法又是怎么样的呢?假设股利的固定增长率为g，则上述公式变为：

$$V=\frac{D_0(1+g)^1}{(1+k)^1}+\frac{D_0(1+g)^2}{(1+k)^2}+\dots+\frac{D_0(1+g)^\infty}{(1+k)^\infty}$$

式中：D_0为目前的每股股利。所以，第n期期末的预计每股股利等于最近一期的每股股利乘以$(1+g)^n$。

这个公式看似改进不多，如果假定k大于g（这是一个很合理的假设，因为如果股利增长率g大于贴现率k，那么股票的价值将是无穷大），并将上式两边同乘以$\frac{(1+k)}{(1+g)}$，则得出：

$$V\frac{(1+k)}{(1+g)}=D_0+\frac{D_0(1+g)}{(1+k)}+\dots+\frac{D_0(1+g)^{\infty-1}}{(1+k)^{\infty-1}}$$

用后式减去前式得出：

$$V\frac{(1+k)}{(1+g)}-V=D_0-\frac{D_0(1+g)^\infty}{(1+k)^\infty}$$

如果$k>g$，则$\frac{D_0(1+g)^\infty}{(1+k)^\infty}$趋近于零，则：

$$V\frac{(1+k)}{(1+g)}-V=D_0$$

$$V\left[\frac{(1+k)}{(1+g)}-1\right]=D_0$$

$$V\left[\frac{(1+k)-(1+g)}{(1+g)}\right]=D_0$$

$$V(k-g)=D_0(1+g)=D_1$$

$$V=\frac{D_1}{k-g}$$

该方法是假设股利预计会永远以g的几何级数增长。对很多公司而言，该假设有些脱离现实。对于处在成熟期的公司而言，永久增长模型常常是合理的。

b.收益倍数法定价模型。

从固定增长率的股利定价模型很容易转变为收益倍数法定价模型。其基本思路是，投资者常在考虑自己愿意为未来预计的收益支付多少元。假定公司每年按固定的比例保留其收益，该固定比例设为b，这样股利支付率（每股股利除以每股收益）也是固定的。因此：

$$1-b=\frac{D_1}{E_1}$$

$$(1-b)\times E_1=D_1$$

式中：b为保留盈余比率；D_1为第1年年末每股股利；E_1为第1年年末每股收益。

将D_1代入前式，得出：

$$V=\frac{(1-b)\times E_1}{(k-g)}$$

c.股利不增长模型。

$$V=\frac{D_1}{k}$$

d.阶段性增长的计价模型。

阶段性增长股票又叫非固定成长股票。在现实生活中，有的公司股利是不固定的。例如，在一段时间里高速成长，在另一段时间里正常固定成长或固定不变。在这种情况下，就要分段计算，才能确定股票的价值。

B.股利和未来售价贴现模型。

如果投资者不打算永久地持有该股票，而在一段时间后出售，他的未来现金流入量是n次股利和出售时的股价。因此，其股票估价模型为：

$$V=\sum_{t=1}^{n}\frac{D_t}{(1+k)^t}+\frac{P_n}{(1+k)^n}$$

式中：D_t为股票持有期间的股利；P_n为股票出售时的价格。

C.市盈率分析。

上述股票价值的计算方法，在理论上比较健全，计算的结果使用起来也很方便，但对未来股利的预计很复杂并且要求比较高，一般投资者往往很难办到。有一种粗略衡量股票价值的方法，就是市盈率分析法。它易于掌握，被许多投资者使用。

市盈率是股票每股市价和每股盈利之比，说明股价是每股盈利的倍数。市盈率可以用来估计股票价格，它可以粗略反映股价的高低，表明投资人愿意用盈利的多少倍的货币来购买这种股票，是市场对该股票的评价。

因为：

$$市盈率=\frac{每股价格}{每股盈利}$$

所以：股票价格 = 该股票市盈率 × 该股票每股盈利

股票价值 = 行业平均市盈率 × 该股票每股盈利

②内部报酬率决策法。

股票内部报酬率又叫股票投资收益率，是指投资者进行股票投资可获取的真实收益率。这个收益率是指按复利计算的收益率，它是能使未来现金流入量现值等于股票买入价格（现金流出量）的贴现率，或者是股票投资净现值（未来现金流入量现值减去股票买入价格的差）等于零的贴现率。

【考点4】债券的估价及投资决策

1）债券的概念

债券是一种要求借款人按预先规定的时间和方式向投资者支付利息和偿还本金的债务合同。

2）债券的分类

作为投资对象，债券主要有以下几种分类：

（1）按发行主体分类

按发行主体不同，债券分为政府债券、金融债券和公司债券。

（2）按期限长短分类

按期限不同，债券分为短期债券、中期债券和长期债券。

（3）按利率是否固定分类

按利率是否固定，债券分为固定利率债券和浮动利率债券。

（4）按是否记名分类

按是否记名，债券分为记名债券和无记名债券。

（5）按是否上市流通分类

按是否上市流通，债券分为上市债券和非上市债券。

（6）按已发行时间分类

按已发行时间，债券分为新上市债券和已流通在外的债券。

3）债券估价及投资决策

（1）现值决策法

现值决策法是先计算债券内在价值，然后将债券的市场价格和债券的内在价值进行比较，做出最佳决策的方法。现值决策法的决策准则是：凡是债券的市场价格小于或等于债券的内在价值的，则可以投资；反之，债券的市场价格大于债券的内在价值的，则拒绝投资。

①永久性债券。

永久性债券就是一种独特的没有到期日的债券。永久性债券的现值可以很简单地表示成永续年金的现值，即用每期的支付利息除以给定的贴现率。

②有限到期日的债券。

A.附息债券（non-zero coupon bonds）。

如果债券有到期日，那么在确定该债券现值时，不仅要考虑各期利息，而且要考虑到期收回的本金。

$$V=\sum_{t=1}^{n}\frac{MV\times i}{(1+k)^{t}}+\frac{MV}{(1+k)^{n}}$$

式中：MV为债券的到期价值（maturity value），即债券的面值；i为票面利率，用于计算债券每年的利息；t为债券到期的时间；k为贴现率，也是预期报酬率。

B.非附息债券（zero-coupon bonds）。

（2）内部收益率决策法

债券内部收益率又叫到期收益率，是指投资者购进债券后，一直持有该债券至到期日可获取的收益率。这个收益率是指按复利计算的收益率，它是能使未来现金流入量现值等于债券买入价格（现金流出量）的贴现率，或者是债券投资净现值（未来现金流入量现值减去债券买入价格的差）等于零的贴现率。

计算内部收益率的方法就是求解贴现率的过程，即：

现金流入量现值-现金流出量=0

现金流入量现值=现金流出量

4）债券投资的风险

尽管债券的利率一般是固定的，债券投资仍然和其他投资一样是有风险的。债券投资的风险包括违约风险、利率风险、购买力风险、变现力风险和再投资风险。

【考点5】有价证券的组合投资

1）证券组合投资风险

证券组合投资的风险可以分为两种，即非系统性风险和系统性风险。

（1）非系统性风险

非系统性风险又叫可分散风险或公司特有风险，是指由公司的个别因素导致某个公司股票收益损失的可能性，如公司新产品试制失败、工人罢工等。这种风险可以通过证券持有的多样化来抵消。

当代证券组合理论认为，若干种股票组成的投资组合，其收益是这些股票收益的加权平均数，但是其风险不是这些股票风险的加权平均风险，故投资组合能降低风险。

（2）系统性风险

系统性风险又叫市场风险、不可分散风险，它源于公司之外的因素，使所有公司都受其影响，导致整个股市平均报酬率的变动，如通货膨胀、经济衰退、战争、自然灾害等。面对这类风险，投资者无论购买哪种股票都无法避免，不能用多元化投资来分散，而只能靠更高的报酬率来补偿。投资者所冒市场风险越大，所要求的报酬率就越高。市场风险的大小是用“贝塔系数”来衡量的。在整个股市变动时，个别股票的反应不一样。有的发生剧烈变动，有的只发生较小的变动。计量个别股票随市场移动趋势的指标“贝塔系数”，是反映个别股票相对于平均风险股票的变动程度的指标。

贝塔系数可用直线回归方程求得：

$$Y = \alpha + \beta X + \varepsilon$$

式中：Y为证券的收益率；X为市场平均收益率；α为与Y轴的交点；β为回归线的斜率；ε为随机因素产生的剩余收益。

2）证券组合投资决策

投资者进行证券组合投资与单项投资一样，都要求对承担的风险进行补偿，风险越大，要求的收益率越高。但是，证券组合投资要求补偿的风险只是不可分散风险，而不要求对可分散风险进行补偿。因此，证券组合的风险收益是投资者因承担不可分散风险而要求的、超过时间价值的那部分额外收益。

证券组合投资的收益率可以用著名的资本资产定价模型（Capital Assets Pricing Model，CAPM）计算：

$$K_p = R_f + \beta_p (K_m - R_f)$$

式中：K_p为证券组合投资的预期收益率；R_f为无风险收益率；K_m为所有证券的平均收益率；β_p为证券投资的贝塔系数。

资本资产定价模型既可以用于计算组合投资的预期收益率，又可以用来计算单个资产投资的预期收益率。

8.5 权益资本筹资

【考点1】权益资本的概念和效用

1）权益资本的概念

按筹措资金的权益性质不同，可将企业的全部资金来源划分为权益资本和债务资本两大类。

权益资本包括由企业所有者缴入的注册资本和由企业生产经营取得的税后净利形成的留存收益、非生产经营原因形成的资本公积等。

2）权益资本的效用

对现代企业来说，权益资本具有如下效用：

①为创建企业奠定基础。

②为企业正常生产经营提供稳定可靠的资金来源。

③权衡性。

④为企业扩大再生产提供内部资金积累。

【考点2】普通股筹资

1）股票的意义

2）股票的种类

股票的种类很多，可从不同角度进行分类。

①按股东享有的权利不同，可分为普通股和优先股两类。

②按票面是否标明股东姓名可分为记名股票和无记名股票两类。

③按票面是否标明金额，可分为有面值股票和无面值股票两类。

④按发行对象不同可分为A股、B股和H股等。

3）发行股票的条件

4）运用普通股票筹资的工作程序

发行股票筹资按如下6个步骤进行：

①公司做出发行股票筹资的决议。

②报批公开发行股票的申请。

③签订承销协议。股票发行形式有自销和承销两种。

④编制公司招股说明书。

⑤按规定程序招认股份。

⑥认股人交纳股款，公司向认股人交割股票。在该步骤中，认股人办理交款手续，发行公司在规定期限内向认股人交付所售股票。

上市公司向原股东配售股票、向全体社会公众增发股票的审核和操作程序如下：

①上市公司董事会做出聘请主承销商的决定，主承销商进行尽职调查后，应就新股发行方案与董事会取得一致意见，并同意向中国证监会推荐上市公司发行新股。

②董事会对本次发行的合法性、具体发行方案、募集资金使用的可行性、前次募集资金的使用情况做出决议，并提请股东大会批准。

③股东大会对本次发行的数量、定价方式或价格（包括价格区间）、发行对象、募集资金用途及数额、决议的有效期、对董事会办理本次发行具体事宜的授权等事项逐项表决。

④上市公司按照中国证监会的规定编制并提交发行申请文件。

⑤股票发行审核委员会依法审核上市公司发行申请，中国证监会根据股票发行审核委员会的审核意见依法做出核准或不予核准的决定。

⑥经核准增发股票的上市公司，在确定股票发行价格之前，可向投资者发出招股意向书。主承销商和上市公司根据投资者的认购意向确定股票发行价格后，编制招股说明书，并同时报中国证监会备案。

⑦按规定程序招认股份，认股人交纳股款，公司向认股人交割股票。

5）发行普通股筹资的优缺点

普通股筹资的优点主要有：①风险低，它使公司获得了稳定而长期的资本，没有到期还债的财务风险；②公司没有固定的利息负担；③公司对红利分配有较大的灵活主动权；④可以免受债权人、优先股股东对公司施加的各种限制；⑤它增加了对债权人的权益保障，有利于增强企业负债筹资能力。

普通股筹资的缺点主要有：①资金成本高；②出售普通股票给他人，有可能分散原有股东对公司的控制权；③与债券筹资相比，没有节税作用。

6）普通股票发行决策

股票发行决策就是对股票发行密切相关的若干重大问题做出决定。与股票发行密切相关的重大问题主要有发行股票的种类、发行额度、发行价格、发行时间、承销商的选择等，现分述如下：

（1）发行股票的种类有选择

可供选择的股票种类有很多，在公司筹资时究竟选择哪一种股票筹资，是一项重要的决策。进行这种选择，一般要考虑如下一些因素：

①相关法律的限制。主要有《公司法》《证券法》《股票发行与交易管理暂行条例》以及境内公司境外募集股份和上市的规定等。选择股票种类不能与这些法规相违背。

②股东对公司的控股权。发行普通股有可能稀释原有普通股股东对公司的控制权，而发行优先股对此就不产生影响。为了不影响原有普通股股东对公司的控制权，一般都规定原有股东有优先认购权。

③资金成本问题。优先股资金使用成本低，且固定，普通股资金使用成本高，但不固定，究竟选用哪一种，要看公司的财务状况。在公司财务状况欠佳时，使用优先股筹集资金会加重公司的财务负担。

④股东对公司的其他要求。

综合考虑上述各因素，才能做出科学的决策。

（2）股票发行额度的决策

股票发行额度指发行股票所需筹资的总规模。发行股票是为了筹措企业需要的资金，但从股票发行的具体目的来看，又可分为两种：设立发行和增资扩股。对于因设立股份有限公司而发行股票，我国《公司法》有最低要求，即股份有限公司资本的最低限额为1 000万元。该类公司设立所发行股票的数额可以等于或高于它，但不得低于它。至于现有股份有限公司靠增资扩股扩大企业规模，其增发股票数额则应视企业未来长远发展的预期需要以及优化资本结构的要求分析确定。

（3）股票发行价格的确定

股票发行价格，是股份有限公司将股票出售给投资者时所采用的价格，它是投资者认购股票时实际支付现金的标准。股票发行价格与股票面值是两个不同的概念，从数值上看它可以等于面值，也可以高于或低于面值。影响股票发行价格的因素很多，诸如公司的净资产、公司财务状况、公司的未来前景、股票市场走势、利率水平、同类股票价格等都会直接或间接地影响股票的发行价格。一般来说，应综合考虑这些因素来确定股票的发行价格。

（4）股票发行时间的决策

在何时发行股票，是股票筹资的又一决策内容，有时它关系到股票发行的成败，对此必须给予重视。确定股票发行时间一般要考虑如下主要因素：①公司需用资金的时间；②股票发行所需要的时间；③招股说明书的有效期限；④股票市场行情；⑤公司的财务状况等。

（5）承销商的选择

在公司采用承销方式发行股票时对承销商的选择也十分重要，它直接影响股票发行的速度和工作质量。公司选择承销商，一般要考虑如下因素：①专业资格；②发行股票的资历和经验；③研究能力；④诚意；⑤费用；⑥组织协调能力；⑦资本实力等。综合比较这些方面后，在有资格承销股票的机构中筛选确定。

【考点3】优先股筹资

1）优先股的概念

优先股是一种与普通股相比具有某些优先权利的特别股票。其优先权利主要表现在如下两个方面：

①收益分配优先权。优先股股东在公司的股利分配上有优先权，即优先股股利在普通股股利之前支付。

②剩余财产求偿优先权。

2）优先股的种类

在现实中，优先股的种类很多，为了全面了解优先股，可从不同角度对优先股进行分类。

①按股利发放的可靠与否可分为累积优先股和非累积优先股。

②按是否参与公司剩余利润的分配，可分为参与优先股和非参与优先股。

③按是否可转换为公司的普通股，可分为可转换优先股和不可转换优先股。

④按是否可赎回，可分为可赎回优先股和不可赎回优先股。

3）优先股的性质和估价

（1）优先股的性质

（2）优先股的估价

4）优先股筹资的优缺点

优先股筹资的主要优点有：①没有到期日，资金可长期使用；②资金无须偿还，不必建立本金的偿债基金；③优先股股利虽固定，但可不分或拖欠，这在经济不景气时，不至于过分加重企业的财务困难；④可避免普通股股东均分公司盈余和控制权；⑤对普通股收益具有杠杆作用。

优先股筹资的主要缺点有：①较公司债成本高；②同普通股一样，没有节税作用；③与债务一样，具有经常性财务负担；④对公司的限制条款较多，限制公司使用资金的自由度。

【考点4】留存收益筹资

1）留存收益的形成与用途

留存收益是指企业从历年实现的利润中提取或形成的留存于企业的内部积累，包括盈余公积和未分配利润两类。

盈余公积是指企业按照有关规定从净利润中提取的积累资金。公司制企业的盈余公积包括法定盈余公积和任意盈余公积。法定盈余公积是指企业按照规定的比例从净利润中提取的盈余公积。任意盈余公积是指企业按照股东会或股东大会决议提取的盈余公积。企业提取的盈余公积经批准可用于弥补亏损、转增资本或发放现金股利或利润等。法定盈余公积转为资本时，所留存的该项盈余公积不得少于转增前企业注册资本的25%。

未分配利润是指企业实现的净利润经过弥补亏损、提取盈余公积和向投资者分配利润后留存在企业的，历年结存的利润。相对于所有者权益的其他部分来说，企业对于未分配利润的使用有较大的自主权。

2）留存收益筹资的优缺点

留存收益筹资的优点有：①筹资成本极低，可以忽略不计；②对于股东来说具有节约所得税的作用；③公司对其筹资数额的决策具有较大的主动权；④有利于增强公司自我积累的能力，从而增强公司外部借款筹资的潜力。

留存收益筹资的缺点有：①留存收益过少或不支付股利，会侵犯短期股票投资者利益，有可能引起股价下跌；②长期留存收益过多，会影响股票投资者情绪，从而影响未来利用股票筹资的能力。

8.6 长期负债融资

【考点1】长期负债的种类和效用

1）长期负债的种类

长期负债（long-term debt）是指偿还期在一年以上的各种借入资金来源。企业利用长期负债进行筹资的渠道主要有三个：长期借款、发行企业长期债券和融资租赁。

2）长期负债的效用

企业利用长期负债融资，主要目的在于通过契约有偿借用他人长期资金从事以获取盈利为目的的生产经营活动。长期负债经营具有三个特征：第一是以资金的所有权和使用权相分离为条件，资金所有者将资金使用权长期让渡给资金使用者，形成契约性的债权债务关系；第二是以约定的偿付时间和责任为保证；第三是以促进借款企业的生产经营发展、获取更多的盈利为目的。在市场经济条件下，可以说，负债经营具有规律性，有些行业负债比率还很大。负债经营之所以盛行，主要是因为它对企业的发展具有如下效用：

①它有利于企业以较低的成本筹措到所需要的大量的长期资金以迅速扩展企业经营规模，增强企业的竞争力。

②借入资金的有偿使用，可以促使资金使用者加强对资金使用的责任心，注重讲求资金使用效益。

③它对企业的自有资金收益具有杠杆作用。

④具有较大幅度的节税作用。

【考点2】长期借款

1）长期借款的种类

①按长期借款的用途不同，可分为基本建设借款、更新改造借款、其他专项借款。

②按提供信贷资金的主体不同，可分为政策性银行借款、商业银行借款、合作银行借款和非银行金融机构借款。

③按对借款人是否要求有抵押、担保，可分为信用借款、担保借款。

2）取得长期借款的条件

企业取得长期借款，一般来说要符合如下几个条件：

①借款企业必须实行独立核算、自负盈亏，具有法人资格，且具有健全的经济核算和财务管理制度。

②借款用途必须符合国家产业政策、企业经营方向，且属于银行等金融机构的长期贷款业务范围。

③符合金融机构的贷款原则。

④符合某特定长期贷款所规定的特殊条款。

3）取得长期借款的程序

①企业提出借款申请。

②贷款机构审查批准。

③签订借款合同。

④企业取得借款。

4）企业长期借款的特点

从借款程序来看，企业运用长期借款筹资和短期借款筹资的基本程序类似，但从借款的条件和内容来看，长期借款有其特殊性，主要表现在如下几个方面：

①长期借款的数额一般比较大。这主要是因为长期借款主要用于需要大量资金的固定资产投资项目。

②长期借款的利率比短期借款的利率要高。这主要是因为时间价值因素在发挥作用。

③长期借款的利息一般为定期分次支付，本金可以于借款到期时

一次支付，也可以按计划分期逐次偿还。按年金形式编制摊销计划，定期等额偿还贷款本息也是归还长期借款的主要方式。

④长期借款合同多带有对贷款者的保护性条款。

5）长期借款筹资的优缺点

长期借款筹资的优点：筹资成本低；筹资效率高；筹资内容机动性大。

长期借款筹资的缺点：财务风险较大；限制条款较多；筹资规模较小。

【考点3】债券筹资

1）企业债券的意义和特点

企业债券是筹资企业为筹集借入资金依照法定程序而发行的约定在一定期限内向债权人还本付息的有价证券。

企业债券与股票不同，它们的主要区别点如下：

①证券的性质不同。股票是主权资本的证明，其持有人是企业的所有者（股东）；企业债券是借入资金的证明，其持有人是企业的债权人。

②二者的持有人对企业生产经营的控制权不同。股票持有人有权参与企业重大的生产经营决策，债券持有人则没有这方面的权利。

③二者的期限不同。股票没有到期日，企业债券都规定有偿还期。

④持有者参与企业收益分配的方式不同。股票持有者参与税后分红，普通股利数额不固定，债券持有人的利息税前支付、数额固定。

⑤持有者对企业承担的经济责任不同。股票持有者以出资额为限，对企业承担有限经济责任，债券持有者对企业不承担经济责任。

2）企业债券的种类

企业债券的种类很多，下面是几种主要的分类方法。

①按是否记名可分为记名债券和无记名债券两类。

②按期限的长短不同可分为短期债券、中期债券和长期债券。

③按债务本息的偿还方式不同可分为一次性偿还债券、分次偿还债券、随机偿还债券。

④按有无抵押担保可分为信用债券和抵押债券两类。

⑤按债券的功能不同可分为单一功能债券和多功能债券。

3）发行企业债券的条件

4）企业债券发行程序

发行企业债券一般按如下步骤进行：

①企业做出发行债券的决议。

②提出发行债券的申请并报批。

③申请债券信用评级，确定债券发行价格，公布债券募集办法。确定债券发行价格的计算公式如下；

$$\text{债券发行价格（P）}=\sum_{t=1}^{n}\frac{\text{债券年利息额}}{(1+\text{市场利率})^{t}}+\frac{\text{债券面值}}{(1+\text{市场利率})^{n}}$$

式中：t为计息期数；n为债券期限。

债券年利息额按票面利率和面值的乘积计算。在以上两项工作办妥后，要公布债券募集办法。

④募集债款。

5）发行企业债券筹资的优缺点

发行企业债券筹资的优点主要有：债务资金使用成本低；较股票筹资具有省税作用，具有财务杠杆作用；富有弹性、简便灵活；不影响股东对企业的控制权。

发行企业债券筹资的缺点主要有：对企业的限制条款多；具有潜在的资不抵债的财务风险；债务比例过高，可能导致企业股价下跌；利息分期支付，有经常性的财务负担。

【考点4】融资租赁

1）租赁的意义

2）融资租赁的程序

3）租赁筹资的优缺点

租赁筹资的优点主要有：①简化了设备购置手续，有利于及时满足承租人的需要；②在满足承租人对设备需要的同时，解决了其财务困难，保存了其偿债能力；③有利于企业调整资产结构、生产结构，促进企业技术进步、增强应变能力；④租赁费税前支付，具有节税作用；⑤限制条款少。

租赁筹资方式也有某些缺点，例如租赁成本高，分期支付租赁费加大了租赁期间固定还债的风险，如果采用退租方式，还得不到设备残值。

4）融资租赁决策

8.7 资本结构决策

【考点1】资本结构理论

1）资本结构理论的意义

资本结构（capital structure）是企业的各种长期资本占全部长期资本的比重，即企业长期债务资本与权益资本的比重。

资本结构理论主要是研究通过改变筹资来源的组合比例来调整资本结构、影响企业价值的科学。

2）资本结构理论的分支

资本结构理论按资本结构与企业价值的关系可分为无关论和相关论两大分支。

（1）无关论

无关论由美国的经济学家莫迪格莱尼（Modigliani）和米勒（Miller）提出。他们以完善市场下的套利原理和个人财务杠杆与公司财务杠杆的相互替代作用举例说明了公司的资本结构与公司价值无关的道理。其结论是：

①公司的价值与公司的资本结构无关，负债公司的价值等同于相同规模同等风险等级的非负债公司的价值。它们的价值都等于其净经营收益除以其相应风险等级的必要报酬率。公式表示如下：

$$V_L = V_u = \frac{O}{K_o}$$

结论①表明，负债公司的综合资本成本率等于与其风险等级相同的非负债公司的股权资本成本率。该股权资本成本率或综合资本成本率的水平与公司所处的风险等级密切相关。

②负债公司的股权资本成本率等于非负债公司的产权成本率加上

因负债带来的风险报酬率。这个风险报酬率的水平依非负债公司的股权成本率与债务成本率的差额多少和负债公司的债务额与其股权价值的比率高低而定。公式表示如下：

$$K_{eL} = K_{eu} + (K_{eu} - K_i)(D/S_L)$$

结论②表明，伴随负债公司的债务增加，其股权资本成本也在上升，这种股权资本成本的上升完全可以抵消因负债给企业带来的综合资本成本的降低，从而使两家公司的价值相等。

（2）相关论

相关论认为，企业的资本结构变动与企业的价值密切相关，企业可以通过改变资本结构来增加企业的价值。综合相关理论的主要论点有：

①公司的资本结构与公司的总价值密切相关，通过改善公司的资本结构可以提高公司的价值。

②利用负债经营是有条件的，其基本条件是公司的投资收益率必须大于借款利率，股权资本收益必须大于债务资本收益。

3）放松假设的资本结构理论

①放松无公司所得税的假设的研究是由莫迪格莱尼和米勒于1963年共同完成的。他们研究的结果是：

第一，在加入公司所得税因素后，负债公司的价值等于相同风险等级的无负债公司的价值加上负债公司因负债而获得的债务利息节税现值。用公式表示如下：

$$V_L = V_U + T_C D_L$$

式中：T_C为公司所得税税率；D_L为负债数额；$T_C D_L$为未来债务利息节税的总现值，即债务的节税价值。

$T_C D_L$的推导过程为：

$$\text{债务的节税价值} = \frac{D_L \times K_i \times T_C}{K_I} = T_C D_L$$

未负债公司的价值等于公司扣除所得税的净经营收益与股东要求的必要投资收益率相除的结果。用公式表示如下：

$$V_u = \frac{O(1 - T_C)}{K_e}$$

第二，有负债公司的股权资本成本率等于相同风险等级的无负债公司的股权资本成本率加上一笔扣除公司所得税后的风险报酬率，这个风险报酬率的数额主要取决于股权资本成本率与债务成本率的差额以及债务资本与股权资本的比率。用公式表示如下：

$$K_{eL}=K_{eU}+(K_{eU}-K_d)(1-T_C)(D/S_L)$$

$$=\frac{(O-D\cdot K_i)(1-T_C)}{S_L}$$

第三，有负债企业的综合资本成本率（加权平均资本成本率）为：

$$K_{OL}=\frac{S_L}{V_L}\cdot K_{eL}+(\frac{D}{V_L})(K_d)(1-T_C)$$

研究结果表明，在存在公司所得税的情况下，企业的资本结构与企业价值存在一定关系，即企业负债越多，公司的市场价值越大。税收对股权资本成本率和综合资本成本率也会产生一定影响。

②在放松无公司所得税的基础上再放松无个人所得税的假设的研究，是由米勒于1977年完成的。研究的结论是，在存在公司所得税和个人所得税条件下有负债公司的价值等于无负债公司的价值再加上因负债所带来的节税利益，可用公式表示如下：

$$V_L=V_U+[1-\frac{(1-T_C)(1-T_s)}{(1-T_d)}][\frac{I(1-T_d)}{K_d}]$$

式中：T_C为公司所得税税率；T_s为股票收入个人所得税税率；T_d为债券收入个人所得税税率。

公式表明，在放松了无个人所得税假设后，负债同样会对公司价值产生影响，它对负债公司价值的影响程度应视各种所得税税率的高低而定。

③再放松无财务危机成本的假设。根据放松无所得税假设后的MM理论，公司负债越多，其市场价值将越大，似乎100%负债的公司市场价值最大，显然这与事实不符。究竟是什么原因阻碍公司无限制扩大负债比例呢？人们在探索过程中发现，制约企业无限制地追求免税优惠的关键因素是高负债经营给企业带来的风险。高负债给公司带来的风险主要表现在两个方面：一是会给公司形成一种稳定而长期的

财务负担，再一个就是债务到期如果经营状况不好有可能发生资不抵债，严重者会导致公司破产。在市场不稳定的情况下，这两方面都会引发财务危机。所谓财务危机就是因债务人的财务状况不佳所导致的债务人对债权人的承诺不能兑现或兑现有困难的现象。发生财务危机必须解决问题，解决财务危机问题必然要花费代价，如削价处理财产或高息融资用以偿还债务，支付给解决问题的中介机构各种费用，支付给债权人赔偿金和超额利息等。这些为解决财务危机而花费的各种代价称为财务危机成本。放松无财务危机成本假设就是说财务危机成本会发生。考虑财务危机成本情况下的企业价值可用公式表示如下：

$$V_L = V_U + T_C D - PVCFD$$

式中：$PVCFD$代表财务危机成本现值。

该公式表明，在加进了财务危机成本因素后，公司的最佳资本结构应以因负债给公司带来的节税利益与可能带来的财务危机成本相比较来确定。一般来说，当公司随负债增加而引起的节税利益增长幅度与财务危机成本的增长幅度相平衡时有最优资本结构存在，此时公司的价值最大。

【考点2】资本成本

1）资本成本的意义

资本成本（cost of capital）是投资者进行投资所要求的报酬率，它与投资项目的风险程度呈正比例关系。资本成本是无风险利率、财务风险补偿、经营风险补偿等因素的函数，即财务风险越大，经营风险越大，资本成本就越高。资本成本实质上是一种机会成本。

从企业理财的角度看，资本成本是企业进行投资活动所必须达到的基本报酬率。从筹资的角度看，企业资本成本越低，企业价值越高，因此，假如筹资活动会影响企业资本成本的话，企业应选择能够使企业资本成本最低的筹资方案。

2）个别资本成本的计算

（1）个别资本成本的计算原理

①影响个别资本成本的因素。

②个别资本成本的计算公式。将影响成本的各因素有机结合起

来，便可确定一个个别资本成本计算的通项公式：

$$K=\frac{I\cdot(1-T)}{B_o\cdot(1-F)}+g$$

式中：K为资本成本率；I为资金所有者进行投资所要求的报酬；T为所得税税率；B_o为筹资总额；F为筹资费率（即筹资费用与筹资总额的比率）；g为特殊投资者对企业未来各期要求的年报酬增长率。

公式中第一个分式项的分子代表各年支付给投资者的稳定报酬净代价，分母代表筹集并可使用的资金数额。上述公式是根据如下公式推导而来的：

$$B_o\cdot(1-F)=\frac{I\cdot(1-T)}{(1+K)^1}+\frac{I\cdot(1+g)\cdot(1-T)}{(1+K)^2}+\cdots+\frac{I\cdot(1+g)^{n-1}\cdot(1-T)}{(1+K)^n}+\frac{B_n}{(1+K)^n}$$

该公式代表企业筹集并可使用的资金现值总额，它代表企业获得这些资金所必须支付的最低价格。求解公式中的K，便可得出上述通项公式（公式推导从略）。

（2）个别资本成本的计算

①长期债务成本的计算。

$$K=\frac{I\cdot(1-T)}{B_o\cdot(1-F)}=\frac{i\cdot(1-T)}{1-F}$$

式中：i代表长期借款年利率或债券票面利率，其他符号含义与通项公式相同。

②优先股成本的计算。

$$K=\frac{I}{B_o\cdot(1-F)}$$

③普通股成本的计算。

$$K=\frac{I}{B_o\cdot(1-F)}+g$$

④留存收益成本的计算。

$$K=\frac{I}{B_o}+g$$

3）综合资本成本计算

综合资本成本是以各资金来源占全部资金来源的比重为权数计算

的加权平均资本成本（weighted average cost of capital）。计算公式如下：

$$K_W = \sum_{j=1}^{n} W_j K_j$$

式中：K_W为综合资本成本；W_j为第j种长期个别资金来源占全部长期资金来源的比重；K_j为各个别资本成本率；n为各长期资金来源的项数。

【考点3】财务杠杆

1）负债经营与财务杠杆

财务杠杆系数（degree of financial leverage）是每股收益变动百分比与息税前利润变动百分比的比率。计算公式如下：

$$\text{财务杠杆系数} = \frac{\text{每股收益变动百分比}}{\text{息税前利润变动百分比}} = \frac{\text{息税前利润}}{\text{息税前利润} - \text{利息支出}}$$

财务杠杆系数是反映企业财务杠杆作用程度和财务风险程度的指标。一般而言，企业财务杠杆系数越大，财务杠杆作用程度就越大，财务风险就越大。企业资产负债率越高或利率越高，利息数额越大，财务杠杆系数就越大。

2）经营杠杆

由于固定成本的存在，销量变动对息税前利润的放大作用，称为经营杠杆。衡量经营杠杆作用程度的指标是经营杠杆系数。经营杠杆系数（degree of operating leverage）就是息税前利润变动百分比与销售量变动百分比的比率。计算公式为：

$$\text{经营杠杆系数} = \frac{\text{息税前利润变动百分比}}{\text{销售量变动百分比}} = \frac{\text{销售量} \times (\text{单位售价} - \text{单位变动成本})}{\text{销售量} \times (\text{单位售价} - \text{单位变动成本}) - \text{固定总成本}}$$

3）联合杠杆

在两种杠杆作用同时存在的情况下，销量变动对每股收益变动的放大影响作用，定义为联合杠杆。联合杠杆的作用可通过计算联合杠杆系数来反映。联合杠杆系数的计算公式为：

联合杠杆系数=经营杠杆系数×财务杠杆系数

4）杠杆与风险的关系

$$联合杠杆系数=\frac{每股收益变动率}{销量变动率}=\frac{边际贡献}{息税前利润-利息}$$

（1）财务杠杆与财务风险

一般来讲，财务杠杆越大，负债带来的利息抵税作用也越大，同时财务风险也会提高。

（2）经营杠杆与经营风险

一般而言，经营杠杆系数越大，对经营杠杆利益的影响越强，经营风险也越大。

【考点4】资本结构决策

1）企业价值、综合资本成本比较分析

该种资本结构评价方法是通过计算不同资本结构方案的企业价值和综合资本成本指标据以评价资本结构优劣的一种定量分析法。可按如下步骤进行：

①确定股东在不同风险程度下所要求的必要报酬率K_e。该必要报酬率可依经验参考有关资料主观确定，也可按资本资产定价模型来计算。

②计算负债公司的股票市场价值。计算公式如下：

$$S=\frac{(EBIT-D\cdot K_i)(1-T)}{K_e}$$

③计算负债公司的总价值。计算公式如下：

$$V=S+D$$

④计算负债公司不同负债水平下的综合资本成本率。计算公式如下：

$$K_o=(\frac{S}{V})(K_e)+(\frac{D}{V})(K_i)(1-T)$$

在有多种资本结构可供选择的情况下，判别最优资本结构的标准就是看哪种资本结构综合资本成本最低。在综合资本成本最低时的财务结构对应的企业价值最大。

2）每股收益无差别点分析法

根据预期息税前利润的实现情况来规划资本结构，需要运用每股收益无差别点的分析方法。

每股收益无差别点，是指能够使两个筹资方案每股收益相等的息税前利润额。在每股收益无差别点的息税前利润水平上，每股收益不受融资方式（负债水平）的影响，企业可以任选筹资方式；如果预期息税前利润超过每股收益无差别点，则由于负债的财务杠杆作用的增强，新增负债率最高的筹资方案最优，它能够使每股收益达到最大；如果预期息税前利润低于每股收益无差别点，则新增负债率较低的筹资方案最优，它能够使每股收益达到最大。

该方法的计算步骤为：

①计算使不同资本结构方案的每股收益相等的息税前利润。计算公式如下：

$$\frac{(\bar{X}-I_1)\cdot(1-T)-U}{S_1}=\frac{(\bar{X}-I_2)\cdot(1-T)-U}{S_2}$$

式中：$\bar{X}$为息税前利润；I_1为第一方案支付的利息总额；I_2为第二方案支付的利息总额；U为公司支付的优先股股利；S_1为第一方案发行在外流通的股数；S_2为第二方案发行在外流通的股数。

②以公司所预测的未来可实现的息税前利润与所计算出的息税前利润（$\bar{X}$）做比较。为使每股收益最大化，如果前者等于后者，增加负债方案与增加权益资本方案的每股收益相等，任选一方案即可；如果前者大于后者，选择增加负债方案；如果前者小于后者，选择增加自有资本方案。该种方法忽略了企业的财务风险。

8.8 股利政策

【考点1】股利理论

股利无关论

在股利政策研究中，最重要的贡献是米勒和莫迪格莱尼于1961年发表的《股利政策、增长和股票价值》一文，这也是第一次对股利政策的性质和影响进行系统的分析。

米勒和莫迪格莱尼的论证是在一系列严密的假设条件下进行的，这些条件包括“完善的资本市场”、“理性行为”和“充分确定性”等。在当前股利政策研究中，这些条件一般又被解释为：①企业的投资决策既定，并为投资者所了解；②没有企业所得税和个人所得税；③买卖证券没有交易成本；④所有投资者都拥有和企业经理相同的信息；⑤没有与股权有关的订约成本或代理成本。

米勒和莫迪格莱尼在一定的假设条件下证明了公司的股利政策与公司的市场价值无关，或者说，公司的股利政策不重要，即股利不会对公司的股票价格或其资本成本产生任何影响。根据这一理论，公司股价完全由投资与融资决策所决定的获利能力影响，而非取决于公司的盈余分配方式（亦即股利政策）。因此，单就股利政策而言，既无所谓最佳，又无所谓最差。他们的这一观点被称为MM股利政策无关性定理。

【考点2】股利政策

1）影响股利政策的因素

（1）法律因素

①资本限制。

②公司积累。

③无力偿付债务的规定。

（2）股东因素

股东从自身需要出发，对公司的股利分配往往产生这样一些影响：

①股东的意愿。股东在税负、投资机会等方面的意愿也会对公司的股利政策产生影响。

②控制权的稀释。

（3）公司因素

①盈余的稳定性。

②资产的流动性。

③筹资能力。

④投资机会。

⑤资本成本。

⑥债务需要。

（4）其他因素

①债务合同约束。

②通货膨胀。

2）实际股利政策

（1）剩余股利政策（residual dividend policy）

（2）固定或稳定增长股利政策（stable，predictable dividends）

（3）低正常股利加额外股利政策（low regular dividend plus extras）

最美英语 08

People that make no mistakes usually don't make anything.

从不犯错之人，一事无成。

张党珠随笔：

犯错，是人做成事的必经之路。

能勇敢地在年轻的时候，去犯非原则性的错误，是人生的幸事。

当然，反之，不该冒的险还去冒，那就是“傻冒”。

9 成本与管理会计考点

9.1 成本的概念和分类

【考点1】成本的概念

经济学、管理学、会计学对成本的定义和使用存在较大差异，各种成本概念的内涵和外延相互交叉，甚至财务会计和管理会计对成本概念的理解也不尽相同，因此对于成本概念的梳理和分类对经营分析和管理决策具有重要意义。

1）经济学中的成本

（1）马克思政治经济学的成本本质

成本是商品生产中耗费的活劳动和物化劳动的货币表现。

（2）西方新古典经济学派的成本理论

西方新古典经济学把厂商生产某种产品的生产成本与生产该产品的机会成本视为同义，并把它分为：

①显性成本。它是指厂商会计账本上作为成本项目记入账上的费用，包括支付给员工的工薪和为原料、燃料、动力和运输等支付的费用，以及为借入资本支付的利息。

②隐性成本。它是指厂商为自己使用的资源所必须支付的费用，包括：作为成本项目记入账上的固定资产折旧费；厂商的所有者资本

的利息和业主的劳动报酬。

其中，隐性成本中的第二项又称为正常利润。在西方经济学的发展过程中还产生了交易成本、代理成本、信息成本等概念。

2）管理学中的成本

管理学认为成本是企业在生产某种产品过程中所消耗资源的货币总和，被理解为是一种包含企业生产、技术、经营活动的综合指标。

管理学与经济学相比，似乎并不强调成本的经济实质，却十分重视从成本过程和成本的成因的角度来阐述成本。

3）会计学中的成本

会计学认为成本是为了达到某一特定目的所失去或者放弃的一切可以用货币计量的耗费，并将成本分为财务成本和管理成本。

（1）财务成本

财务成本是财务会计范畴内的费用概念。美国会计学会名词委员会（1957）在成本归属理论中，将已经耗费的历史成本定义为费用，而未耗费的历史成本则定义为资产。费用是企业为了获得营业收入而发生的耗费。凡是不产生营业收入的资产耗费或者减少，例如，由于自然灾害所造成的资产毁损，从性质来看并不是费用（狭义的成本），而是损失。

（2）管理成本

管理成本是管理会计范畴内的费用概念，是企业内部为了提高经营管理水平自行计算的。管理会计扩展了成本的内涵和外延，产品成本、项目成本、责任成本、质量成本、资本成本、机会成本、沉没成本、变动成本、固定成本等概念出现。“不同的目的，不同的成本”的观念构建起一个多维成本的概念体系。

【考点2】成本的分类

1）基于财务报告目的的分类

成本按照经济用途分为制造成本和非制造成本。

（1）制造成本

制造成本是指生产单位在生产产品的过程中所发生的各项费用，

包括直接材料、直接人工、制造费用。制造成本通过多次分配或进入利润表（已销售的产成品），或进入资产负债表（未销售的产成品及半成品、在制品、材料等）。

①直接人工。

直接人工是指在制造过程中直接对制造对象施加影响以改变其性质或者形态所耗费的人工成本。在财务核算上即为生产工人的工资。

②直接材料。

直接材料是指在制造过程中直接用于构成产品主要实体的各种材料成本。

直接人工和直接材料的共同特征是，都可以将其成本准确而直接地归属于某一种产品，最能体现成本“对象性”这一传统的本质属性。

③制造费用。

制造费用是指为制造产品或者提供劳务而发生的各项间接费用。从核算角度讲，制造费用包括除去直接人工、直接材料以外的为制造产品或提供劳务而发生的全部支出，具体包括以下部分：

第一，间接人工，是指为生产提供劳务而不直接进行产品制造的人工成本，例如设备养护、维修人员的工资。

第二，间接材料，是指在产品制造过程中被耗用，但是不易归入某一特定产品的材料成本，或者是不必单独选择分配标准以确定其归属某一特定产品的材料成本，如各种工具、物料的消耗成本。

第三，其他制造费用，是指不属于间接人工、间接材料的其他各种间接费用，如固定资产的折旧费、维修费、保险费，车间用动力费、照明费等。当制造费用按照一定的标准在各受益对象即产品中分配完毕，制造成本也就演化为所谓的“产品成本”，即以产品品种来识别的成本。

（2）非制造成本

非制造成本是指经营管理部门在销售和管理过程中所发生的各项

费用，包括销售费用、管理费用、财务费用。非制造成本直接进入利润表。

①销售费用。

销售费用是指为销售产品而发生的各项成本，例如专职销售人员的工资、津贴和差旅费，专门销售机构的固定资产折旧费及保险费、广告费、运输费等。

②管理费用。

管理费用是指管理部门为组织和管理生产经营活动而发生的各项费用，例如董事经费，行政管理人员的工资、差旅费、办公费，行政管理部门的固定资产折旧费及相应的保险费和财产税等。

③财务费用。

财务费用是指企业理财过程中发生的各种成本，如借款的利息支出等。

销售费用、管理费用、财务费用的共同特点是，其支出可以使企业整体受益，但是难以描述这项支出与特定产品和服务之间的关系。因此，它们在财务上被处理为期间费用，直接计入当前损益。

2）按与特定成本计算对象的关系分类

按与特定成本计算对象的关系分类，成本分为直接成本和间接成本。特定成本计算对象可以是产品、步骤、批别，也可以是责任单位或作业。

直接成本是在成本发生时即可以确认并直接计入某成本计算对象成本的项目，是一种可以追溯的成本（例如，制造成本中的直接材料、直接人工，责任中心的可控成本）。

间接成本是在成本发生时不能确认并直接计入某成本计算对象的成本，而需要按照某种标准在各成本计算对象之间分配的成本（例如，制造成本中的制造费用）。分配标准和分配方法的选择对于能否正确计入成本计算对象的成本十分重要。

3）按与收入相匹配的时间分类

按与收入相匹配的时间分类，成本分为产品成本和期间费用，其分类结果主要用来满足对外财务报告的需要。

产品成本是与产品生产直接相关（例如前面所述的，制造成本中的直接人工、直接材料和制造费用）而与会计期间无关的成本。该项成本随着产品完工而表现为产成品成本，随着产品的销售而表现为销售成本。

期间费用则是与一定会计期间相关而与产品生产无直接关系的成本，例如上述的销售费用、管理费用、财务费用。期间费用在财务上直接一次计入当期损益。

4）按成本性态进行的分类

成本性态也称为成本习性，是指成本总额对业务总量的依存关系。按成本性态进行分类，成本可以分为固定成本、变动成本和混合成本三类。

（1）固定成本

①固定成本的定义。

固定成本是指在一定期间和一定业务量范围内，其总额不受业务量变动的影响而保持固定不变的成本。例如，行政管理人员的工资、办公费、财产保险费、不动产税、按照直线法计提的固定资产折旧费、职工教育培训费等。

②固定成本的分类。

固定成本按照固定性的强弱分为酌量性固定成本和约束性固定成本。

酌量性固定成本，也称为选择性固定成本，或者任意性固定成本，是指管理当局的决策可以改变其支出数额的固定成本，例如广告费、职工教育培训费、技术开发费等。

约束性固定成本，也称为承诺性固定成本，是指管理当局的决策无法改变其支出数额的固定成本，例如厂房及机器设备按照直线法计提的折旧费、房屋及设备租金、不动产税、财产保险费、照明费、行政管理人员的薪金等。

（2）变动成本

①变动成本的定义。

变动成本是指在一定期间和一定业务量范围内，其总额随着业务量的变动而正比例变动的成本。例如，直接材料费、产品包装费、按件计酬的工人薪金、推销佣金以及按加工量计算的固定资产折旧费等。单位业务量的变动成本是一个定量。

②变动成本的分类。

变动成本按照变动性的强弱分为酌量性变动成本和约束性变动成本。

酌量性变动成本，是指管理当局的决策可以改变其支出数额的变动成本，例如按照产量计酬的工人薪金、按照销售收入的一定比例计算的销售佣金等。

约束性变动成本，是指管理当局的决策无法改变其支出数额的变动成本，例如直接材料成本等。

（3）混合成本

混合成本，是指那些混合了固定成本和变动成本两种不同性态的成本。混合成本可以分为三类，即半变动成本、半固定成本、延伸变动成本。

①半变动成本。

此类成本的特征是，当业务量为零时，成本为一个非零基数；当业务发生时，成本以该基数为起点，随业务量的变化而呈正比例变化，呈现出变动成本性态。

例如，企业的公用事业费，如电费、水费、电话费等。

②半固定成本。

此类成本的特点是，在一定业务量范围内，其发生额的数量是不变的，表现出固定成本性态；当业务量的增长达到一定限额时，其发生额会突然跃升到一个新的水平；然后在业务量增长的一定限度内，其发生额的数量又保持不变，直到另一个新的跃升为止。它也被称为阶梯式变动成本。例如，企业工资费用中化验员、质检员的工资，受开工班次影响的设备动力费，按订单进行批量生产并按开机次数计算的联动设备的折旧费等。

③延伸变动成本。

此类成本的特征是在业务量的某一临界点以下表现为固定成本，超过这一临界点则表现为变动成本。例如，当企业实行计时工资制时，其支付给职工正常工作时间内的工资总额是固定不变的，但是当职工的工作时间超过了正常水平，企业必须按规定支付加班工资，并且加班工资的多少与加班时间的长短存在正比例关系。

5）按成本可控性分类

按照成本可控性分类，可以把成本分为可控成本和不可控成本。

可控成本，是指由责任单位或者责任者的行为控制的成本。一般来讲，可控成本应该符合下面三个条件：①责任单位或者责任者能够通过一定方式事先了解将要发生的成本；②责任单位或者责任者能够对成本进行有效计量；③责任单位或者责任者能够通过自己的行为对成本加以调节和控制。不能同时符合上述三个条件的成本通常为不可控成本。

6）按管理需要确定成本类型

（1）机会成本

企业在进行经营决策时，必须从多个方案中选择一个最优方案，而放弃其他方案。此时，通过被放弃的次优方案可能获得的潜在利益就被称为已经选中的最优方案的机会成本。

（2）差量成本

差量成本，是指企业在进行决策时，根据不同备选方案计算出来的成本差异。差量成本经常用于反映不同的生产能力利用率在成本上产生的差异，也就是在原来的基础上因追加批量产品的生产所增加的成本数额。差量成本还经常用于其他方面的决策，例如是否接受追加的订货，某台闲置的机器设备是出租还是出售等。

（3）边际成本

边际成本，是指产量（业务量）发生无限小的变化时，成本的变动数额。事实上，产量不可能发生无限小的变化，至少应为1个单位的变动。因此，边际成本也就是每增加或者减少1个单位产品所引起的成本变动数额。

（4）沉没成本和付现成本

沉没成本，是指过去已经发生并无法由现在或将来的任何决策所改变的成本。由于沉没成本是对现在或将来的任何决策都无影响的成本，因此决策时不予考虑。例如，固定资产、无形资产、递延资产等均属于企业的沉没成本。

付现成本，是指现在或者将来的任何决策能够改变其支出数额的成本。付现成本是决策时必须考虑的重要因素。

（5）专属成本和联合成本

固定成本按照其所涉及范围的大小划分为专属成本和联合成本。

专属成本，是指可以明确归属于企业生产的某种产品，或为企业设置的某个部门而发生的固定成本。例如，专门生产某种产品的专业设备折旧费、保险费等。

联合成本，是指为多种产品的生产或为多个部门的设置而发生的，应由这些产品或这些部门共同负担的固定成本。例如，在企业生产过程中，几种产品共同负担的设备折旧费、辅助车间成本等，都是联合成本。

在进行方案选择时，专属成本是与决策有关的成本，必须予以考虑；联合成本则是与决策无关的成本，可以不予考虑。

（6）可选择成本与约束性成本

固定成本按照是否能够随管理行为的改变而改变，划分为可选择成本和约束性成本。

可选择成本，是指由企业管理者的决策来决定其是否发生的固定成本，如广告费、培训费、管理人员奖金、研究开发费等。

约束性成本，是指那些为进行企业经营必须负担的、不能改变的、最低限度的固定成本。例如，厂房、设备等固定资产所提的折旧，不动产的税金，保险费，以及管理人员的薪金等。一般来说，可选择成本是相关成本，约束性成本是无关成本。

（7）相关成本与无关成本

相关成本，是指对决策有影响的各种形式的未来成本，如差量成本、机会成本、边际成本、付现成本、专属成本、可选择成本等。

无关成本，是指那些对决策没有影响的成本，这类成本过去已经发生，对未来决策没有影响，因而在决策时不予考虑。例如，沉没成本、联合成本、约束性成本等。

9.2 产品成本计算方法

【考点1】品种法

1）品种法的概念与适用范围

产品成本计算的品种法，是指以产品品种为成本计算对象计算成本的一种方法。它适用于大量大批的单步骤生产的企业。在这种类型的生产中，产品的生产过程不能划分为几个生产步骤（如企业或车间的规模较小，或者车间是封闭式的，也就是从原材料投入到产品出产的全部生产过程都是在一个车间内进行的）或者生产是按流水线组织的，管理上不要求按照生产步骤计算产品成本，则可以按品种法计算产品成本。

2）品种法的主要特点

①成本计算对象是产品品种。如果企业只生产一种产品，全部生产费用都是直接费用，可直接计入该产品成本明细账的有关成本项目中，不存在各成本计算对象之间分配费用的问题。如果是生产多种产品，对间接费用则要采用适当的方法，在各成本计算对象之间进行分配。

②品种法下一般定期（每月月末）计算产品成本。

③企业月末有在产品，要将生产费用在完工产品和在产品之间进行分配。

3）品种法的计算程序

按照产品的品种计算成本，是成本管理对于成本计算的最一般的要求，成本计算的一般程序也就是品种法的成本计算程序，如图9-1所示。

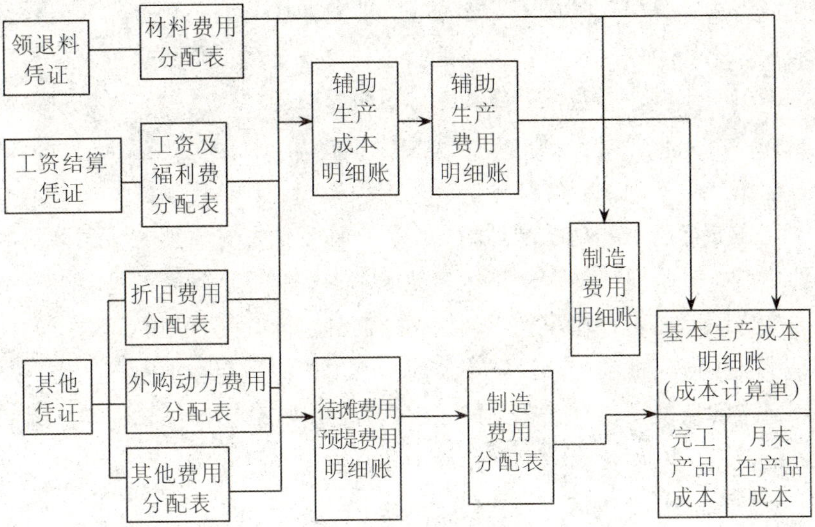

图 9-1　品种法的计算程序

【考点 2】分批法

1）分批法的概念与适用范围

产品成本计算的分批法，是按照产品生产批别计算产品成本的一种方法。

这种方法适用于：小批、单件复杂生产的企业或生产车间，如重型机械、精密仪器、专用设备和船舶制造等；企业新产品试制、实验性生产或自制设备、工具、模具的生产等；在建工程；设备修理作业。

2）分批法的主要特点

①成本计算对象是产品的批别。

②成本计算期与产品生产周期基本一致，而与核算报告期不一致。

③一般不存在在完工产品与在产品之间分配费用的问题。

3）分批法的计算程序

采用分批法计算产品成本，应以各批产品作为成本计算对象。如果在一张订单中订购的产品不止一种，还必须按批内不同的品种划分生产费用，计算产品成本。如果在一张订单中只有一种产品，但数量较大，不便于一次投产，或者购货单位要求分批交货，也可以分为数批来组织生产，分数批计算成本。如果是单件生产，一张订单只订购一件产品，但这件产品属于大型复杂的产品（如大型船舶制造），也可以按产品不同的组成部分，分批组织生产，计算产品成本。

在分批法下，是以产品的生产周期作为成本计算期的。如果是单件生产，产品完工前全部是在产品成本，产品完工时全部是完工产品成本。因而，不存在在完工产品和在产品之间分配费用的问题。如果是小批生产，批内产品通常都能同时完工，但也存在批内产品跨月陆续完工的情况。这时就要选择一定的方法，在完工产品和在产品之间分配费用，以便计算完工产品成本和月末在产品成本。

【考点3】分步法

1）分步法的概念与适用范围

产品成本计算的分步法，是按照产品的生产步骤计算产品成本的一种方法。

它适用于大量大批的多步骤生产，如纺织、造纸、冶金，以及大量大批的机械制造企业。在这类企业中，产品生产可以分为若干个生产步骤进行成本管理，因而往往不仅要求按照产品品种计算成本，还要求按照生产步骤计算成本，以便为考核和分析各种产品及各生产步骤的成本计划执行情况提供资料。

2）分步法的主要特点

①成本计算对象是各种产品的生产步骤。

②月末需将生产费用在完工产品和在产品之间进行费用分配。

③除了按品种计算和结转产品成本外，还需要计算和结转产品的各步骤成本。

3）分步法的计算程序

在实际工作中，根据成本管理对各生产步骤成本资料的不同要求（按是否要求计算半成品成本）和简化核算的要求，各生产步骤成本的计算和结转，一般采用逐步结转和平行结转两种方法，分别称为逐步结转分步法和平行结转分步法。

逐步结转分步法，是按照产品加工的顺序，逐步计算并结转半成品成本，直到最后加工步骤才能计算产成品成本的一种方法。它是按照产品加工顺序先计算第一个加工步骤的半成品成本，然后结转给第二个加工步骤，这时，第二步骤把第一步骤转来的半成品成本加上本步骤耗用的材料和加工费用，即可求得第二个步骤的半成品成本，如此按顺序逐步转移累计，直到最后一个加工步骤才能计算出产成品成本。

逐步结转分步法就是为了分步计算半成品成本而采用的一种分步法，也称为计算半成品成本分步法。逐步结转分步法又可以分为综合结转法和分项结转法。综合结转法是指上一步骤转入下一步骤的半成品成本，以“直接材料”或专设的“半成品”项目综合列入下一步骤的成本计算单中。分项结转法是指上一步骤转入下一步骤的半成品成本，以“直接材料”“直接人工”“制造费用”等项目分成本项目分别列入下一步骤的成本计算单中。

平行结转分步法是指在计算各步骤成本时，不计算各步骤半成品成本，也不计算各步骤所耗上一步骤的半成品成本，而只计算本步骤发生的各项其他费用，以及这些费用中应计入产成品成本的份额，将相同产品的各步骤成本明细账中的这些份额平行结转、汇总，即可计算出该种产品的产成品成本。平行结转分步法也称为不计算半成品成本分步法。

【考点4】标准成本法

1）标准成本法的概念与适用范围

标准成本法是根据标准成本来计算成本，能将成本计划、成本控制和成本分析有机地结合起来的一种方法。标准成本法适用于各种类型的企业。

2）标准成本法的主要特点

①标准成本法可以起事前控制成本的作用。

②标准成本法可以加强成本的事中控制。

③标准成本法可以实现事后的成本控制。

3）标准成本法的计算程序

①制定标准成本；

②计算标准成本差异；

③计算实际成本；

④计算实际产量的标准成本（实际产量×单位标准成本）；

⑤标准成本及差异的账务处理。

【考点5】作业成本法

1）作业成本法的概念与适用范围

作业成本法是一种以作业为基础，主要是将间接费用按作业进行归集，再根据成本核算对象与所消耗作业的关系将相关作业成本分配到成本核算对象的一种成本计算方法。作业成本法同标准成本法在适用范围上相似，适用于各种类型的企业。

2）作业成本法的主要特点

①间接费用的分配以及产品成本计算更加准确。

②有利于加强成本管理，控制产品成本。

③提供的成本信息更为广泛。

④计算过程复杂，执行成本较高。

3）作业成本法的计算程序

①确认作业中心，将资源耗费价值归集到各作业中心。

②确认作业，将作业中心汇集的各资源耗费价值予以分解并分配到各作业成本库。

③将各作业成本库价值分配计入最终产品成本计算单，计算完工产品成本。

9.3 变动成本法与完全成本法

【考点1】混合成本分解方法

混合成本是指介于固定成本和变动成本之间、既随业务量变动又不成正比例的那部分成本。

1）历史成本法

历史成本法是指根据企业以往若干时期的数据所表现出来的实际成本与业务量之间的依存关系来描述成本的性态，并以此来确定决策所需要的未来成本数据的一种定量分析的方法。历史成本法通常分为高低点法、散布图法和回归直线法。适用范围：生产条件较为稳定、成本水平波动不大以及有关历史资料比较完备的企业。

高低点法又叫两点法，是指通过观察一定相关范围内的各期业务量与相关成本所构成的所有坐标点，从中选出高低两点坐标，并据此来推算固定成本和单位变动成本的一种成本性态分析方法。该方法简便易行，易于理解；由于只选择了历史资料中诸多数据中的两组作为计算依据，建立起来的成本习性模型很可能不具有代表性，从而导致较大的计算误差。

散布图法又称布点图法或目测画线法，是指将若干期业务量和成本的历史数据标注在坐标上，通过目测画一条尽可能接近所有坐标点的直线，并据此来推算固定成本和单位变动成本的一种成本性态分析方法。该方法分析过程直观，易于理解、掌握，比高低点法精确；操作时要求测量工具精度高，而且目测画线容易受分析者主观判断的影响。

一元直线回归法又称最小二乘法或最小平方法，是指利用微分极值原理对若干期全部业务量与成本的历史资料进行处理，并据此来推算固定成本和单位变动成本的一种成本性态分析方法。该方法利用了微分极值原理，计算结果较其他方法更为精确；计算过程繁杂，工作量大。

2）账户分析法

账户分析法是根据各有关成本账户（包括明细账）的内容，结合其与产量的依存关系，通过直接判断或比例分配，对成本进行分解的一种方法。运用账户分析法的步骤：首先，将比较接近固定成本的项目归入固定成本，比较接近变动成本的项目归入变动成本；然后，将不宜简单归入固定或变动成本的项目，通过一定比例分解成固定成本和变动成本两部分。

3）工程分析法

工程分析法是指运用工业工程的研究方法来研究影响各有关成本项目数额大小的每个因素，并在此基础上直接估算固定成本和单位变动成本的一种成本分解方法。

运用工程分析法的步骤：首先，确定研究的成本项目；其次，对导致成本形成的生产过程进行观察和分析；再次，确定生产过程的最佳操作方法；最后，以最佳操作方法为标准方法，测定标准方法下成本项目的每一项构成内容，并按成本性态分别确定为固定成本和变动成本。

工程分析法适用于任何可以从客观立场进行观察的投入产出过程。如，直接材料、直接人工等制造成本，办公室、装运、仓库等非制造成本的测定。工程分析法可以在没有历史成本数据、历史成本数据不可靠，或者需要对历史成本分析结论进行验证的情况下使用。尤其是在建立标准成本和制定预算时，使用工程分析法比历史成本分析更加科学。这种方法可能是最完备的方法，它可以使用其他方法作为自己的工具，而其他方法都不是独立的方法，只能用于具备充分历史资料的情况或者只能用于个别的成本项目。

【考点2】变动成本法与完全成本法的区别

1）两者概念不同

变动成本法是指在组织常规的产品成本计算过程中，以成本习性分析为前提，只将变动生产成本作为产品成本的构成内容，而将固定生产成本及非生产成本作为期间费用，按贡献式损益确定程序计量损益的一种成本计算模式。

完全成本法又称全部成本法、吸收成本法、制造成本法，是指在组织常规的产品成本计算过程中，以成本按其经济用途分类为前提，将全部生产成本作为产品成本的构成内容，而将非生产成本作为期间费用，按传统式损益确定程序计量损益的一种成本计算模式。

2）两者特征不同

变动成本法的特点，强调以成本性态分析为基础计算产品成本；强调不同的制造成本在补偿方式上存在差异性；强调销售环节对企业利润的贡献。

完全成本法的特点是，强调符合公认会计原则的要求；强调固定制造费用和变动制造费用在成本补偿方式上的一致性；强调生产环节对企业利润的贡献。

3）产品成本构成内容不同

变动成本法则将制造费用中的固定部分视作当期的期间费用，随同销售和管理费用一起全额扣除，而与期末是否结余存货无关，产品成本中只包含直接人工、直接材料和变动制造费用。

在完全成本法下，产品成本中包含直接材料、直接人工和为生产产品而耗费的全部制造费用（包括变动制造费用和固定制造费用），成本随着产品的流转而结转。由于对固定性制造费用的处理不同，两种计算方法下利润表的基本结构也有所差异。

4）存货估价不同

采用变动成本法，无论是在产品、库存产成品还是已销产品，其成本都只包含变动成本，故期末结余存货只按变动成本计价而不包括固定成本。

采用完全成本法，固定性制造费用作为产品成本的一部分参与期末成本的分配，这样，已销产品、库存产成品及在产品均“吸收”了一定份额的固定性制造费用。可见，完全成本法下的存货计价必然高于变动成本法下的存货计价。

9.4 本-量-利分析

【考点1】本-量-利分析的基本假设

本-量-利分析，是对成本、产量（或者销售量）、利润之间的相互关系进行分析的方法。本-量-利分析的基本原理和分析方法在企业的预测、决策、计划和控制等多方面具有广泛的用途，是管理会计的一项基本内容。

1）相关范围假设

定义固定成本和变动成本时，往往有“在一定期间和一定业务量范围内”这样的前提条件，相关范围假设又包含期间假设和业务量假设两层意思。

（1）期间假设

无论是固定成本还是变动成本，其固定性或者变动性均体现在特定的期间内，其金额的大小也是在特定的期间计算而得到的。随着时间的推移，固定成本的总额及内容会发生变化，单位变动成本的数额及内容也会发生变化。

（2）业务量假设

固定成本和变动成本，是在一定业务量范围内分析和计量的结果，业务量发生变化特别是变化较大时，即使成本的性态不发生变化，也需要重新加以计量。这就构成了新的业务量假设。

2）模型线性假设

模型线性假设包括下面几个方面的内容：

（1）固定成本不变假设

在企业一定的经营能力范围内，固定成本是不变的，表示在直角坐标系图中，就是一条与横轴平行的直线。

（2）变动成本与业务量呈完全线性关系假设

这表示在直角坐标图中，是一条通过原点的直线，其斜率就是单位变动成本。

（3）销售收入与销售量呈完全线性关系假设

这一假设等同于销售价格不变，表示在直角坐标图中，也是一条经过原点的直线，其斜率就是销售价格。

3）产销平衡假设

本-量-利分析中的“量”，是指销售量，而非产量，在销售价格不变的条件下，则是指销售收入。当站在销售量的角度进行本-量-利分析时，就必须假设产销关系是平衡的。

4）品种结构不变假设

本假设是指，在一个生产和销售多品种产品的企业中，各种产品的销售收入在总收入中所占的比重不会发生变化。如果企业产销的品种结构发生变化，势必会导致预计利润与实际利润之间出现较大的非预计性出入。

上述假设的背后都有一条共同的假设，即企业的全部成本可以合理地或者比较准确地分解成固定成本与变动成本；否则，本-量-利分析的结果和作用至少要打些折扣。

【考点2】本-量-利分析

1）盈亏临界点分析

盈亏临界点的确定是本-量-利分析中非常重要的内容。盈亏临界点又称为盈亏分歧点、保本点、两平点等，具体指利润为零时的销售量或者销售额。

贡献毛益，又称创利额、边际贡献，是指销售收入扣除变动成本后为企业做出的贡献，而这种贡献要在扣除固定成本后才能成为真正的贡献（即利润），所以贡献毛益的称谓较为妥当。

此外，销售收入要扣除全部变动成本才成为真正意义上的贡献毛益，而广义的变动成本包括制造过程中的变动成本（即产品变动成本），也包括非制造过程中的变动成本（即期间变动成本），所以贡献毛益还可以具体分为制造贡献毛益和营业贡献毛益。在本书中，如非特别申明，贡献毛益是指营业贡献毛益，也就是已经扣除了全部变动成本的贡献毛益。

利润的计算公式如下：

利润=销售收入-变动成本-固定成本

盈亏临界点就是使利润等于零的销售量，即

盈亏临界点的销售收入=变动成本+固定成本

或者

销售量×销售价格=销售量×单位变动成本+固定成本

盈亏临界点的销售量=固定成本/（销售价格-单位变动成本）

销售价格-单位变动成本，即单位产品的贡献毛益。

贡献毛益率是指单位产品的贡献毛益在销售价格中所占的比例。计算公式为：

贡献毛益率=（销售价格-单位变动成本）/销售价格

盈亏临界点的临界值还有另外一种表达方式，即盈亏临界点作业率，也就是盈亏临界点销售量占企业正常销售量的百分比。

正常销售量是指正常市场环境和企业正常开工的情况下产品的销售量。

盈亏临界点作业率=盈亏临界点销售量/正常销售量

2）实现目标利润分析

盈亏临界点分析是假定企业的利润为零来研究问题的，企业的目标当然不是利润为零，而是尽可能多地超越盈亏临界点实现盈利。所以，实现目标利润分析是盈亏临界点分析的延伸和拓展。

（1）实现税前目标利润的模型

$$P_t = V_t(SP - VC) - FC$$

$$V_t = \frac{P_t + FC}{SP - VC}$$

式中：VC 为单位变动成本；FC 为固定成本；SP 为销售价格；P_t 为目标利润；V_t 为实现目标利润的销售量。

即

实现目标利润的销售量=（目标利润+固定成本）/单位产品贡献毛益

实现目标利润的销售额=（目标利润+固定成本）/贡献毛益率

（2）实现税后目标利润的模型

税后利润=税前利润×（1–所得税税率），因此，税前利润=税后利润/（1–所得税税率），即

$$\text{实现目标利润的销售量}=[\text{税后利润}/(1-\text{所得税税率})+\text{固定成本}]/\text{单位产品贡献毛益}$$

实现目标利润的销售额=[税后利润/（1–所得税税率）+固定成本]/贡献毛益率

所得税费用在企业处于亏损状态时不会发生，而当销售量超过盈亏临界点时，该项支出随利润的变动而变动，或者说随超出盈亏临界点销售量的变动而变动，其计算公式为：

$$\text{所得税费用}=\text{利润}\times\text{所得税税率}=\text{超出盈亏临界点的销售量}\times\text{单位产品贡献毛益}\times\text{所得税税率}$$

3）敏感性分析

本–量–利关系中的敏感性分析主要是研究两个方面的问题：一是有关因素发生多大变化时，会使企业由盈利变为亏损；二是有关因素的变化对利润变化的影响程度。

（1）有关因素临界值的确定

敏感性分析的目的，就是确定能引起这种质变的各因素变化的临界值。简单来说，就是求达到盈亏临界点的销售量、销售价格的最小

允许值以及单位变动成本、固定成本的最大允许值，所以这种方法也称为最大最小法。

（2）有关因素的变化对利润变化的影响程度

销售量、销售价格、单位变动成本、固定成本等因素的变化，都会对利润产生影响，但是在影响程度上存在差别。

有的因素虽然发生了较小的变化，却会导致利润发生很大变化。换言之，利润对这些因素十分敏感，这些因素也被称为敏感因素。与此相反，有的因素虽然变化并不算小，但是导致的利润变化却不大。也就是说，利润对这些因素的变化并不敏感，这些因素也被称为非敏感因素。

企业的决策人员需要知道利润对哪些因素的变化比较敏感，对哪些因素的变化不太敏感，以便分清主次，抓住重点，确保目标利润的实现。

反映敏感程度的指标被称为敏感系数，其计算公式为：

$$敏感系数=\frac{目标值变动百分比}{因素值变动百分比}$$

公式中敏感系数为正，表示该因素与利润为同向增减关系；敏感系数为负，表示该因素与利润为反向增减关系。在进行敏感程度分析时，敏感系数的数值越大表示敏感程度越高。

9.5 经营决策

【考点1】品种决策

品种决策旨在解决生产什么产品的问题，例如，生产何种新产品，亏损产品是否停产，零部件是自制还是外购，半成品是否需要进一步加工等。

在品种决策中，经常以成本作为判断方案优劣的标准，有时也以贡献毛益作为判断标准。

1）生产何种新产品

如果企业有剩余的生产能力可供使用，或者能利用放弃生产过时的老产品腾出来的生产能力，在有几种新产品可供选择时一般采用贡献毛益分析法进行决策。

贡献毛益分析法，是在成本性态分类的基础上，通过比较各被选方案贡献毛益的大小来确定最优方案的分析方法。在这里，贡献是指，企业的产品或者劳务对企业目标利润的实现所做的贡献。

传统会计认为，只有当收入大于完全成本时，才形成贡献；而管理会计认为，只要收入大于变动成本，就会形成贡献。

在运用贡献毛益法进行备选方案的择优决策时，应该注意以下几点：

①在不存在专属成本的情况下，通过比较不同备选方案的贡献毛益总额，能够正确地进行择优决策。

②在存在专属成本的情况下，首先应该计算备选方案的剩余贡献毛益，即贡献毛益总额减去专属成本后的余额；然后通过比较不同备选方案的剩余贡献毛益总额，能够正确地进行择优决策。

③在企业的某项资源，例如原材料、人工工时、机器工时等，受到限制的情况下，应该通过计算、比较各个备选方案的单位资源贡献毛益，来正确地进行择优决策。

④由于贡献毛益总额的大小既取决于单位产品贡献毛益的大小，也取决于该产品的产销量，因此我们应该选择贡献毛益最大的方案，因为单位贡献毛益大的产品提供的贡献毛益总额未必也最大。也就是说，决策中，我们不能只根据单位产品贡献毛益的大小来进行择优决策。

2）亏损产品是否停产

企业进行不同方案的比较、选择过程，实质是选择最大收益方案的过程，最大收益是在各个备选方案收入和成本的比较中产生的。当两个备选方案具有不同的预期收入和预期成本时，根据这两个方案间的差量收入、差量成本计算的差量损益进行最优方案选择的方法，就叫差量分析法。

因此，对亏损产品，绝不能简单地予以停产，而必须综合考虑企业各种产品的经营状况、生产能力的利用情况及有关因素的影响，在变动成本法的基础上采用差量分析法进行计算后，做出停产、继续生产、转产或者出租等方案的选择。

在运用差量分析法时，应该首先明确以下几个概念：

①差量，是指两个备选方案同类指标之间的数量差异。

②差量收入，是指两个备选方案预期收入之间的数量差异。

③差量成本，是指两个备选方案预期成本之间的数量差异。

④差量损益，是指差量收入与差量成本之间的数量差异。

当差量收入大于差量成本时，其数量差异为差量收益；当差量收入小于差量成本时，其数量差异为差量损失。差量损益实际是两个备选方案预期损益之间的数量差异。

当差量损益确定后，我们就可以进行方案的选择：如果差量损益为正，说明比较方案可取；如果差量收益为负，说明被比较方案可取。

亏损产品决策是一个复杂的综合考虑多因素的过程，一般应注意以下几点：

①如果亏损产品能够提供贡献毛益，弥补一部分固定成本，除特殊情况外，比如存在更加有利可图的机会，一般不应该停产。如果亏损产品不能提供贡献毛益，通常应该考虑停产。

②在不改变生产能力的短期决策中，固定成本一般不变，因而可以把固定成本排除在决策考虑因素之外，但是专属固定成本必须考虑，只需要比较各方案的贡献毛益总额即可选择最优方案。

③在生产、销售条件允许的情况下，大力发展能够提供贡献毛益的亏损产品，也会扭亏为盈，并使企业的利润大大增加。

④对不提供贡献毛益的亏损产品，不能不加区别地予以停产。首先，应该在努力降低成本上做文章，以期转亏为盈；其次，应该在市场允许的范围内通过适当提高售价来扭亏为盈；最后，应该考虑企业的产品结构和社会效益。

3）零部件是自制还是外购

对那些具有机械加工能力的企业而言，常常面临所需零部件是自制还是外购的决策问题。由于所需零部件的数量对自制方案或者外购方案都是一样的，因而这类决策通常只需要考虑自制方案和外购方案的成本高低，在质量相同、保证及时供货的情况下，就低不就高。影响自制或者外购的因素有很多，因而所采用的决策分析方法也不尽相同，但是一般采用增量成本分析法（即实行某方案而增加的成本），或者成本无差别点分析法。

4）半成品（联产品）是否进一步加工

当半成品可以对外销售时，存在一个将产品加工到什么程度，即卖半成品还是产成品的问题。对这类问题，决策时只需要考虑进一步加工后增加的收入是否超过增加的成本，如果前者大于后者，则应该进一步加工为产成品出售；反之，则应该作为半成品销售。在此，进一步加工前的收入和成本都与决策无关，不必考虑。

【考点2】产品组合优化决策

产品组合优化决策适用于生产多品种产品的企业。在多品种产品的生产过程中，各种产品的生产离不开一些必要的条件或者因素，例如机器设备、人工、原材料等，而其中有些因素可以用于不同产品的生产。如果各种产品共用一种或者几种因素，而这些因素又是有限的，就应该使得各种产品的生产组合达到最优结构，以便有效、合理地使用这些限制因素。产品组合优化决策就是通过计算、分析进而做出各种产品应该生产多少才能使得各个生产因素得到合理、充分的利用，并能够获得最大利润的决策。

进行产品组合优化决策的方法一般有下面两种：

1）逐步测算法

逐步测算法，是根据企业有限的各项生产条件和各种产品的情况及各项限制因素等数据资料，分别计算单位限制因素所提供的贡献毛益并加以比较，在此基础上，经过逐步测试，使各种产品达到最优组合。

2）图解法

采用图解法来进行产品组合优化决策，比较直观，容易理解。

用图解法求解线性规划模型，即在满足一定约束条件的前提下，求贡献毛益的最大值。

【考点3】生产组织决策

1）最优生产批量决策

就产品生产而言，并不是生产批量越大越好。在全年产量已定的情况下，生产批量与生产批次成反比，生产批量越大，生产批次越少；生产批量越小，生产批次越多。生产批量和生产批次、生产准备成本、储存成本相关，最优的生产批量应该是生产准备成本与储存成本总和最低时的生产批量。

生产准备成本，是指每批产品生产开始前因进行准备工作而发生的成本，例如为调整机器、准备工卡模具、布置生产线、清理现场、领取原材料等而发生的工资费用、材料费用等。

在正常情况下，每次变更产品生产所发生的生产准备成本基本上是相等的，因此年准备成本总额与生产批次成正比，与生产批量成反比。生产批次越多，年准备成本就越高；反之，就越低。

储存成本，是指为储存零部件及产品而发生的仓库及其设备的折旧费、保险费、保管人员工资、维修费、损失等费用的总和。储存成本与生产批量成正比，与生产批次成反比。

2）生产工艺决策

生产工艺，是指加工制造产品或者零部件所使用的机器、设备以及加工方法的总称。同一种产品或者零部件，往往可以采用不同的生产工艺进行加工。当采用某一生产工艺时，可能固定成本较高，但是单位变动成本较低；而采用另外一种生产工艺时，则可能固定成本较低，但是单位变动成本较高。于是，采用何种工艺能使得该产品或者零部件的总成本最低，就成为实际工作中必须解决的问题。

一般而言，生产工艺越先进，其固定成本越高，单位变动成本越低；而生产工艺越是落后，其固定成本越低，但是单位变动成本越高。在固定成本和单位变动成本此消彼长的变动组合（体现为单位成本）中，产量成为最佳判断标准。这时，只要确定不同生产工艺的成本分界点（不同生产工艺总成本相等时的产量点），就可以根据产量确定选择何种生产工艺最为有利。

3）根据成本分配生产任务的决策

当一种零部件或者产品可以由多个设备加工，或者由多个车间生产时，就存在由哪种设备或者哪个车间加工最为有利的问题。在面临多种选择的情况下，根据相对成本或单位变动成本分配生产任务，往往可以降低生产费用。

（1）根据相对成本分配生产任务

在实际工作中，有些零部件可以在不同类型、不同精密度的设备上生产。于是，在更换品种、变更生产计划的情况下，常常会用比较先进、比较大型或者比较精密的设备去加工技术要求较低或者较小的零部件，从而使得相同的零部件在不同车间或者设备上有着不同的单位成本。

为了保证企业在完成任务的同时降低成本，可以运用相对成本分析法将各种零部件的生产任务分配给各个车间或者各种设备，从而降低各种零部件的总成本。所谓相对成本，是指在一种设备上可以加工几种零部件时，以某一种零部件的单位变动成本为基数（一般为1），将其他各种零部件的单位成本逐一与之相比而得到的系数或者倍数。这样，同一种零部件对应不同的设备就会有不同的相对成本，一般而言，零部件应该交由相对成本较低的设备去加工。

（2）根据单位变动成本分配增产任务

在实际工作中，生产同一种产品的各个车间或者分厂的成本水平是有差异的，当生产任务增加而各车间的生产能力又有剩余时，就存在着如何将增加的生产任务在各车间进行分配的问题。为了达到使得总成本最低的目的，应该以单位变动成本的高低作为判断标准，将增产任务分配给单位变动成本最低的车间进行生产。需要强调的是，不应该以单位成本的高低作为判断标准，将增产任务分配给单位成本最低的车间。这是因为按照全部成本法计算的单位成本中包括各车间的固定成本，它作为与决策无关的成本不予考虑，否则可能导致错误的决策。

4）赶工决策

（1）成本计划评审法的原理

对于某些一次性的工程或生产，例如新产品研制、设备维修、小批单件订货等而言，缩短工作时间、提前完成任务，不仅能够降低固定成本（例如制造费用）和变动成本（例如直接人工），而且可以获得额外收益，例如提前完工的奖励。但是，提前完工往往需要追加一定的费用，因此，在增加收益和增加成本之间寻找能给企业带来最大利益的结合点，就成为一个必须解决的问题。

美国海军特种计划局和洛克希德航空工业公司于1958年将以时间控制为重点的计划评审法（program evaluation and review technique，PERT）引进北极星导弹研制中，在此基础上，1962年又将其发展为既控制时间又控制成本的成本计划评审法（PERT/COST）。目前，成本计划评审法广泛用于各种赶工决策中。

成本计划评审法的基本要点是：将一项工程或者生产项目分解为前后连接的若干工作或者作业，并预计它们所需要的正常时间、赶工时间、正常成本和赶工成本，以求在赶工安排中提高经济效益。

所谓赶工时间，是指尽可能提前完成任务所需要的全部时间。所谓赶工成本，是指尽可能提前完成任务所需用的全部成本。成本计划评审法要求运用一些符号画出工程或者项目的网络图，以便在安排赶工的过程中不断完善网络图。

（2）成本计划评审法的工作原则

成本计划评审法是以提前完工的时间与因赶工而增加的成本之间存在线性关系为前提的，所以在运用成本计划法进行赶工安排时，需要就每一项可以赶工的工作，计算其成本斜率，即提前一个单位时间完成工作时所需要增加的成本。

其计算公式如下：

$$\text{成本斜率} = \frac{\text{赶工成本} - \text{正常成本}}{\text{正常时间} - \text{赶工时间}}$$

为了使得赶工能够获得经济效益，安排赶工时应该遵循以下几条原则：

①应该在关键路线上寻找需要赶工的工作，因为只有在关键路线上提前完工才能导致整个项目提前完工。关键路线，是指所有加工线路中所需要时间最长的加工线路，稍有延误就会拖长整个项目的完成

时间，如果能在此赶工将会使整个项目提前完工。

②如果同时存在几条关键路线，应该在这几条关键路线上同时赶工，并且提前同样长的时间。如果不同时在几条关键路线上赶工且时间不同，则整个项目就不能提前完工，或者提前的时间将由最短的赶工时间决定。

③安排赶工时，先安排成本斜率低的工作，后安排成本斜率高的工作。

④安排赶工的工作的成本斜率原则上应该低于提前完成整个项目一天的得益额。在特殊情况下，例如赶工可以将人力、物力、财力转移到其他更加有利的工作中，成本斜率可以等于提前完成整个项目一天的得益额。

5）生产作业中的成本决策

在日常的生产经营管理中，许多作业方案的选择往往与成本有关，甚至取决于成本的高低，当可供选择的许多作业方案面临着若干不确定因素的影响时，可以考虑采用概率分析决策的方法。

【考点4】定价决策

1）影响价格的基本因素

一般来讲，影响价格制定的基本因素包括如下几个方面：成本因素，需求因素，商品的市场生命周期因素，竞争因素，科学技术因素，相关工业产品的销售量因素。

2）企业价格制定的目标

企业定价的目标一般有以下几种：

①以追求最大利润为定价目标。

②以既定投资利润率为定价目标。

③以保持和提高市场占有率为定价目标。

④以稳定的价格为定价目标。

⑤以应付和防止竞争为定价目标。

3）以成本为基础的定价决策

成本是企业生产和销售产品所发生的各项费用的总和，是构成产品价格的基本因素，也是价格的最低经济界限。

（1）成本加成定价法

成本加成定价法即以单位预计完全成本或者目标完全成本为基础，加上一定数额的利润和销售税金来确定产品的价格。

（2）损益平衡法

损益平衡法即运用损益平衡原理制定产品价格。损益平衡点价格，又称为保本价格，是产销量一定时产品价格的最低限度。保本价格确定后，企业可以在此基础上适当调整价格水平，确定企业有盈利的合理价格。

（3）边际成本法

边际成本，是指每增加一个单位的产品销售所增加的总成本。边际收入，是指每增加一个单位产品的销售所增加的总收入。边际收入与边际成本的差额，称为边际利润。

（4）非标准产品定价法

企业有时要按照客户的需要生产一些非标准产品。双方签订合同时，因非标准产品无市场价格可供参考，因而只能以成本为基础协商定价，并签订合同。

4）以需求为基础的定价决策

以成本为基础的定价决策方法，着重考虑企业的成本情况而基本不考虑需求的情况，因而从企业取得最大产销收入或者利润的角度看，产品价格不一定是最优的。最优价格应该是企业取得最大利润或者产销收入时的价格。为此，必须考虑市场需求状况与价格弹性，分析销售收入、成本、利润与价格之间的关系，从中寻找最优价格点。其方法主要有以下几种：

（1）弹性定价法

价格弹性，又称需求价格弹性，是指需求数量变动率与价格变动率之比，反映价格变动引起需求变动的方向和程度。

（2）根据线性需求函数制定产品价格

有些产品的需求量与价格呈反方向变动，当价格上升时需求量减少，价格下降时需求量则增加。这种反方向的变动关系往往表现为一种线性函数关系，常常称为线性需求函数。人们可以通过对线性需求函数的分析和计算来预测和制定产品最优价格。

（3）反向定价法

企业可以不以成本为依据，而在预测市场可接受的需求价格限度内，逆向预测和制定经营者价格，例如批发价、生产者价格。

最美英语　09

I don't know what you didn't do or what you should have done ... but the guilt ... means your work is not yet finished.

我不知道哪些事你没有做或者哪些没有做的事其实是应该做的，但是如果你内疚的话就意味着你有很多工作并没有完成。

——《夜魔侠》

张党珠随笔：

我们人人都会内疚，因为当年没做该做的事；

只是，有的人是偶尔内疚，有的人是一辈子内疚。

10 审计考点

【考点1】审计认定

1）认定的含义

认定是指管理层在财务报表组成要素的确认、计量、报告中做出的明确或隐含的表达，注册会计师将其作为考虑可能发生的不同类型潜在错报的依据。认定分为两个层次：财务报表层次；各类交易账户余额列报层次。财务报表层次的认定是从整体的角度而言的，不归为某个具体的认定；各类交易账户余额列报层次是从具体的层面进行切入的，该层面的认定又可以分为：存在和发生；完整性；权利与义务；计价与分摊；表达与披露。

“认定”进一步的含义：

①认定是管理层的表达。

②认定是指管理层在财务报表中做出的明确或隐含的表达。

③管理层的认定有明确的表达（比如，甲公司期末存货1 000万元），也有隐含的表达（比如，存货1 000万元是管理层拥有或控制的，没有被抵押）。

④注册会计师基于管理层的认定来考虑财务报表的错报。

⑤注册会计师识别的错报源于管理层认定中不恰当的表达。

⑥如果管理层的认定存在不恰当的表达，注册会计师则根据管理

层认定的不恰当的表达确定财务报表错报的类别。

⑦管理层的认定在先，注册会计师考虑错报在管理层认定不恰当之后。

2）以存货为例说明认定的含义

比如，甲公司2012年12月31日资产负债表中所列示的期末存货项目1 000万元。根据认定的定义，期末存货1 000万元有以下四种“明确的表达或隐含的表达”：

①2012年12月31日，甲公司资产中所记录的存货1 000万元是存在的。

②2012年12月31日，甲公司资产中所记录的存货以恰当的金额包括在财务报表中，与之相关的计价或分摊调整已恰当记录。

③2012年12月31日，甲公司资产中应记录的1 000万元存货均已记录。

④2012年12月31日，甲公司资产中记录的存货均由其拥有。

【考点2】各项认定的具体含义

管理层对财务报表的认定一般分三类：与各类交易和事项相关的认定；与期末账户余额相关的认定；与列报相关的认定。

1）与各类交易和事项相关的认定

发生：记录的交易和事项已确实发生，且与被审计单位有关。

完整性：所有应当记录的交易和事项均已记录。

准确性：与交易和事项有关的金额及其他数据已恰当记录。

截至：交易和事项已计入正确的会计期间。

分类：交易和记录已记录于恰当的账户。

2）与期末账户余额相关的认定

存在：记录的资产、负债和所有者权益是存在的。

权利与义务：记录的资产由被审计单位拥有或控制，记录的负债是被审计单位应当履行的偿还义务。

完整性：所有应当记录的资产、负债和所有者权益均已记录。

计划与分摊：各项资产、负债、所有者权益以恰当的金额包括在财务报表中，与之相关的计价或分摊调整已恰当记录。

3）与列报相关的认定

发生及权利与义务：披露的交易、事项和其他情况已发生，且与被审计单位有关。

完整性：所有应当包括在财务报表中的披露均已包括。

分类和可理解性：财务信息已被恰当地列报和描述，且披露内容清楚。

准确性和计价：财务信息和其他信息已公允披露，且金额恰当。

【考点3】审计过程

审计过程是审计机构和审计人员在审计活动中办理审计事项时，自始至终必须遵循的工作程序，也就是审计工作从开始到结束的基本工作步骤及其内容。在确定了审计目标以后，审计人员就需要收集各种审计证据，以实现审计目标。而收集审计证据和实现审计目标都必须借助于一定的审计过程来实现。因此，审计过程是实现审计目标的重要手段。

注册会计师审计包括以下四个主要阶段：

1）接受客户委托

在接受客户委托阶段，主要工作是初步了解被审计单位基本情况，评价其可审性，评估自身的审计能力，并签订业务约定书。（考生可适当展开，不再赘述）

2）计划审计工作

执行初步的分析程序，了解客户及其环境，确定重要性水平，制定总体审计策略和具体审计计划。（考生可适当展开，不再赘述）

3）执行控制测试和实质性程序

（1）控制测试

所谓控制测试是指为支持较低估计控制风险而对内部控制有效性进行测试的程序。注册会计师如果认为客户控制设计合理并得到执行，能够有效防止或发现并纠正重大错报，那么注册会计师通常将控制风险初步评估为中或低，认为可以信赖这些内部控制，并减少拟实施的实质性程序。如果注册会计师拟信赖这些内部控制，则必须执行控制测试，以取得充分、适当的审计证据证明这些内部控制在拟信赖期间得到有效的执行。

控制测试不是必需的程序，只有当存在下列情形之一时，注册会计师才应当实施控制测试：一是在评估认定层次重大错报风险时，预期控制的运行是有效的；二是仅实施实质性程序不足以提供认定层次充分、适当的审计证据。

（2）实质性程序

所谓实质性程序是指注册会计师对评估的重大错报风险实施的直接用以发现认定层次重大错报的审计程序。实质性程序具体包括对各类交易、账户余额、列报的细节测试以及实质性分析程序。（实质性程序的种类请考生自行适当展开）

4）完成审计工作和签发审计报告

这一阶段的主要工作包括：检查期后事项，检查或有事项，评估客户持续经营能力，评价审计证据，形成审计意见并出具审计报告，与治理层和管理层沟通。

【考点4】审计风险

审计风险是指会计报表存在重大错报或漏报，而注册会计师审计后发表不恰当审计意见的可能性，即注册会计师做出错误结论的可能性。

1）审计风险的特征

（1）普遍性

审计风险存在于每次审计和每个审计环节，从审计准备阶段、实施阶段到完成阶段，都蕴含着风险。（考生可再举例展开一下）

（2）复杂性

主要是审计风险成因比较复杂，很多情况下很难分清形成审计风险的原因。

（3）可控性

虽然导致审计风险的因素很多，但审计人员可以运用专业技能和丰富的经验，预测和评估审计风险，并采取相应的审计程序和审计方法，使其得到有效的控制。

（4）严重性

审计风险一旦转化为责任，会计师事务所将不可避免地遭受经济损失；审计风险损失一旦发生，并不导致审计组织业务收入的减少，而是通过赔偿间接减少收入，甚至导致民间审计组织破产或倒闭。

2）审计风险的构成要素与关系

审计风险包括重大错报风险和检查风险。

（1）重大错报风险

重大错报风险是指财务报表在审计前存在重大错报的可能性。重大错报风险又可分为财务报表层次重大错报风险和认定层次重大错报风险。

财务报表层次重大错报风险与财务报表整体广泛相关，进而会影响多项认定。财务报表层次的重大错报风险很难与哪一类账户、交易或列报的具体认定相联系，但是此类风险增大了所有认定发生的风险。

认定层次的重大错报风险一般都与特定的某类交易、账户余额、列报的认定相关。注册会计师考虑认定层次的重大错报风险，直接有助于确定认定层次上实施的进一步审计程序的性质、时间和范围。注册会计师在各类交易、账户余额、列报认定层次获取审计证据，以便能够在完成审计工作时，以可接受的审计风险水平对财务报表发表整体审计意见。

（2）检查风险

检查风险是指审计人员执行审计程序后仍未能发现重大错报或漏报的可能性。它与选用程序不当、执行偏差、错误地解释审计结果，采用抽样审计等有关，还与审计人员执行实质性测试的性质、时间和范围有关，检查风险是审计人员唯一可以控制的风险。

（3）审计风险、重大错报风险和检查风险的关系

审计风险=重大错报风险×检查风险

这一关系模型也称为审计风险模型，表明审计风险是重大错报风险和检查风险同时发生的概率。

对原模型变形移项，可得衍生模型：

可接受检查风险=审计风险/重大错报风险

确定可接受检查风险能够帮助审计人员确定实质性测试的性质、时间和范围，提高审计质量和效率。计划检查风险与实质性测试的性质、时间和范围的关系见表10-1。

表10-1 **计划检查风险与实质性测试的性质、时间和范围的关系**

实质性测试 计划 检查风险	性质	时间	范围
高	分析性复核和交易测试为主	期中审计为主	较少样本、较少证据
中	分析性复核、交易测试以及余额测试结合	期中审计、期末审计	适中样本、适中证据
低	余额测试为主	期末审计和期后审计为主	较大样本、较多证据

【考点5】风险评估

注册会计师了解客户及其环境的目的是识别和评估财务报表重大错报风险，因此，无论是在了解客户及其环境的过程中，还是在了解完客户及其环境之后，注册会计师都应当识别和评估财务报表层次以及各类交易、账户余额、列报认定层次的重大错报风险，并采取相应的应对措施。

1）风险评估

识别和评估重大错报风险的审计程序：

①在了解客户及其环境的整个过程中识别风险，并将识别的风险与各类交易、账户余额和列报联系起来。

②将识别的风险与认定层次可能发生错报的领域联系起来。

③考虑识别的风险是否重大。

④考虑识别的风险导致财务报表发生重大错报的可能性。

2）风险应对

在评估重大错报风险的基础上，注册会计师应当针对评估的财务报表层次重大错报风险确定总体应对措施，并针对评估的认定层次重大错报风险设计和实施进一步审计程序，以将审计风险降至可接受的低水平。

（1）针对财务报表层次重大错报风险实施的应对程序

注册会计师应当针对评估的财务报表层次重大错报风险确定下列总体应对措施：

①向项目组强调在收集和评价审计证据过程中保持职业怀疑态度的必要性。

②分派更有经验或具有特殊技能的审计人员，或利用专家的经验提供更多的督导。

③在选择进一步审计程序时，应当注意使某些程序不被管理层预见或事先了解，以防客户采取规避手段，掩盖财务报告中的舞弊行为。

④对拟实施审计程序的性质、时间和范围做出总体修改。

（2）针对评估的认定层次重大错报风险实施的应对程序

针对评估的认定层次重大错报风险实施的应对程序称为进一步审计程序，也就是“控制测试和实质性程序”的全部程序。

【考点6】重要性

1）重要性的定义

如果一项错报单独或连同其他错报可能影响财务报表使用者依据财务报表做出的经济决策，则该项错报是重大的。在财务报表审计中运用重要性原则，可以提高审计效率，保证审计质量。

2）重要性的运用范围和层次

（1）重要性的范围

重要性主要运用于两个阶段：计划阶段和完成阶段。

在计划阶段，注册会计师应当确定一个可接受的重要性水平，以发现在金额上重大的错报。审计人员对重要性水平做出初步判断的目的是确定审计程序的性质、时间和范围。设计适当的审计程序应该能查出重大错报，同时不会浪费时间去查找那些不会影响审计报告的非重大错报，既保证审计质量，又提高审计效率。通常，重要性水平越低，应获取的审计证据就越多。

在完成阶段运用重要性，是为了评价审计结果，根据是否存在超过重要性水平的未调整事项来选择审计意见。审计人员在评价审计结果时，应当汇总已发现但尚未调整的错报或漏报，并与重要性水平进行比较，以考虑其金额和性质是否会对会计报表产生重大影响，并考虑对会计报表发表审计意见的类型。

（2）重要性的层次

重要性包括两个层次：会计报表层次的重要性和交易、账户余额与列报层次的重要性。

会计报表层次的重要性是指总体的重要性，它是确定会计报表所有的重大方面公允的基本界限。独立审计的目标就是对会计报表的公允性发表审计意见。因此，重要性是发表审计意见的基础，审计人员必须考虑会计报表层次的重要性。

交易、账户余额、列报层次的重要性是指形成会计报表的各账户和交易的重要性，它是根据总体重要性分配得来的。只有单个账户和交易的错报和漏报不超过其重要性水平，会计报表总体的错报或漏报才不会超过总体重要性，会计报表总体上的公允性才能得到合理的保证。

3）重要性的评估

（1）总体重要性的确定

对重要性的确定基础的选择有赖于被审计单位的性质和环境。对于以营利为目的的单位而言，来自经常性业务的税前利润或税后利润可能是一个合适的基础；而对于收益不稳定的被审计单位或非营利组织来说，选择税前利润或税后利润判断重要性的基础可能不合适；对于资产管理公司来说，净资产可能是一个合适的基础。

（2）分配重要性（可考性不大，略）

4）重要性与审计风险、审计证据的关系

重要性越低，说明允许出现的错报的限度越低，为实现这一目标，审计人员面对的审计风险越大，所要收集的审计证据也就越多。

【考点7】内部控制

我国审计准则对内部控制的定义：内部控制是被审计单位为了合

理保证财务报告的可靠性，经营的效率和效果，以及对法律、法规的遵守，由治理层、管理层和其他人员设计和执行的政策和程序。

1）内部控制的目标

（1）保证业务按适当的授权进行

（2）保证财务报告的可靠性

（3）保证资产的安全和完整

（4）保证业务活动的效率和效果

2）内部控制的构成要素

（1）控制环境

控制环境是对企业内部控制系统的建立和实施有重大影响的各种因素的总称。它通过影响人们的控制意识而影响一个组织的气氛，是内部控制其他部分的基础。控制环境包括正直和良好的道德观念、胜任能力、董事会和审计委员会、管理哲学和经营方式、组织结构、授权和分配责任的方法以及人力资源政策和措施。

（2）风险评估

风险是指不能实现组织目标的可能性。风险评估是组织确认和分析实现其目标过程中的各种风险的过程。财务报告的风险评估主要是确认、分析财务报告是否按公认会计原则编制的风险。风险评估包括风险识别和风险分析。风险识别包括对外部因素和内部因素进行检查。风险分析涉及估计风险的重大程度、评价风险发生的可能性、考虑如何管理风险等。

（3）控制活动

控制活动是指管理当局建立的为保证其指令被贯彻执行的政策和程序。与财务报表审计相关的控制活动如下：①业绩检查；②业务交易活动的适当授权；③充分的记录；④实物控制；⑤责任分工。

（4）信息和沟通

信息和沟通是指将有关信息以及时、有效的方式进行识别、归集，并传递给相关人员，使其有效地履行职责。信息包括外部信息和内部信息。外部信息指市场份额、法规要求和客户投诉等信息；内部信息指会计制度，即由管理当局建立的记录，以及报告经济业务和事项，维护资产、负债和所有者权益的方法和记录。审计人员关注的是会计信息系统。

（5）监督

监督是评价内部控制质量的程序，也是内部控制的最后一个环节。对内部控制进行监控的目的是：检查内部控制是否按设计的初衷运行，是否有必要调整。监督包括持续监督和独立评价两种活动。持续监督是指实施的经常性的监督活动和管理活动；独立评价是指非常规性的监督，比如内部审计。

3）了解和评估内部控制

了解和评估内部控制是制订审计计划中的一个重要环节，必须按照一定的程序进行，一般而言，需要经过以下五个步骤：

（1）了解和记录内部控制

①了解的内容。

主要针对内部控制五要素，即控制环境、风险评估、控制活动、信息与沟通、监督进行了解。

②了解的方法。

审计人员主要通过以下方法了解上述情况：询问有关的工作人员；查阅有关内部控制的文件；检查内部控制生成的记录和文件；观察内部控制业务活动运行情况；选取一些典型的交易和事项进行“穿行测试”。

（2）评价控制设计的恰当性并初步评估控制风险

在对内部控制进行了解之后，审计人员需要评价控制设计的恰当性并确定其是否得到执行。控制设计的恰当性是指客户设计的内部控制政策和程序是否能够防止或发现特定会计报表认定中存在的重大错报或漏报，即内部控制的设计是否合理、适当。

如果认为被审计单位的内部控制设计合理并得到执行，能够有效地防止或发现并纠正重大错报，那么注册会计师通常可以信赖这些内部控制，减少拟实施的实质性程序。

如果拟更多地信赖这些控制，需要确信所信赖的控制在整个期间都有效地发挥了作用，为此需要进行控制测试，以确定其运行的有效性。

如果注册会计师认为控制是无效的，包括控制本身不合理，不能实现控制目标，或者尽管控制设计合理，但是没有得到执行，那么注册会计师就不需要进行控制测试以确定其运行的有效性，而是直接实施实质性程序。

（3）实施控制测试

控制测试是指能够为获取内部控制有效运行提供证据的程序。

在测试时，审计人员应具体测试以下四个方面的内容：内部控制政策和程序是如何运用的；内部控制在审计期间是否持续运用；内部控制是由谁来执行的；控制以何种方式运行。

实施控制测试的方法：询问被审计单位的有关工作人员；查阅有关内部控制的凭证、记录和报告；观察内部控制活动的运行情况；重新执行被审计单位的控制程序。

（4）控制风险的再评估

控制风险的再评估是审计人员根据对被审计单位内部控制的设计的合理性和运行的有效性的控制测试结果，进一步确定初步确定的控制风险是否恰当。

如果测试结果与初步估计的状况相一致，就以初步的控制风险为最终的控制风险；如果出现偏差，就需要根据实际测试结果对初步估计的控制风险水平进行修正，并以此作为确定实质性测试性质、范围和时间的基础。

（5）评价实施实质性程序的结果对控制测试结果的影响

如果通过实施实质性程序未发现某项认定存在错报，并不能说明与该认定相关的内部控制运行是有效的。但是，如果通过实施实质性程序发现某项认定存在错报，通常表明内部控制存在缺陷，注册会计师应当就这些缺陷与治理层和管理层进行沟通。

【考点8】审计报告的作用和要素

1）审计报告的作用

（1）表明审计工作质量和审计责任履行情况

（2）鉴证会计信息

（3）降低信息风险，保护投资者的利益

2）审计报告的要素

（1）标题

审计报告的标题应统一规范为“审计报告”。

（2）收件人

审计报告的收件人是指注册会计师按照业务约定书的要求致送审计报告的对象，一般是指审计业务的委托人。

（3）引言段

该段应当说明被审计单位的名称和财务报表已经过审计，并包括下列内容：①指出构成整套财务报表的每张财务报表的名称；②提及财务报表附注；③指明财务报表的日期和涵盖的期间。

（4）管理层对财务报表的责任段

该段应该说明按照适用的会计准则和相关会计制度的规定编制财务报表是管理层的责任，这种责任包括：①设计、实施和维护与财务报表编制有关的内部控制，以使财务报表不存在由于舞弊或错误而导致的重大错报；②选择和运用恰当的会计政策；③做出合理的会计估计。

（5）注册会计师的责任段

该段应该说明：①注册会计师的责任是在实施审计工作的基础上对财务报表发表审计意见；②审计工作涉及实施审计程序，以获取有关财务报表金额和披露的审计证据；③注册会计师相信已获取的审计证据是充分、适当的，为其发表审计意见提供了基础。

（6）审计意见段

审计意见段应当说明，财务报表是否按照适用的会计准则和相关会计制度的规定编制，是否在所有重大方面公允反映了被审计单位的财务状况、经营成果和现金流量。

（7）注册会计师签名及盖章

（8）会计师事务所的名称、地址和盖章

（9）报告日期

【考点9】审计报告的基本类型与出具条件

1）审计报告的基本类型

审计报告的类型包括：标准审计报告；非标准审计报告。其中，非标准审计报告又包括带强调事项段的无保留意见审计报告和非无保留意见的审计报告。非无保留意见的审计报告包括保留意见、否定意见和无法表示意见三种类型。

2）不同类型审计报告出具的条件

（1）出具标准无保留意见审计报告的条件

当同时满足下列条件时，注册会计师应当出具标准无保留意见的审计报告：

①注册会计师已经按照独立审计准则的要求执行了审计业务，且未受任何限制和阻碍；

②被审计单位财务报表按照企业会计准则和企业会计制度的规定，在所有重大方面公允地反映了被审计单位的财务状况、经营成果和现金流量。

（2）带强调事项段无保留意见审计报告出具的条件

强调事项应符合：

①可能对财务报表产生重大影响，但被审计单位进行了恰当的会计处理，且在财务报表中做出充分披露；

②不影响注册会计师发表的审计意见。

如果存在以下情况，应该出具带强调事项段的无保留意见审计报告：

①对持续经营能力产生重大疑虑；

②重大不确定事项；

③被审计单位不以持续经营基础编制财务报表；

④管理层因期后事项修改财务报表；

⑤比较数据；

⑥含有已审计财务报表的文件中的其他信息与已审财务报表存在重大不一致。

（3）出具保留意见审计报告的条件

保留意见是指注册会计师对被审计单位的财务报表某些表达的公允性持有保留态度，它表达了对被审计财务报表大致和总体上的肯定，但由于某些或个别事项的存在，对报表产生较大的影响，使无保留意见的条件不完全具备，因而注册会计师对无保留意见加以修正，对影响事项提出保留意见。

注册会计师经过审计后，如果认为被审计单位财务报表整体是公允的，但还存在下列情况之一时，应出具保留意见的审计报告：

①会计政策的选用、会计估计的确定或财务报表的披露不符合适用的会计准则和相关会计制度的规定，虽影响重大，但不至于出具否定意见的审计报告。

②因审计范围受到限制，无法获取充分、适当的审计证据，虽影响重大，但不至于出具无法表示意见的审计报告。

（4）出具否定意见审计报告的条件

注册会计师认为被审计单位财务报表没有按照适用的会计准则和相关会计制度的规定编制，未能在所有重大方面公允反映被审计单位的财务状况、经营成果和现金流量，应当出具否定意见的审计报告。

否定意见的审计报告应当在意见段中使用“由于上述问题造成的重大影响”“由于受到前段所述事项的重大影响”等专用术语。

当发表否定意见时，应当在意见段前增加说明段，说明发表否定意见的主要原因，并尽可能说明相关事项对被审计单位财务状况、经营成果和现金流量的影响。

（5）出具无法表示意见审计报告的条件

如果审计范围受到限制可能产生的影响非常重大和广泛，注册会计师不能获取充分、适当的审计证据，以致无法对财务报表是否公允反映形成审计意见，应当出具无法表示意见的审计报告。

无法表示意见不同于拒绝接受委托，它是注册会计师实施了必要的审计程序后表示意见的一种方式。如果在接受委托前，注册会计师已经知道审计范围将受到限制，且无法实施替代的审计程序，可能导致出具无法表示意见的审计报告时，注册会计师应拒绝接受委托。

无法表示意见不同于否定意见，它只能在注册会计师缺乏足够的了解时才可签发；而要表达否定意见，注册会计师则必须对财务报表没有公允反映有足够的了解。

当无法表示意见时，注册会计师应当在意见段前增加说明段，说明主要原因，还应删除注册会计师的责任段，并在意见段中使用“由于审计范围受到限制可能产生的影响非常重大和广泛”“我们无法对上述财务报表发表意见”等专用术语。

最美英语 10

When you do what you do best，you are helping not only yourself，but the world.

尽自己最大努力，你帮的不仅是自己，还有整个世界。

——Roger Williams

张党珠随笔：

最努力的时候，状态变好了，亲人都会另眼相看；从此，家庭变好了。

最努力的时候，能力提高了，同事也会羡慕；从此，职场变好了。

家庭、职场变好了，你的心灵“风水”就好了，你帮了自己，也救了身边的人。

全中国人都这么做，就是在帮中国，帮世界！

附录

慧学慧考复试资料分享及辅导体系

慧学慧考面试资料价值980元，包括：张党珠老师亲自推荐管理学书目；张党珠老师管理学经典私人笔记；面试英语复习资料及录音；相关院校MPAcc复试介绍视频。

读者可加微信号hxhkxq或打电话189-2001-7753咨询并申请资料。有兴趣或需要参加面试课程以确保面试通过的读者，可以了解慧学慧考MPAcc复试辅导体系。

慧学慧考MPAcc复试辅导体系

模块一：MPAcc面试基本功课程

面试总论：面试礼仪，打分规则，三大面试黄金原则
名校之路：面试流程，真题分析，优秀校友经验分享
材料指导：六大高分秘诀，个性化亮点探寻，问题预测设计
面试技巧：自我陈述，职业规划，万能回应套路
面试英语：口语速成，自我介绍，万能英语套路
专业理论：理论解读，考点梳理，真题演练，国学智慧

模块二：MPAcc面试申请材料一对一个性化辅导

第一轮　形成申请材料框架，确定写作思路与方向

第二轮　梳理与调整材料内容，体现管理能力和管理潜质

第三轮　润色申请材料文字，确保符合报考院校要求与偏好

第四轮　面试专家终审组对申请材料做终审，完成定稿

模块三：MPAcc面试全真模拟演练

第一轮　熟悉面试流程，设计学习研究规划，体现个人的职业发展潜力

第二轮　梳理面试重点，预测个人针对性问题，给予专业的指导意见

第三轮　套用面试万能应对套路，应对压力面试，提升面试临场应变能力

第四轮　解决个人难点问题，考官一对一指导应答思路，确保拿到录取资格

慧学慧考笔试面授及全国在线直播保过辅导体系

班型	课时	适合对象	课程内容
全程精英班	380课时	适合基础好、学习自主的学友参加	英语（二）、数学、逻辑、写作四大科目的基础、强化、冲刺模考三阶段的核心课程
王牌保过班	460课时	适合基础较差、需要督导的学友参加	除全程精英课程外，还包含英语词组口诀记忆法，阅读十遍精读法，英语阅读“降龙十八掌”，数学、逻辑及中文写作保底必拿分蒙猜技巧课程、高分突破课程

最美英语 11

You can't leave this world to the people you despise.

你不能把这个世界让给你所鄙视的人。

——安·兰德

张党珠随笔：

2002年，我在北京大学、清华大学旁听之余，去海淀图书城（现已拆）偶然之间买了安·兰德的书。她的书令人叹为观止！感谢安·兰德，让我更清楚地知道，世界这么美好，不要辜负自己！后来世界给了我很好的回报，我成为天津大学的MBA、南开大学商学院国学与管理哲学方向的博士（这个研究方向，我是全中国第一个哦）。